法治政府绩效评价群众满意度研究

陈磊 著

吉林大学出版社

长春

图书在版编目（CIP）数据

法治政府绩效评价群众满意度研究 / 陈磊著． 一长
春：吉林大学出版社，2022.5
ISBN 978-7-5768-0113-2

Ⅰ．①法… Ⅱ．①陈… Ⅲ．①地方政府－社会主义法
治－公众－生活满意度－研究－广西 Ⅳ．
① D927.670.04

中国版本图书馆 CIP 数据核字（2022）第 134935 号

书　　　名	法治政府绩效评价群众满意度研究	
	FAZHI ZHENGFU JIXIAO PINGJIA QUNZHONG MANYIDU YANJIU	
作　　　者	陈 磊 著	
策划编辑	李潇潇	
责任编辑	李潇潇	
责任校对	郭湘怡	
装帧设计	杨西福	
出版发行	吉林大学出版社	
社　　　址	长春市人民大街 4059 号	
邮政编码	130021	
发行电话	0431-89580028/29/21	
网　　　址	http://www.jlup.com.cn	
电子邮箱	jldxcbs@sina.com	
印　　　刷	三河市华东印刷有限公司	
开　　　本	787mm × 1092mm　　　1/16	
印　　　张	15	
字　　　数	240 千字	
版　　　次	2022 年 5 月第 1 版	
印　　　次	2022 年 5 月第 1 次	
书　　　号	ISBN 978-7-5768-0113-2	
定　　　价	65.00 元	

　　法治政府建设及绩效评价是近十几年来法治国家建设的重要内容。在推进法治政府建设进程中，如何衡量和评价法治政府建设成效逐渐成为学界和实务部门关注的重点命题。区别于现有的法治政府（建设）评价，法治政府绩效评价是基于绩效的理念导向与技术方法，以政府（部门）为评价对象，对其在建设法治政府方面作为的经济性、效率性、效果性、公平性进行综合测量与分析。作为一种民主文化的技术工具，法治政府绩效评价兼有了评价的技术功能与民主、法治的价值目标。政府权力乃人民赋予，我国新时代的法治政府建设始终坚持将"人民满意"作为建设成效的最重要的评判标准。因此，在绩效评价中导入公众满意度测评，是发挥以评促建的评价功能，践行"以人民为中心"发展理念的内在要求。公众满意度应然成为法治政府绩效评价的价值导向或关键指标。

　　本书在学习已有研究成果基础上，系统分析我国法治政府绩效评价的客观环境与技术路径，研究和构建了法治政府绩效评价中满意度测量技术体系，通过获得 H 省和 G 省两地大样本量调查数据，开展实证研究并进行差异化比较，提供衡量法治政府建设成效的特定标准，并从定性和定量两个层面分析法治政府绩效满意度的影响因素。希望通过研究尝试从理论上确立法治政府绩效评价的价值导向和根本标准，构建并检验一套法治政府绩效满意度测量方案，推动法治政府评价研究的跨学科融合发展，提供改善法治政府绩效及其满意度的针对性意见，为优化法治政府绩效考评建言献策。

　　由于各种原因，主要是笔者学识有限，本书尚存在以下问题，如现有满意度评价指标体系还相对简单，专家评议和公众评价指标分层仍有待进一步论证和完善；对 H、G 两省的实证结果分析更多停留在数据层面，对评价得分的原因剖析需要进一步深化；所提意见和建议偏于宏观，在具体操作层面还不够细化；等等。欢迎读者批评指正，也期待更多研究者在法治政府建设绩效评价方面有更多更深入的研究和探讨，为法治政府建设及绩效评价提供参考。

陈磊

2022 年 4 月 16 日

目录
Contents

第一章

导 论

······

本书基于笔者的博士论文拓展及完善而成。法治政府建设及绩效评价是近十几年来法治中国建设的重要内容。本章首先展现研究背景，提出研究问题，阐述研究目的及意义。在对核心概念的解读与诠释的基础上，系统梳理国内外相关研究文献，明确研究思路和研究方法，界定研究内容。从根本上说，法治政府绩效评价公众满意度研究是发挥"以评促建"的评价功能，以及践行以人民为中心发展理念的内在要求。

一、研究缘由

近年来，法治政府建设工作正在有条不紊地推进，如何衡量和评价法治政府建设成效逐渐成为学界和实务部门关注的重点命题。在此背景下，法治政府绩效考核工作也如火如荼地开展，但以内部控制为主的法治政府建设考核并不能满足当下法治政府建设的需求。在政府权力人民赋予的基础上，公众满意度应然成为法治政府绩效评价的价值导向或关键指标，而本书便是在这样的背景下展开研究的。

（一）研究背景

2015 年 12 月，中共中央、国务院印发《法治政府建设实施纲要（2015—2020 年）》，要求把法治政府建设作为各级领导班子和领导干部工作实绩考核的重要内容，纳入政绩考评体系，通过强化评价与督查，充分发挥对法治政府建设的推动作用。事实上，自 2002 年党的十六大提出"依法治国是党领导人民治理国家的基本方略"以来，法治政府乃至法治国家建设在我国的地位日益提升。[①] 2004 年，国务院发布《全面推进依法行政

[①] 刘瀚.依法治国是党领导人民治理国家的基本方略 [J]. 求是，2002 (24)：22.

实施纲要》，首次提出"用 10 年左右时间基本实现法治政府建设目标"；2012 年，党的十八大进一步明确了"到 2020 年，依法治国基本方略要全面落实，法治政府要基本建成"的时间表；2014 年，党的十八届四中全会将"依法治国"作为会议主题，并把"坚持法治国家、法治政府、法治社会三位一体建设"作为全面推进依法治国的总目标。以此为背景，全国各地各级政府包括学界掀起法治政府建设评价的热潮。截至 2014 年年底，已有近 20 个省市出台了相应的法治政府评价方案，形成所谓法治建设及评价的"地方主义"色彩。[①]

从理论上讲，尽管赋予"绩效评价"的名号，这些法治政府建设考评基本都停留在目标性考核的范畴，凸显自上而下的内部管理逻辑，旨在强化下级对上级的执行力。区别于此，法治政府绩效评价可视为绩效导向的法治政府建设评价，在驱动目标实现的同时，更强调结果导向和公众满意度导向。应该说，基于法治政府和绩效评价的内在要求，从法治政府建设评价向法治政府绩效评价过渡是一种必然趋势，因为后者作为一种民主文化的技术工具，兼有评价的技术功能与民主、法治的价值目标。[②] 但与政府整体及部门绩效评价不同，法治政府绩效评价几乎贯穿政府职能实现的所有方面，针对政府法定职能实现的状态（产出、效果与投入），它具有不易测量的技术特征。[③] 这样，如何选择科学的评价方法，乃至构建合理的评价体系，实现对法治政府绩效（投入、产出和效果）的有效评价，成为学界公认的"世界难题"。

（二）问题的提出

新时代的法治政府建设坚持"以人民为中心"的根本立场。全面推进法治政府建设要将"人民满意"作为法治政府建设成效的最重要的评判标准，也要将"群众拥护不拥护、赞成不赞成、高兴不高兴、答应不答应"作为法治政府建设制定具体政策措施的出发点。相当程度上，绩效评价结

① 付子堂，张善根. 地方法治建设及其评估机制探析 [J]. 中国社会科学，2014（11）：123-143.

② 卢扬帆. 法治政府绩效评价内容及指标设计 [J]. 甘肃政法学院学报，2016（3）：134-146.

③ 郑方辉，尚虎平. 中国法治政府建设进程中的政府绩效评价 [J]. 中国社会科学，2016（01）：117-139.

果的公信力与可应用性程度是由评价指标的科学性与可行性所决定的。而在指标体系中，主客观评价的关系居于核心地位。从根本上讲，政府的权力来自人民的赋予，置于法治的价值导向与行政民主化诉求的关系视域，"人民满意始终成为政府绩效的终极评判标准"①，即人民或社会的满意度程度应成为法治政府绩效评价的关键指标或标志性维度（价值导向）。然而，作为一种主观评价，满意度测量需要依赖一系列的前提条件，如评议者具备充分理性、社会开放程度较高等，若不满足则可能导致评价结果失真。同时法治政府绩效信息具有专业性，满意度评价因其指向内容不同，需分别采用专家评议和公众调查。总体来看，遵循主观评价与客观评价相结合的原则，在综合考虑评价目的、评价主体、评议主体等因素的基础上，实现主客指标的互补互证，既有理论和逻辑依据，又为同类研究实践中的主流做法。②

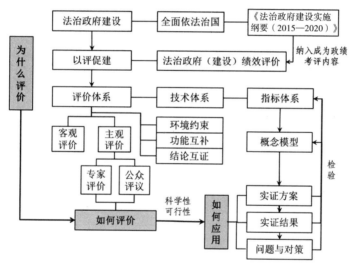

图1-1 本书的研究的思路与逻辑

满意度评价作为法治政府绩效评价的重要（或核心）内容，构建科学合理的测量体系并开展实证研究便成为亟待涉足的重大课题。进一步说，法治政府绩效主观与客观评价究竟为何种关系，各需满足怎样的条件；从公众满意角度进行法治政府绩效评价该如何实现，怎样具体应用；针对特

① 朱景文. 现代西方法社会学 [M]. 北京：法律出版社，1994：43-45.
② 陈磊，林婧庭. 法治政府绩效评价：主客观指标的互补互证 [J]. 中国行政管理，2016（06）：16-21.

定区域法治政府建设绩效的公众满意度真实水平如何，它与客观评价结果存在什么关系；哪些因素会影响公众对法治政府绩效的公众满意度评价，这些因素为何种关联及如何加以改善；等等，都需要认真考究和妥善解决。

本书立题于此，其目的有三：一是系统研究和构建法治政府绩效评价中的主观评价即满意度测量技术体系及实证方案；二是执行和验证该方案，获得在 H 省和 G 省两地大样本量调查数据，测量两地法治政府绩效满意度水平并进行差异化比较，提供衡量其法治政府建设成效的特定标准；三是基于 H 省和 G 省实证结果与其法治政府建设实务经验，在定性和定量两个层面分析法治政府绩效满意度的影响因素，提供其改善和优化的对策建议。逻辑上，实证研究是检验评价体系科学性的必要环节，而实证结果的公信力又有赖于评价体系的科学性。因此，上述三个目的实为一种递进关系。本书依次进行法治政府绩效满意度的概念模型、指标体系与实证方案构建，并进行实证研究和结果诠释，从而以 H 省和 G 省特定样本为例，尝试对前述问题做出初步回答。

（三）研究意义

本书以 H 省和 G 省特定样本为例，对法治政府绩效满意度进行实证研究，旨在从理论上确立法治政府绩效评价的价值导向和根本标准，并系统分析我国法治政府绩效评价的客观环境与技术路径，推动法治政府评价研究的跨学科融合发展。从实践意义上看，本书尝试构建并检验一套法治政府绩效满意度测量方案，提出改善法治政府绩效及其满意度的针对性意见，为优化法治政府绩效考评建言献策。

1. 理论意义

一是确立法治政府绩效评价的价值导向和根本标准。传统的法治政府建设评价作为一种自上而下的目标管理手段，通过设定具体的考核任务（目标），并潜在地假定其正确性，然后层层分解落实，被评对象只要完成了预设目标，就能获得肯定性评价。本书将满意度导入作为法治政府绩效评价的一个维度，一方面实现了法治政府评价理念的重要创新，凸显"结果至上"与"公众满意"的价值追求，强调法治政府建设的公信力；另一方面体现了绩效内涵，即一种站在体制外立场监督体制内法治运行的逻辑——它更加关注法治政府建设的社会效果，延伸形成投入、过程、产出全方位的衡量指标，换言之，即使完成了上级设定的法治建设任务，也未必能实现社会满意。

二是系统分析了我国法治政府绩效评价的客观环境与技术路径。评价技术的科学合理性影响法治政府评价的权威性与公信力。鉴于我国法治建设总体水平不高，政府信息公开程度有限及民意调查技术尚不成熟等事实，单纯依赖主观或客观评价手段都无法获得可靠评价结果。本书创造性提出了将满意度导入作为评价的一个基本维度，实现主客观评价相结合的技术方案，它是与我国现实国情和体制特性相吻合的一种可行设计，有利于借助外部压力，真正倒逼和推进法治政府建设，亦彰显评价的价值和工具双重属性。为此，本书将系统讨论主客观评价的技术特性及其在法治政府绩效评价中的应用，以及为贯彻这样一种方案，需要在体制、组织与文化等方面进行怎样的配套建设。

三是推动了法治政府评价研究的跨学科融合发展。法治政府绩效评价是法学与公共管理学研究的结合，其指标体系构建更是借鉴了管理学、经济学、统计学等多门学科理论方法。它作为一个跨学科的研究尝试，给相近学科之间的交流与融合带来帮助，并致力发展成为一门独立的"法治政府绩效评价学"。[①] 满意度测量不仅反映政府绩效评价的经济性、效率性、效果性和公平性等技术内涵，而且关注法治政府建设终极价值目标的实现。利用公共管理学科的绩效评价来完善法治政府理论，对于法学研究领域的进一步拓展和研究方法创新，具有积极意义。

2. 实践价值

一是构建并检验了一套法治政府绩效满意度测量方案。遵循确定的技术规范，运用层次分析法和专家咨询法等多种手段，本书进行了完整的法治政府绩效满意度评价指标体系构建，并设计了相应的实证方案，包括调查问卷、抽样方法、调查执行和质量控制等，使满意度能在实际评价中发挥导向作用，真正成为推动法治政府建设的有效工具。应该说，法治政府绩效满意度评价不仅反映法治政府的本质，且将法治政府建设各领域大为简化，提供了可量化的科学标准，从而敦促法治政府朝着正确的道路发展。

---

① 郑方辉，尚虎平. 中国法治政府建设进程中的政府绩效评价 [J]. 中国社会科学，2016（01）：117–139.

二是提供了改善法治政府绩效及其满意度的针对性意见。利用 H 省和 G 省自治区大样本调查数据，实证评估了当地法治政府绩效满意度水平，并以此为基础进一步分析影响法治政府绩效满意度的因素。这些分析不是停留在数据和理论层面，而是结合当地法治政府建设实务经验，分别从政府权责与法制健全、公职人员法律素质、职能部门依法行政、腐败治理与廉政建设以及公众普法宣传教育等方面进行诠释，借此衍生优化和改善的对策建议，具有针对性和可操作性。

二、核心概念

法治政府评价是一种对政府法治水平的评价，它关注价值和技术两个层面。价值层面是进行政府绩效评价设计的前提，它决定了评价的目的、理念、技术和组织路径。在技术层面，作为政府绩效评价技术体系核心内容的指标体系，则服务于评价目的，遵循评价理念并成为量化评价的基础。此外，在法治政府评价视域之下，公众满意度可以理解为公众在体验政府法治化建设过程中对其需求、期望和目标得到满足程度的一种心理体验，它具有主观、模糊、相对与可测的特性。

（一）法治政府绩效评价

法治政府绩效评价是基于绩效的理念导向与技术方法，以政府（部门）为评价对象，对其在建设法治政府方面作为的经济性、效率性、效果性、公平性进行综合测量与分析的活动。[①] 它区别于现有学界和实务部门广泛提出的法治政府（建设）评价。所谓法治政府评价，是指对政府的职能行为与其公共决策符合法律程序以及政府依法行政所产生社会影响力等进行评价，简言之，是对政府法治水平的评价。在现实体制下，它更多为一种体制内自上而下的目标考核手段，旨在强化政府法治建设"执行力"。法治政府绩效评价则是绩效导向的法治政府评价，它强调政府（部门）在其法治职能范围内"可作为"的结果，且是特定时期内的"增量"，关注的是法治政府"应该干什么"而不是"正在干什么"，协调的是体制内与体制外

---

① 郑方辉，冯健鹏. 法治政府绩效评价 [M]. 北京：新华出版社，2014：19-24.

的矛盾，旨在追求政府法治建设的"公信力"，或说有公信力的执行力。[①]

作为政府绩效评价的一种形式或其重要组成部分，基于系统论视角，法治政府绩效评价关注价值和技术两个层面，其评价体系包括理论体系、技术体系、组织体系和制度体系。其中理论体系解决法治政府绩效评价对相关学科理论的诉求和演绎，技术体系立足评价理念和内容并提供量化的技术规则，组织与制度体系为评价实施及可操作的保证。

（二）公众满意度

政府（公共部门）绩效的公众满意度来源于营销学的顾客满意度，是指公众在了解政府工作的基础上做出的满意程度评价，它是对公众心理状态的一种量化描述。置于法治政府绩效评价视域，可将满意度界定为"公众在体验政府法治化建设过程中对其需求、期望和目标得到满足程度的一种心理体验，取决于公众接受法治政府有关政策或服务输出后的感知质量与其接受之前的目标期望对比"。用一个简单函数来描述，即 $PSI = q/e$。其中 PSI 为公众满意度，q 代表公众对法治政府政策或服务的感知，e 代表公众的期望值。显然，PSI 的数值越大，表示公众越满意；反之，则相反。通常来讲，当 $PSI>1$ 时可认为公众满意度很高，即法治政府表现超出了公众的期望，此时公众倾向于产生高度信任和忠诚，甚至形成依赖；当 $PSI=1$ 时，公众满意度较高，表明法治政府的行为效果恰好达到公众期望，此时公众亦会呈现应有的热情和信任；而当 $PSI<1$ 时，法治政府表现低于公众期望，这种情况下，公众会产生抱怨、冷漠、不满和不信任等情绪或行为。

根据已有研究，法治政府绩效满意度的主要特征：一是主观性（subjectivity），即公众基于其知识和经验、社会阶层、生活习惯、价值观等的主观体验和评价结果；二是模糊性（fuzzy），作为人的心理活动，在反映评价对象客观差异方面没有明确界限，或说遵循一个从高到低的连续变化过程；三是相对性（relativity），源自评价者个体因素的不同，并导致孤立的满意度分值其实无特别含义，只有通过横向或纵向比较才产生价值；四是可测性（measurability），虽然其具有模糊性，但通过运用模糊集合理论和模糊

[①]　郑方辉，廖鹏洲. 政府绩效管理：目标、定位与顶层设计 [J]. 中国行政管理，2013（05）：17-22.

测评方法，仍可得出具体的量化数值。此外，正如前述法治政府绩效信息具有专业性，满意度可能需分别采用专家评议和公众调查，所以这里的"公众"应为一个分层集合概念，即实际操作时，形成专家学者、特定人群和普通公众满意度等区别。

（三）价值导向

总的来讲，价值导向是指社会中的个人或群体在多种复合的价值取向中选择其中一种，确定为其主导的行为方向和追求目标的过程。相对于组织而言，价值导向则是其用以确定管理体系中的激励机制，即通过绩优奖励、标杆树立等措施来明确增强正向激励的行为。这种行为往往传递出组织所提倡的价值观元素。政府绩效评价的价值导向，则是指政府绩效评价的内容与技术体系、组织机制、结果应用等设计和执行究竟以何为价值目标，或说遵循怎样的价值理想。从某种程度上讲，明确价值导向是进行政府绩效评价设计的前提，或说价值导向即决定了评价的目的、理念、技术和组织路径。鉴于评价范畴的复杂性，它可能包含了若干相互区别甚至矛盾的价值准则，需要进行优选排序，即形成一个完整的价值体系。

纵观西方公共部门绩效评价的价值导向，学者普遍认为其主要经历了效率至上到结果和公民满意至上的演变过程。[①] "特别是1970年代新公共管理运动兴起以来，绩效评价在政府管理中日益受到重视，其根本目的即推动政府为社会提供优质的公共服务，凸显结果导向和公民满意度导向两大追求。"[②] 法治政府绩效评价为政府绩效评价的组成部分，不仅需遵循政府绩效评价的基本价值目标，亦需导入法治的关键内涵和终极取向，其价值导向实质为绩效和法治两类价值体系的有机融合。首先，评价需忠实于现代法治建设与政府职能法治化的要求。现代法治包含良法之治、普遍守法、限制权力、民主理念与民主过程等实质价值，其核心是权力制约和民主保障。[③] 因而评价致力构建一个形式和功能完善的国家法制体系，并且推动社会形成法律至上的

① 盛明科，何植民. 政府绩效评估的价值渊源：从"效率中心主义"到"新泰勒主义"——兼论当前中国政府绩效评估的价值追求 [J]. 社会科学家，2009 (01)：46-50.

② 高小平，贾凌民，吴建南. 美国政府绩效管理的实践与启示——"提高政府绩效"研讨会及访美情况概述 [J]. 中国行政管理，2008 (09)：125-126.

③ 石茂生. 论法治概念的实质要素——评亚里士多德的法治思想 [J]. 法学杂志，2008 (01)：97-100.

权威意识。其次，评价应体现结果导向，即政府履行其法治职能究竟做了什么、成效如何，其背后才是政府在依法行政过程中遵守了怎样的法治规则和程序，是以结果反观过程的关键指标评价。再次，评价强调公众满意，内含公众对法治政府建设目标的认同，涉及体制内部与外部相协调的关系，旨在提升法治政府的公信力。由此，本书定位于对法治政府绩效满意度进行系统研究，实为一种凸显评价价值理念的技术设想。

（四）指标体系

指标体系是政府绩效评价技术体系的核心内容，包括指标、权重及评分标准等。从狭义上理解，"指标是一种量的数据，它是一套统计数据系统、用来描述社会状况的指数"①。作为技术工具，指标体系服务于评价目的、遵循评价理念并成为量化评价的基础，指标体系的结构化与科学性亦成为绩效评价区别于其他政府监管手段的标志。置于法治政府绩效评价的视域，其指标体系构建需重点解决若干问题：一为评价对象，以部门为责任主体，触及政府法治职能的科学界定及其责任分解；二为评价重点，即过程控制与结果导向的矛盾协调；三为指标属性，即主观与客观、定性与定量指标的选取，以及评分标准的设定；四为指标数量，即评价内容全面与关键指标评价的权衡。

进一步说，本书重点针对法治政府绩效的公众满意度测量进行指标体系建构，它作为整体评价的一个关键维度（领域层），同时亦需进行自身（下级层次）指标的选择与论证。满意度测量指标体系设计需遵循规范的技术方法，主要有平衡计分卡、层次分析法、主成分分析法和数据包络分析法等，在步骤上则还需经过隶属度分析、相关分析、信度与效度检验等环节。本书采用经过优化的层次分析法，即通过指标的层次逻辑推导与专家咨询调查相结合，适度简化指标筛选过程，在有限的步骤内直接获得完整的指标结构及其权重配置，从而降低研究的预设条件和技术成本。

三、文献综述

国内外对法治政府建设及绩效满意度的理论与实践研究早已开始，并

① RAYMOND A BAUER, et al. Social Indicators ［M］//吴寒光. 我国小康生活水平的测量尺度与标准. 中国人口·资源与环境，1995（02）：61-65.

积累了许多学术成果与实践经验。政府绩效评价理论与技术研究已相对成熟，国内外法治（政府）建设评价为法治政府绩效评价提供了有益的经验参考，公众满意度作为法治政府绩效评价的关键内容和评价手段已经取得一定的实践探索成果。但是，先前的研究多数处在核心问题的外围，停留在较为粗浅的层面，一项跨学科、全方位和有深度的研究尝试亟待开展。

（一）关于法治政府建设绩效评价研究

法治政府绩效评价是一个新的研究范畴，但法治政府评价由来已久。而它是一个带有明显中国色彩的概念，外文语境中很难找到完全对应的语词。在西方社会，法治政府是法治国家或者法治社会的组成部分，亦是其关键要旨，因为限制权力和保障权利作为法治的两大核心基点。由此，评价法治政府可在评价国家或地区整体法治水平的技术建构中找到其定位。而法治在某种程度上，又可理解为治理的理想状态。也即是说，透过国际上相对成熟的治理或法治评估体系，便可管窥法治政府评价的内容和技术方案。

纵观国际上有关法治建设评价的缘起，学者认为其主要发端于美国20世纪60年代的社会指标化运动。鲁楠对此做了系统的研究，他认为相关实践可以回溯到20世纪70年代梅里曼等人从事的法律制度定量分析中。[①] 1971年，美国学者梅里曼等对欧洲和拉美若干国家的社会发展情况进行了量化分析，他们设计的指标体系囊括地方政府的依法行政、法律执行、法律职业教育等方面。这可能是最早以法治政府为内容的专业化评价指标，且主要依赖客观数源。[②] 直至20世纪80年代，评价进一步演化催生了诸如世界银行治理指数、世界正义工程法治指数等一系列广泛流传的权威性建构。

从嵌入法治标准的治理评价内容来看，考夫曼（Daniel Kaufmann）教授提出，政府治理总体上包括三方面内容：一是政府被选择、监督和替换的过程，二是政府制定正当政策并有效执行的能力，三是公民和国家经济社会间的互动关系。[③] 因此，构建的世界银行治理指标体系由六个维度组

① 鲁楠. 世界法治指数的缘起与流变 [J]. 环球法律评论，2014（04）：118-133.
② 朱景文. 现代西方方法社会学 [M]. 北京：法律出版社，1994：43-45.
③ SEE UN. Governance Indicators：A Users' Guide[EB/OL].（2008-04-20）. http：//www.undp.org/oslocentre/docs07/undp_users_guide_online_version.pdf.

成，依次为话语权和问责制、政局稳定和暴力避免、政府的有效性、管制质量、法治及防治腐败，对这六者分别又下设了若干具体指标。联合国"世界治理调查"采用的国家治理测量指标体系，亦包括政治过程中公民的参与程度、社会各方利益和意见的整合方式、政府保护系统、政策执行系统、国家与市场关系以及司法处理六个部分共 30 个问题。① 不难发现，法治即为治理评价共同的关键指标，而就法治本身而言，政府行为合规、政府有效和政府受监督是核心。在这方面，我国台湾地区公共治理考评指标体系尤为典型，它采用政府回应力、透明化程度、政府效能、防治贪腐、课责程度、公共参与程度及法治化程度 7 项一级指标共 20 项二级指标。② 归纳起来，凡是对治理的测量，其背后都嵌入了法治或政府法治的价值要求。政府法治的标准，如俞可平所言：一是合法性（legitimacy），二是透明性（transparency），三是责任性（accountability），四是回应性（responsiveness），五是有效性（effectiveness）。③

国内有关法治政府评价的研究和实务工作起步较晚。2006 年，袁曙宏同志提出"构建我国法治政府指标体系"的设想，他指出"法治政府指标体系是引导、评价和预测中国法治政府建设的一把标尺，对依法行政的推进具有重要意义和价值"。④ 2007 年，马怀德教授又首创"法治 GDP"概念，主张把法治引入政府官员的政绩考核体系来提高我国各级政府法治建设的热情。其后，为推进法治政府建设，国内专家学者不断加大对法治政府评价指标体系的研究力度，由此开启了我国法治政府建设指标体系理论探讨的全新阶段。

一是有关法治政府建设指标体系方面的研究。例如，袁曙宏提出我国法治政府指标体系应包括客观指标和主观指标两部分：客观指标要以国务院《全面推进依法行政实施纲要》所提出的 7 项法治政府内在标准为一级

---

① 马得勇，张蕾. 测量治理：国外的研究及其对中国的启示 [J]. 公共管理学报，2008（04）：101-108.

② 台湾行政院研究发展考核委员会. 100 年度台湾公共治理指标调查研究 [R]. 2011.

③ 俞可平. 引论：治理与善治 [A]. 载于俞可平主编. 治理与善治 [C]. 北京：社会科学文献出版社，2000：8-11.

④ 袁曙宏. 关于构建我国法治政府指标体系的设想 [J]. 国家行政学院学报，2006（04）：12-14，62.

指标；而主观指标则是社会对行政机关依法行政水平和能力的评价，体现的是人民群众对政府推进依法行政及其成效的认可和满意程度。① 马怀德借鉴"经济 GDP"的概念，提出"法治 GDP"，以法治作为政绩考核评价内容。机构职能及组织领导、制度建设和行政决策、行政执法、政府信息公开、监督与问责、社会矛盾化解与行政争议解决、公众满意度调查七个方面重要内容作为一级指标。一套包括 7 个一级指标、30 个二级指标、60 个三级指标（职能、决策、制度建设、执法、化解矛盾）。申来津等依据法律、法规和国务院文件，并参照相关领域的评价体系，设计了 7 个一级指标，即行政管理、行政决策、制度建设、行政执法、防范和化解社会矛盾、全面监督、公务员依法行政的观念和能力，并围绕 7 个一级指标设计了 37 个二级指标。② 刘艺则反思了前一阶段的法治政府建设评价，提出要结合新时代我国法治政府的理念和任务，当前指标体系的设计还需要增加对以下几个方面的重视：（1）科学性命题：指标体系是否反映了现实并符合法治政府建设实践的需要。（2）系统性命题：是否通过法治方式来确保法治国家、法治政府与法治社会的一体化建设。（3）适应性命题：是否根据中国国情与中国特色社会主义法治的要求来设计指标。③

二是有关法治政府建设评价方法方面的研究。孟涛指出：理论基础的不同，使得评估方法差异也很大。一是定量评估方法。此类评估方法是标准化的，有一套较为固定的方法步骤：第一，将法治概念化，再将概念分解为各个变量，界定为各个指标；第二，收集相关指标的数据；第三，依据相应的规则进行计算，得出测量结果。一旦确定了具体的定量评估方法，普通人即可以参与评估，不必依赖专家。二是定性评估方法。定性评估没有标准化的方法体系，具体评估的方法因人因事而异。不同的评估专家需要基于不同的国度、不同的情境采取不同的方法。定性评估对于评估者有着很高的要求，要求其必须能够充分理解被评估者的主观意图和背景，具

① 袁曙宏.关于构建我国法治政府指标体系的设想 [J].国家行政学院学报，2006（4）：12.

② 申来津，朱勤尚.法治政府评估指标体系的设计与运作 [J].行政论坛，2008（02）：48-51.

③ 刘艺.国家治理理念下法治政府建设的再思考——基于文本、理念和指标的三维分析 [J].法学评论，2021，39（01）：38-51.

有必备的实践经验和专业素养，能够与被评估者有效沟通，获取足够的相关信息。此外，定性评估还可以采用文献审查的方法，也就是搜集所有与评估相关的文件，包括背景资料、研究论著、统计数据等，从中掌握被评估国的历史背景和现实情况，据此做出定性判断。三是建设评估方法。建设评估沿袭了绩效评估的诸多方法，例如平衡计分卡、标杆管理法、目标管理法、关键事件法、排序法、行为观察评价法、行为锚定评价法、360 度绩效评估法等。①屈茂辉和匡凯评价道：从法治评价的方法角度而言，其主要经历了从实证主义导向到批判主义导向的转变，也即从实证导向到规范与实证的综合导向。②"互联网+"时代的到来为法治政府建设指标体系的构建提出了新的时代命题。例如，康兰平提出，要立足于"互联网+"这一外部环境，探究"互联网+"视角下法治政府评估的理论空间的升维和发展路径的转型，回应"互联网+"时代法治政府建设面临的机遇与挑战，在此基础上勾勒出"互联网+"视角下法治政府建设的应然向度和实然面向，优化和完善法治政府建设指标体系，全面落实法治政府评估机制，充分发挥其正向激励的功能和效应，最终汇流于法治中国建设的历史大潮中。③杜维超和钱弘道分析了大数据方法在法治评估中的应用的理论前景及技术架构，指出通过大数据方法在法治评估中的应用，可以提升法治评估解释体系的有效性，强化法治评估结果的客观性，维持法治评估知识发现路径的开放性，回应法治评估的民主化需求。但大数据在法治评估中的应用也有其限度，因为相关性分析不能完全取代因果性分析，法治研究中无法回避价值判断，大数据可能导致个体性价值的遮蔽，还可能侵犯人民的基本权利。④

转入国内，从公开的资料看，宣城市人民政府 2007 年发布了《关于印发宣城市依法行政考核指标体系的通知》，成为国内法治政府评价的最早范

---

① 孟涛. 论法治评估的三种类型——法治评估的一个比较视角 [J]. 法学家，2015，03：16-31，176.

② 屈茂辉，匡凯. 社会指标运动中法治评价的演进 [J]. 环球法律评论，2013，03：30-43.

③ 康兰平."互联网+"法治政府评估的空间与路径研究 [J]. 电子政务，2017（03）：32-42.

④ 杜维超，钱弘道. 大数据方法在法治评估中的应用：理论前景及技术架构 [J]. 社会科学战线，2018（12）：191-199.

本。杭州市余杭区在 2008 年完成了首份地区性的法治（政府）指数报告。此后，包括湖北、深圳、重庆、湖南和广州在内的许多省市都先后以政府规章的形式发起法治政府考核评价。基于我国体制特性，这些由上级主导的法治政府评价都相对一致，多数以机构职能、政府立法、制度建设、行政执法、行政监督、社会矛盾治理、依法行政能力等为内容，覆盖政府法治职能的主要方面。归纳其特点，这些指标体系一是体现目标考核的思路，二是兼顾了法治理念导向与评价现实约束，三是进行了较为系统的评价内容设计，四是引入刚性的量化评估指标。

在此基础上，初步分析法治（政府）评价技术方法的应用，不难发现主观评价与客观评价相结合的方式，是国内外现有法治评价中较为普遍采用的路径。包括联合国构建的法治政府指标体系，即通过专业人士和普通公众调查产生结果（两类指标分别达到 78 项和 24 项），而客观指标数量仅有 33 项；广东省依法行政考评指标体系中，采用主观评价的指标权重达 40%。借此，蒋立山把法治政府评价总结为主观指标为主、客观指标为主和主客观指标相结合三种模式。① 袁曙宏等学者指出：法治政府目标的实现需要得到人民群众的认可，那么，公众满意度毫无疑问将是其评价内容的必要组成部分。② 但是鉴于政府法治职能不可完全量化的属性，加上体制约束、信息公开有限等，实际操作既要通过满意度测量来将部分评价内容内置化，从而弥补客观评价的不足；也要对满意度评价的主体进行层次或结构性区分，如整体性、概念性的问题由一般公众回答，专业性、针对性的问题则更适合专家评价。③

将绩效理念导入法治政府建设评价作为一种新的尝试，目前仍处在探索阶段。汪全胜指出，法律绩效评估是指对法律实施一段时间后的客观效果及社会影响等进行测量，以分析法律实施过程中的立法问题，从而帮助完善立法。④ Vanessa A. Baird 和 Debra Javeline 评估了中央和地方财政资助对司法绩

---

① 蒋立山. 中国法治指数设计的理论问题 [J]. 法学家，2014（01）：1-18.

② 袁曙宏. 关于构建我国法治政府指标体系的设想 [J]. 国家行政学院学报，2006（04）：12-14.

③ 陈磊，林婧庭. 法治政府绩效评价：主客观指标的互补互证 [J]. 中国行政管理，2016（06）：16-21.

④ 汪全胜，金玄武. 法律绩效评估的社会促动机制 [J]. 西南大学学报（社会科学版），2009（05）：110.

效的作用，他们对司法绩效的测量指标涵盖合法性（尊重法律）、公平性（法律面前人人平等）、独立性（不受其他力量干预）等范畴。① 郑方辉和卢扬帆等认为，法治政府绩效评价是以绩效为导向的法治政府评价，指向法治政府"应该干什么"，服务于政府法治建设的"公信力"提升。② 为践行这一理念，他们设计了相应的指标体系，包含法制建设、过程保障、目标实现、法治成本和社会满意 5 个基本维度，共采用 30 余项评估指标。③ 但在操作层面，基于目前我国法治政府信息公开不足的现状，仍主要依赖于主观满意度测评。

（二）关于政府绩效满意度及其测量研究

政府绩效的满意度评价从历史来看，发源于市场营销学的顾客满意度调查。早在 20 世纪 30 年代，Hoppe 和 Lewin 等美国学者基于心理学与社会学等相关学科的满意理论，他们的研究发现顾客对满意度的感知质量与其自身对他人的信任度、自尊或荣誉等心理状态密切相关。之后，学界开始针对如何进行顾客满意度的测量做出广泛探讨。瑞典皇家学院课题组在 1989 年最早提出顾客满意度的计量学模型，建立所谓的 SCSB 模型由顾客预期、感知价值、顾客满意度、顾客抱怨和顾客忠诚五个结构变量组成，其结果用顾客满意度指数（Customer Satisfaction Index，简称 CSI）表示。④ 1994 年，美国密歇根大学商学院的费耐尔（Fornell）教授将满意度测评引入政府（公共部门）绩效评估领域，所构建的 ACSI 模型亦由顾客期望、感知质量、顾客满意度、顾客抱怨、顾客忠诚五个变量构成。⑤ 以此为基础，许多不同的测量满意度的模型和方法先后在各国被开发出来，以韩国的 KCSI、欧洲的 ECSI 与德国的 DK 模型等具有代表性，其中又以美国的 ACSI 模型应用范围最广，影响力最大。总体上，这些测量的结构模型适用条件均存在一定差异，表现特征也迥然不同，

① VANESSA A BAIRD, DEBRA JAVELINE. The Effects of National and Local Funding on Judicial Performance：Perceptions of Russia's Lawyers ［J］. Law & Society Review, 2010, 44 (2)：331-364.

② 郑方辉，卢扬帆. 法治政府建设及其绩效评价体系 ［J］. 中国行政管理, 2014 (06)：26-31.

③ 郑方辉，邱佛梅. 法治政府绩效评价：目标定位与指标体系 ［J］. 政治学研究, 2016 (02)：67-79, 127.

④ 刘宇. 顾客满意度测评 ［M］. 北京：社会科学文献出版社, 2003：84-86.

⑤ FEDERAL CONSULTING GROUP. ACSI and Its Value in Measuring Customer Satisfaction ［R］. Washington, D. C, 2001.

然而其基本理念确实接近的，都是为了把追求商业利润或公共服务的目标定位在提升公众或顾客的满意度方面。

把满意度评价从私人部门延伸到公共部门是美国人的贡献。大概从 1994 年起，这一过程主要历经了三个阶段：一是 1994 年至 1999 年被称为初始期，此时美国联邦政府采用的是 ACSI 的经典模型，测量覆盖的政府部门仅为少数；二是 1999 年到 2003 年被称为应用期，在成功试点的基础上，联邦政府开始把满意度评价扩大到包括 12 个部门和 7 个非部门机构在内的范围，但仍局限于联邦政府层面，其调查对象（测评者）覆盖 31 个功能界别群体；三是 2003 年以后被称为扩展期，满意度测量借助电子政府评价等技术手段进一步扩展，基本成为政府绩效评价领域通用的工具。应该说，经过实证验证的 ACSI 模型是一个简洁统一、操作性强、对象识别度高的测量体系。

国内对公众满意度的技术性研究始于 1998 年清华大学建立的 CCSI 模型，比 ACSI 模型多了政府形象变量。尤建新认为，公共部门绩效满意度评估代表了行政管理理念的一种转变以及政府治理手段的革新。① 彭国甫也指出，公众满意度是政府绩效水平与期望值的比较，直接反映其公信力和威望高低。②

吴建楠通过对美国测量顾客满意度指数的应用背景分析，在结合计量模型和结果考量的基础上，对其适用于中国现实的优缺点做了评价，进而给出一系列关于中国特色满意度测量模型构建的有价值意见。③ 盛明科在 2006 年进一步做了我国政府公共服务满意度的公众评价模型构建尝试，他提出服务的质量、效率和成本降低应为公众期望的观测指标，而科教文卫、社会保障等服务绩效则作为服务质量的观测变量。④ 尤建新等学者通过层次分析法应用，提出公众满意度测量模型应包含四个指标层级，分别定义为：满意度作为一级指标，二级指标是对政府的信任度、自身安全感、自我价

① 尤建新，邵鲁宁. 公众满意理念及公众满意度评价 [J]. 上海管理科学，2007 (02)：59-61.

② 彭国甫. 民众本位是政府管理创新的根本价值取向 [J]. 学习导报，2004 (04)：52-53.

③ 吴建南，庄秋爽. 测量公众心中的绩效：顾客满意度指数在公共部门的分析应用 [J]. 管理评论，2005 (5)：53-57.

④ 盛明科，等. 政府服务的公众满意度测评模型和方法研究 [J]. 湖南社会科学，2006 (06)：36-40.

值实现和荣誉感等。以此为基础，刘燕借助电子政务服务条件下公众满意度的特征及其形成机制，又创造了一个跟前两者不同的针对性的电子政务服务满意度（EGPSI）模型。[①]

从实践来看，政府绩效评价的满意度测量主要由独立于政府之外的民间（第三方）机构组织。美国有以"坎贝尔"研究所为首的民间学术机构开展的政府绩效评价；韩国政府成立一个民间政府绩效评价组织——经营诊断委员会；在加拿大，则由通信公司开展了大范围的政府绩效民意调查，当中采用七点量表法要求被调查的民众根据自己的实际感受对卫生保健、经济管理等12方面内容做出满意度评价。21世纪初，我国学界开始引入西方理论方法积极推动地方政府绩效评价活动，其中满意度测量作为重要的手段和内容。有群众直接评价政府机关作风的"珠海模式"，有厦门、南京、沈阳等地开展的"万人评政府"。[②] 2004年甘肃省政府委托兰州大学针对民营企业发展状况就政府绩效进行评价，其本质上是基于满意度导向，通过评价形成"公众（动力）—政府（压力）—政府内部（需求）"的传导机制，这一举动对我国地方政府绩效评价的理论研究及实践探索产生重要影响。[③] 2007年11月，媒体公布了"2007年广东省市、县两级政府整体绩效评价指数研究红皮书"，被中央主流媒体称为"破冰之举"，其中"实现公众满意"作为跟"促进经济发展""维护社会公正""节约政府成本""保护生态环境"并行的一个独立领域层，每年在全省范围组织超过20000人的大样本调查，至今已持续10年。[④]

进一步地，基于实证研究经验，学术界也对公众满意度及其评价的影响条件进行了探讨。荷兰学者Veenhoven针对个体生活满意度进行剖析，发现在发达国家，年龄、性别、教育、职业等人口学变量能解释其变异的

[①] 刘燕. 电子政务公众满意度测评理论、方法及应用研究 [D]. 长沙：国防科学技术大学，2006.

[②] 郑方辉，张文方，李文彬. 中国地方政府整体绩效评价：理论方法与"广东试验" [M]. 北京：中国经济出版社，2008：258-259.

[③] 包国宪. 绩效评价：推动地方政府职能转变的科学工具——甘肃省政府绩效评价活动的实践与理论思考 [J]. 中国行政管理，2005（07）：86-91.

[④] 郑方辉，等. 2015中国政府绩效评价红皮书 [M]. 北京：新华出版社，2016：10.

10%，社会参与因素也能解释约 10%，而生活艺术等个人因素能解释另外的 30%。① 郑方辉等进一步归纳了公众幸福感（满意度）的影响维度，包含个人及家庭、社会治理、政府表现、自然环境、评价技术和传统文化 6 个类别。② 从方法论角度看，无论对何种范畴的满意度而言，评价技术的科学性都是影响评价结果的重要因素，评价方法必须符合公众理解能力，且具有可操作性。③ 胡春萍和吴建南指出，评价指标内容和形式的准确性不足，可能导致公众主观评价产生偏颇，但可采用信度和效度检验来克服。④

（三）关于法治政府评价导入满意度实践的理论总结

法治政府绩效满意度与一般政府绩效满意度测量的理念方法具有一致性，只是针对不同的调查内容。作为"可量化的正义"，无论是否凸显绩效导向，全球学界都认同在法治政府评价中导入专家评议及公众满意度测量。其中"世界正义工程"的做法具有典型性，它基本是以普通公众为对象，针对每个被评国家，由专业市场调查公司抽取 3 个城市 1000 以上作为样本，3 年为评价周期。⑤ 类似地，中国香港地区法治指数针对其七个评价维度，亦主要采取随机抽样调查的方式，分别由政府官员、执法官员、法官、立法会议员以及法律专业人士进行主观评价。中国台湾地区公共治理指标体系则同时包含客观与主观两个评价范畴，主观指标通过参考国外已公开的权威研究报告，以及专业人士问卷调查取得的结果。这几项评价尽管内涵有别，但其共同的特点是以主观评价为主，或至少将主观评价作为整体评价结果的重要组成部分，评议者则同时包含普通公众及专业人士。正因如此，它们则以评价主体独立（即为政府系统之外的第三方评价）、具有较高的社会公信力而著称于世，同时评价凸显结果导向，旨在从根本上提高民

---

① VEENHOVEN R. Developments in Satisfaction-Research [J]. Social Indicators Research，1996，37（1）：1-46.

② 郑方辉，卢扬帆，覃雷. 公众幸福指数：为什么幸福感高于满意度 [J]. 公共管理学报，2015（02）：68-82.

③ 范柏乃. 政府绩效评估：理论与实务 [M]. 北京：人民出版社，2005：10.

④ 胡春萍，吴建南. 行风评议：流程、要素及绩效改进的影响因素分析 [J]. 兰州大学学报（社会科学版），2009（01）：84-91.

⑤ 世界正义工程. 法治指数：可以量化的正义 [N]. 人民法院报，2010-06-18（05）.

众对法治政府的信任度和施政满意度，即从外部推进政府法治建设。

广东、湖北等省市近年出台的法治政府建设评估考核办法，基本都采取主观与客观指标相结合的模式。其中，广东省依法行政考评指标体系包含七个维度共 108 项具体指标，这七个维度分别是政府及其部门依法行政的意识和能力、政府服务能力、行政决策科学性与民主性、制度建设、行政执法状况、政府信息公开工作和社会矛盾纠纷化解工作。而作为一项特殊的设计，它在每个评价维度都分别引入一项公众满意度指标（形成与客观指标互证的格局），这样便使主观评价所占权重累计高达 38%。从现有同类评价指标体系来看，四川省依法行政考评采用主观指标的比例为 17%，昆明市为 20%，余杭区为 12%，等等，都远不及广东省所迈出的步子大。①

而从学者研究来看，钱弘道等人自 2006 年起在余杭区启动"法治余杭"指数评价，所构建的指标体系覆盖地方法治建设相关的行政工作、权利救济、市场秩序等内容，但却是全部由 4 个方面 9 类满意度调查问卷组成，即采用主观评价。② 2013 年，中国政法大学课题组针对 53 个具有立法权的较大城市设计了 8 个满意度指标，由公众分别从行政执法、信息公开、公众参与行政决策以及便民服务等方面对当地政府法治建设状况进行评价，结果发现这几项满意度得分都属偏低。③ 始于 2013 年，华南理工大学研究团队基于其延续多年的政府绩效公众满意度调查平台，采用 10 项指标对广东省各市县的法治政府绩效满意度进行实证研究。他们发现：法治政府绩效满意度与地区经济发展程度存在较强的正相关关系，同时公众背景因素也对满意度产生较大影响。④ 叶菁构建了政府透明性、政府回应性、政府廉洁性、执法公正性、政策公平性、公众参与性和社会安全性共七个指标对地方法治政府建设的公众满意度进行测量。研究表明公众对我国地方法治

---

① 周尚君，彭浩. 可量化的正义：地方法治指数评估体系研究报告 [J]. 法学评论，2014（02）：117-128.

② 钱弘道，等. 法治评估的实验——余杭案例 [M]. 北京：法律出版社，2013：11-40.

③ 马怀德，王翔. 法治政府评估中的公众满意度调查——以 53 个较大城市为例 [J]. 宏观质量研究，2014（3）：4-10.

④ 郑方辉，何志强. 法治政府绩效评价：满意度测量及其实证研究——以 2014 年度广东省为例 [J]. 北京行政学院学报，2016（02）：41-48.

政府建设的公众满意度处于中等水平，总体得分为 54.71（百分制）。[①] 冯建鹏开展了以"政府满意度"为形式的法治政府主观评价活动，对广东省青年人群的社会调查表明：受访者对于当地政府法治水平的感受与性别、年龄段、学历和当地社会治理水平均有关系；与受访者和政府部门在具体个案中打交道的经历也有关系；受访者在各具体方面的感受对于政府法治整体感受也存在不同的影响。[②]

应该说，将公众满意度导入法治政府绩效评价之中，恰好折射了从传统的法治政府建设（水平）评价到绩效评价的理念转变，亦为中国特定现实环境下的民意调查积累了宝贵经验。满意度测量"最关键的贡献是为法治建设与相关的理论研究提供了相对确定的可供比较的评测标准，从而摆脱人为的无法评价的概念纷争"[③]；同时"作为一项技术创新，它将庞大烦琐的法律制度及运作机制高度内置化，变成一些可以量化的具有高度可操作性的指标，实现了法治的有尺可量"[④]。

最后，在实证分析层面，学者也对法治政府绩效满意度的影响因素做了一些探讨。但因为它是一个十分具体的范畴，尤其嵌入绩效内涵的满意度评估，现有成果还很少。从宏观上讲，一般归纳为几个方面：一是社会法治理念的树立，二是法律法规体系完善，三是政府机构与职能划分，四是权力监督机制健全，五是公职人员法律素质培养。[⑤] 这些作为外在和内在因素，都会显著地影响公众对法治政府建设的心理预期和现实感知质量，进而影响其满意度评分。而从微观上讲，郑方辉和周礼仙针对 2015 年度广东省的实证研究表明：地区经济发展水平（包括 GDP 总量和人均值）跟法治政府绩效存在较强的正相关，且区内公众收入的分化程度也会对两者的

---

① 叶菁．地方法治政府建设的公众评价及其影响因素 [J]．云南行政学院学报，2019，21（03）：164-169.

② 冯健鹏．"法治政府"的主观面向——以广东省青年人群社会调查为例 [J]．浙江学刊，2017（05）：88-98.

③ 李蕾．法治的量化分析——法治指数衡量体系全球经验与中国应用 [J]．时代法学，2012（02）：25-30.

④ 钱弘道．法治指数：法治中国的探索和见证 [J]．光明日报，2013-04-09（11）.

⑤ 任敬陶．法治政府建设存在的几个问题 [EB/OL]．（2014-11-03）. http://www.cssn.cn/fx/fx_ xzfx/201411/t20141104_ 1389116. shtml.

相关系数产生明显作用。① 聚焦到满意度范畴，类似结论也在不同程度被证实。② 尽管满意度评价结果可能与法治政府建设绩效（主观与客观评价）之间发生偏差，但后者毕竟是前者的物质基础。③

（四）文献简析

综观前述，关于法治政府绩效满意度的研究不难发现：第一，政府绩效评价理论与技术研究已相对成熟，包括在绩效概念及其评估理念、评价模型与技术方法等方面都已相对成熟，且评价实践及结果应用上也产生了海量有价值成果；第二，各国政府和地方层面的法治（政府）建设评价，为法治政府绩效评价提供了有益的经验参考，主要是其主观与客观评价技术的应用；第三，导入满意度作为关键内容和评价手段的法治政府绩效评价已进行了初步的实践探索，包括构建相应的指标体系、开展试点地区的实证检验，以及影响因素的大致分析。

然而，这些研究却多数处在核心问题的外围，停留在较为粗浅的层面，其中尚未触及的方面：第一，没有针对法治政府绩效评价视域的公众满意度系统性研究，从其理论必要性及现实价值，到概念模型、实证方案设计以及调查操作、结果分析等，分别有何依据，需要注意什么问题；第二，满意度作为法治政府绩效评价的主观维度，与客观维度之间是种什么关系，它有怎样的适用范围，受制于哪些因素和条件；第三，对特定层次特定区域的满意度评价结果，如何对应其法治政府建设的实践进行科学解释，以至产生对策建议的启发。正是这些现状，迫切呼唤一项跨学科、全方位和有深度的研究尝试。

四、研究方法

本书通过采用规范分析法、实证分析法、比较分析法、资料收集与数

---

① 郑方辉，周礼仙. 经济发展能提升法治政府建设绩效吗——基于 2016 年广东省的抽样调查 [J]. 南方经济，2016（11）：113-124.

② 郑方辉，周雨. 法治政府绩效满意度实证研究——以 2012 年广东省为例 [J]. 北京行政学院学报，2016（2）：16-21.

③ BRIAN STIPAK. Citizen satisfaction with urban services：potential misuse as a performance indicator [J]. Public Administration Review，1979，39（1）：46-52.

据统计的方法对法治政府绩效公众满意度评价进行实证研究，通过利用不同方法从不同维度出发，据以达到研究目的。

（一）规范分析法

规范分析法广泛而基础性地应用于社会科学研究，通常对应的是定性分析范式，用以回答特定研究问题"应该是什么"和"应该怎样"的问题。这类分析可能涉及价值性判断和逻辑性推理的不同方面。针对本书法治政府绩效满意度测量指标体系的构建，囊括了多个学科的理论和经验，因此书中多处用到规范分析方法，主要是对相关理论学说进行了梳理、归纳和演绎，充分说明指标体系构建的内在逻辑自洽性。规范分析法主要是解决"法治政府绩效是什么""法治政府绩效应如何评价"以及如何从满意度技术视角进行法治政府绩效评价等问题，以及借助层次分析法等进行满意度测量指标体系构建的操作步骤。

（二）实证分析法

从理论法学来看，"实证主义"倾向构成一种哲学上的本体论意识，力图对法学研究对象进行与时俱进的廓清。针对法治政府绩效满意度评价，实证研究法为本研究的推进获得了第一手宝贵的研究资料，即可用于分析和验证研究结果。具体而言，实证主义分析方法对应于逻辑性与经验性两条路径，本书更倾向于采用经验性实证研究方法。包括：一是在设计满意度测量指标体系阶段，通过专业知识和经验判断对指标框架和指标选择的有效性进行检验；二是在指标体系完善阶段，通过运用典型地区典型案例的定量检验，即用所构建满意度测量方案对某地区展开评价，并对评价结果进行结构性分析，从而比对不同指标方案的结果，获得指标体系合理性及选用的依据。进一步说，本书选取 H 省和 G 省作为法治政府绩效满意度评价的实证对象，通过对所收集评价数据进行量化分析，不仅对其法治政府建设成效成果做了评价，且对评价技术体系和实证方案的科学性也进行了检验。

（三）比较分析法

致力于"通过相同或相近事物的对比来加深认识事物"①，法治政府绩效满意度评价体系构建实际上也是一个通过不断比较、逐步发现问题、寻

① 徐志明，等. 社会科学方法论 [M]. 北京：当代中国出版社，1995：323.

找思路、甄别经验和确定建构的过程。本书运用比较分析法的具体表现：一是关于法治政府绩效满意度评价内容与思路的比较，关于"法治政府评价"和"满意度测量"的理解不仅学界存在诸多分歧，而且在实践中不同国家、不同地区和不同主体理解也大为不同，本书通过采用比较分析法，结合我国现实条件和实践经验，进而相对明确地厘清了法治政府绩效满意度测量的主体内容。二是在指标体系设计过程中具体评价指标遴选，同一层级可用的备选指标为数众多，需要从综合有效性、可获得性和可靠性等诸多方面进行比较分析研究，并且结合专家对其重要性的评价，才能构建出较为合理有效的指标体系。

（四）资料收集与数据统计方法

此外，本书还采用了其他更为复杂的定量研究方法。比如在国内外研究现状的分析中，为获得对法治政府绩效及其满意度测量相关主题研讨的系统描述，引入了文献计量作为资料收集与分析的方法。而对法治政府绩效满意度影响因素的分析中，基于科学遴选的案例和样本素材，采用特定函数结构（如 OLS、Ordered Logistic 等）的多元回归模型以对各项因素的影响方向及影响效力进行检验，形成具有说服力的实证结果。

五、研究思路与内容结构

本书研究的基本思路：第一，从全面依法治国和法治政府建设总目标提出的背景出发，参照近年国内外法治政府建设及其绩效评价的研究现状，确立针对法治政府绩效公众满意度评价进行系统研究的主题，界定研究的基本要素；第二，分析我国法治政府绩效满意度评价的理论基础，主要是公众满意度在评价整体操作中的地位，进一步结合国内外同类研究和实务经验，归纳法治政府绩效评价面临的技术困难与现实矛盾，以及导入公众满意度的价值与条件；第三，依次构建适合我国国情的法治政府绩效满意度评价概念模型、指标体系和实证方案，以 H 省和 G 省为例开展大样本调查，借此获得广泛而纵深的实证结果，用于探讨影响法治政府绩效满意度的各项因素；第四，挖掘 H 省和 G 省法治政府建设的实务素材，对照实证研究和影响因素分析结果进行诠释，回应满意度评价作为技术手段服务于法治政府绩效水平提升的目的；第五，提出对策建议，包括提升满意度和法治政府绩效水平、完善评价技术体系和调查操作、培育公民社会法治文化以及优化我国民意测评环境条件等方面。

在此基础上，本书技术路线和篇章结构如图1-2所示。

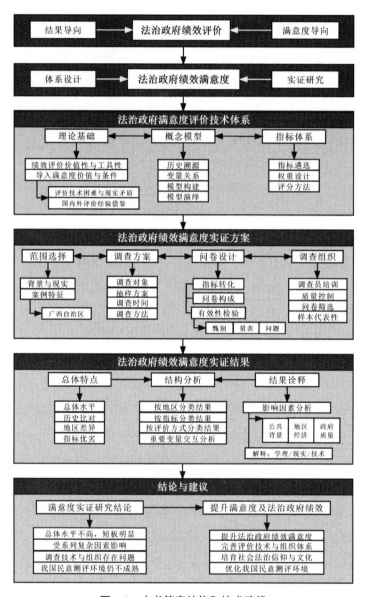

图1-2 本书篇章结构和技术路线

第二章

历史进程

中国法治政府建设经历了萌芽曲折、恢复重建、正式启动、一体推进、攻坚克难和全面深入六个阶段，实现从无法可依到有法可依，再到全面推进依法行政，坚持法治国家、法治政府、法治社会一体建设的历史性转变。而我国法治政府绩效评价由依法行政考评制度演变而来，在将近二十年的评估实践中不断完善，由最初的单一评价向多元化、多维度转变，法治政府示范创建评估也将法治政府绩效评价向纵深推进。社会评议机制作为法治政府绩效评价实践过程中形成的一大重要创新成果，主要表现为第三方评估和公众满意度两种形式，这是我国法治政府以"人民为中心"思想原则、"人民满意"为评判标准的有益诠释。

一、法治政府建设的发展进程

从历史逻辑上看，中国特色社会主义法治道路的选择与拓展具有历史必然性。中国特色的法治政府建设实践是当代中国伟大社会变革进程的历史产物，是在总结历史经验教训的基础上，立足中国基本国情和发展实践的必然选择。中国法治政府建设大体上经历了萌芽曲折、恢复重建、正式启动、一体推进、攻坚克难和全面深入六个阶段。

（一）法治政府建设的初创受挫期（1949—1978 年）

从 1949 年 10 月中华人民共和国成立起到 1978 年 12 月党的十一届三中全会召开，我国法治政府建设经历了初创与受挫阶段。1949 年新中国成立之际，通过了具有临时宪法性质的《中国人民政治协商会议共同纲领》，1954 年又颁布了我国首部《宪法》，这标志着我国法治建设开始起步，法治政府理念处于萌芽状态。据统计，1949 年 10 月至 1956 年 12 月，国家共颁布有关行政管理方面的法律法规829项。① 这些法律法规规定了政府行政管理的基本框架，确立了政府行政管理的基本法制原则，初步奠定了中国法治政府建设的基础。1957年至1966年，进入到法治政府建设的初步发展阶段，各级行政机关的行政活动被纳入法制轨道开始正常运转。然而，1966年至1978年，法治政府建设却陷入停滞和倒退阶段。十年"文化大革命"，政府机构停止运作，社会秩序动荡，政府法治建设停滞不前，这是对我国法治建设最严重的破坏、摧残和践踏。这个时期，我国原本薄弱的法治遭到疾风骤雨般的空前摧残和破坏。总体来说，1978年党的十一届三中全会召开之前，我国法治建设虽然取得了一些成绩，但总体发展缓慢，十年"文化大革命"更是使法治建设发展陷入停滞阶段，严重受创。事实上，这段时期国家法治有关如何确立政权组织形式、如何划分政府权力、如何维护稳定等问题，一度陷入"人治"还是"法治"之间的徘徊和争论之中。

（二）法治政府建设的恢复重建期（1978—2003年）

1978年至2003年，是我国法治政府的恢复重建时期。随着1978年党的十一届三中全会召开，邓小平的法治思想开始助力我国的法制建设，"十六字方针"的提出使法律的权威得以恢复及确立，我国的法治政府建设迅速由"文革"时期的混乱状态重新回到正轨。从这一阶段开始，中国法治政府得以重建，中国逐步从法制走向法治、从人治走向法治，开始了真正意义上的社会主义法治建设。1978年至2003年亦分为两个阶段。

一是重新建制阶段（1978—1982年）。这一时期我国政府法治建设的重要进展和特点是：第一，修改宪法，推进宪政制度建设。1982年，第五届全国人大五次会议审议并通过新修改的《宪法》，奠定了我国法治政府建设的宪法基础。第二，确立法律的地位和权威。1978年，召开党的十一届三

---

① 姜明安. 中国行政法治发展进程回顾——经验与教训［J］. 政法论坛，2005 (05)：12-21. 在这829项法律法规中，其中有关机构、人事编制管理方面的法律法规 52项；有关财政、金融、税收管理方面的法律法规98项；有关公安、民政、司法行政管理方面的法律法规97项；有关经济建设管理方面的法律法规261项；有关教育、科学、文化、卫生管理方面的法律法规149项。

中全会，拨乱反正，提出"十六字方针"①，重新确立了法律在社会治理中的最高地位，我国的法治建设开始真正进入了新纪元。1982年《宪法》第五条第一款的规定②，为法治建设确立了基本原则，法律的地位和权威通过根本大法的形式得到了确认与保障。第三，恢复原有法制，重点抓立法。1979年，全国人大常委会做出"从中华人民共和国成立以来国家制定的法律、法令，凡不与现行宪法、法律、法令相抵触者均继续有效"的决议，恢复了一大批法律、法令，部分缓解了当时无法可依的困境。同时，一批保障人民权利、规范社会生活和社会秩序以及国家政权组织机构的重要法律相继出台③，从根本上改变了我国政治、经济和社会领域无法可依的局面④。

二是规范发展阶段（1989—1999年）。当20世纪90年代党中央明确把建设社会主义法治国家作为国家发展的战略，法治政府建设的基础问题由此进入学界探讨的领域。这一时期，中国法治政府建设逐渐走向规范发展道路。伴随着市场经济的发展，政府建设逐步从过去执行"管理"职能的模式向"管理"＋"规范和控权"职能的模式转变，积极建设责任政府、有限政府、诚信政府、透明政府、为民便民政府。主要进展如下。

第一，全面推进依法行政，确立依法行政原则。在政府依法行政的进程中，具有标志性的事件是1989年通过的《中华人民共和国行政诉讼法》。它被认为是我国行政法治建设历程中的一座里程碑，标志着依法行政观念与制度的确立，行政法治建设进入实质发展阶段。行政诉讼制度的实效就

---

① 党的十一届三中全会公报中指出："为了保障人民民主，必须加强社会主义法制，使民主制度化、法律化，使这种制度和法律具有稳定性、连续性和极大的权威性，做到有法可依，有法必依，执法必严，违法必究。"

② 1982年《宪法》第五条第一款规定："国家维护社会主义法制的统一和尊严"，并在宪法层面规定了一切国家机关，包括国家行政机关都必须在法律范围内活动，任何组织和个人都没有超越宪法和法律的特权。"

③ 诸如我国现行《宪法》《刑法》《刑事诉讼法》《民法典》《民事诉讼法（试行）》《行政诉讼法》《全国人民代表大会和地方各级人民代表大会选举法》《全国人民代表大会组织法》《国务院组织法》《地方各级人民代表大会和地方各级人民政府组织法》《人民法院组织法》和《人民检察组织法》等。

④ 袁曙宏，杨伟东. 我国法治建设三十年回顾与前瞻——关于中国法治历程、作用和发展趋势的思考[J]. 中国法学，2009（01）：18-30.

是将政府导向责任政府。1995 年《国家赔偿法》、1996 年《行政处罚法》、1997 年《行政监察法》、1999 年《行政复议法》等法律的颁布，极大地推动了我国政府向责任政府、有限政府、廉洁政府、便民政府方向的转变。1993 年第八届全国人大第一次会议通过的政府工作报告正式以政府文件的形式确定了依法行政的原则。1999 年，《国务院关于全面推进依法行政的决定》的颁布在很大程度上对依法治国基本方略的实行具有决定性的意义。2000 年《中共中央关于制定国民经济和社会发展第十个五年计划的建议》明确提出"推进政府工作法制化，从严治政，依法行政"。自此，依法行政原则在我国逐步形成并最终正式确立。

第二，经济体制改革促动政府法治建设。1993 年《中华人民共和国宪法修正案》，将"国家发展社会主义市场经济"载入《宪法》，并明确提出"国家加强经济立法，完善宏观调控"的要求，为我国发展社会主义市场经济法律制度提供了宪法保障。同年，我国第一部《公司法》诞生，《产品质量法》《反不正当竞争法》《消费者权益保护法》这三部十分重要的市场管理法律也在这一年先后出台。[①]

第三，行政立法建设为法治政府建设奠定了制度基础。从 1982 年到 1992 年，行政机关制定了大量的行政法规和规章，内容涉及公安、民政、城市建设、市政、财税、工商、农业、地质矿产、科学技术、文化、卫生、外事、外贸、劳动、人事、编制等各个行政管理领域，为行政管理确立依法办事、依法行政的原则奠定了基础。[②]

第四，将"依法治国"确立为治国基本方略。1997 年党的十五大报告正式提出了"依法治国，建设社会主义法治国家"的治国方略，将"建设社会主义法治国家"确定为社会主义现代化的重要目标，并提出了建设中国特色社会主义法律体系的重大任务。从"法制"到"法治"，不仅是党领导人民治国理政的新创举，也标志着我国开始进入社会主义法治国家建设的历史新时期。这标志着我国告别人治走向法治，标志着我国成功实现了"依政策治国"向"依法律治国"这一治国理政模式的根本转变。

---

① 袁曙宏，杨伟东. 我国法治建设三十年回顾与前瞻——关于中国法治历程、作用和发展趋势的思考 [J]. 中国法学，2009 (01)：18-30.

② 曹婷婷. 新中国法治政府建设 70 年 [J]. 党政干部论坛，2021：11-13.

（三）法治政府建设的正式启动期（2004—2011 年）

2004 年 3 月，国务院发布的《全面推进依法行政实施纲要》首次明确提出建设法治政府的奋斗目标，即"全面推进依法行政，经过十年左右坚持不懈的努力，基本实现建设法治政府的总目标，以及行政法治所要求的政府定位、行政立法、行政执法、行政决策、解纷机制、监督机制和法治观念等七个方面的具体目标"。这标志着我国从行政法治建设正式转向法治政府建设。法治政府建设工程第一次在官方层面以系统工程推进的方式正式启动。事实上，这一阶段的法治政府建设工作的重点在于规范体系的建立和完善，即尽快建立和完善政府行政"可依之法"，以推动法治政府尽快建成。2006 年党的十六届六中全会决议《中共中央关于构建社会主义和谐社会若干重大问题的决定》明确将"全面推进依法行政"作为"加快建设法治政府"的重要内容。2007 年召开的党的十七大，更是明确提出全面落实依法治国基本方略，加快建设社会主义法治国家，并对加强社会主义法治建设做出了全面部署。2008 年 5 月通过的《国务院关于加强市县政府依法行政的决定》充分认识到加强市县政府依法行政的重要性和紧迫性，意味着从上到下各级政府开始全面化地推进依法行政工作。2010 年 11 月通过的《国务院关于加强法治政府建设的意见》，指明了法治政府建设的具体路径，为实现法治政府建设目标做出了更加细致的部署。

总的来看，我国法治政府建设步入 21 世纪以来才被正式启动并得到全方位推行。这一阶段法治建设的主要进展和特点如下：第一，转变治国方略，强化依法行政制度建设。将"依法治国，建设社会主义法治国家"的治国基本方略载入《宪法》，并通过发布多份依法行政工作的中央文件，进一步强化了依法行政制度建设。第二，规范政府权力，约束政府行为。1999 年《行政复议法》、2000 年《立法法》、2003 年《行政许可法》、2005 年《治安管理处罚法》、2005 年《公务员法》以及 2007 年《政府信息公开条例》等多部法律的颁布实施，从不同的方面约束和控制政府权力，进一步推动我国政府行为规范化、法治化建设发展。第三，明确法治政府建设目标。2004 年国务院发布《全面推进依法行政实施纲要》（以下简称《纲要》），提出了全面建设法治政府的总目标以及行政法治所要求的政府定位、行政立法、行政执法、行政决策、解纷机制、监督机制和法治观念七个方面的具体目标，分步骤、有重点、由点到面地推进政府法治建设。《纲要》是我国建设法治政府的纲领性文件，在推进依法行政历史进程中具有里程碑的意义。第四，执政党依法执政和政府依法行政成为依法治国的核心，二者相互推动中国法治进程。从1982年《宪法》规定"党必须在宪法和法律的范围内活动"，到2002年党的十六大报告提出要提高依法执政能力，再到2004年党的十六届四中全会第一次把依法执政确认为"新的历史条件下党执政的一个基本方式"，标志着中国共产党将领导中国人民从开元建国、致富强国步入制度治国、制度执政、建设社会主义法治国家的新时代。① 第五，中国特色社会主义法律体系已经形成②。这是中国社会主义民主法制建设史上的重要里程碑，中国已在根本上实现从无法可依到有法可依的历史性转变，各项事业发展步入法制化轨道。

（四）法治政府建设的一体推进期（2012—2014 年）

党的十八大以来，我国始终把法治政府建设作为全面依法治国的重点任务和主体工程部署推进。在这一时期，法治政府建设并非单行道推进，而是在法治中国建设整体轨道中，法治国家、法治政府、法治社会三位一体建设推进。2012 年党的十八大报告将法治政府基本建成作为 2020 年全面建成小康社会的目标之一，并提出"全面推进依法治国"的顶层目标设计和重要战略部署，意味着系统化、全方位的中国特色社会主义法治建设工程全面启动，同时确立了 2020 年基本建成法治政府的目标。2012 年 12 月 4 日，习近平总书记《在首都各界纪念现行宪法公布施行 30 周年大会上的讲话》首次提出"坚持依法治国、依法执政、依法行政共同推进，坚持法治国家、法治政府、法治社会一体建设"。2013 年党的十八届三中全会通过了《关于全面深化改革若干重大问题的决定》，强调指出"建设法治中国，必

---

① 袁曙宏，杨伟东．我国法治建设三十年回顾与前瞻——关于中国法治历程、作用和发展趋势的思考 [J]．中国法学，2009（01）：18-30.

② 截至 2010 年年底，通过了现行宪法，制定了现行有效法律 236 部，行政法规 690 多部，地方性法规、自治条例和单行条例 8600 多部，一个以宪法为核心和统帅，以法律为主干，涵盖宪法及宪法相关法、民法商法、行政法、经济法、社会法、刑法、诉讼和非诉讼程序法等多个法律部门，包括法律、行政法规、地方性法规等多个层次的法律规范，内部科学、和谐、统一的中国特色社会主义法律体系已经形成。截至 2021 年 8 月底，现行有效法律 286 部、行政法规 613 部、地方性法规 12000 余部。

须坚持依法治国、依法执政、依法行政共同推进，坚持法治国家、法治政府、法治社会一体建设"。2014 年党的十八届四中全会通过了《关于全面推进依法治国若干重大问题的决定》，提出"全面推进依法治国的总目标是建设中国特色社会主义法治体系、建设社会主义法治国家"，并规划了全面推进依法治国的重大任务，提出各级政府必须坚持在党的领导下、在法治轨道上开展工作，加快建设职能科学、权责法定、执法严明、公开公正、廉洁高效、守法诚信的法治政府。党的十八届四中全会对法治政府建设确立的 6 个层面、24 个字的基本标准，也是 24 字法治政府建设目标。本质上，2014 年提出的"24 字目标"——职能科学、权责法定、执法严明、公开公正、廉洁高效、守法诚信，是对 2004 年提出的"政府定位、行政立法、行政执法、行政决策、解纷机制、监督机制、法治观念"七项目标的深化与延伸，更具针对性和实际客观性。

（五）法治政府建设的攻坚克难期（2015—2020 年）

2015 年 12 月 27 日，中共中央、国务院颁布《法治政府建设实施纲要（2015—2020 年）》，提出到 2020 年基本建成职能科学、权责法定、执法严明、公开公正、廉洁高效、守法诚信的法治政府。事实上，这份文件是为深入推进依法行政，加快建设法治政府，2020 年如期实现法治政府基本建成的奋斗目标，针对当前法治政府建设的攻坚克难任务实际而制定的。到这个阶段，我国的法治政府建设虽然已经取得明显成效，但同时也进入攻坚期和深水区，攻坚克难任务依然任重而道远。正如 2004 年的《纲要》中提到了一些现象，诸如"有法不依、执法不严、违法不究现象时有发生，人民群众反应比较强烈；对行政行为的监督制约机制不够健全，一些违法或者不当的行政行为得不到及时、有效的制止或者纠正，行政管理相对人的合法权益受到损害得不到及时救济；一些行政机关工作人员依法行政的观念还比较淡薄，依法行政的能力和水平有待进一步提高"。

2017 年，党的十九大报告再次明确提出到 2035 年要求"法治国家、法治政府、法治社会基本建成"的目标，并第一次清晰地提示了法治国家、法治政府和法治社会与法治中国之间的逻辑关系。党的十九大报告高度评价了党的十八大以来我国法治建设的历史性成就。在报告当中，"依法治国"一词总共出现了 19 次，"法治"一词出现了 33 次。可以说，党的十九大的召开，再次吹响了建设法治政府的号角，开启了建设法治政府的新征程。

2018年，十三届全国人大一次会议审议通过的《中华人民共和国宪法修正案》，确立了科学发展观、习近平新时代中国特色社会主义思想在国家政治和社会生活中的指导地位，完善了依法治国和宪法实施举措，充实了坚持和加强中国共产党对法治中国建设包括法治政府建设在内的全面领导等。2018年，行政审批制度作为政府法治建设的重中之重，成为简政放权的有效突破口。《国务院关于规范国务院部门行政审批行为改进行政审批有关工作的通知》（2018年）提出了规范行政审批行为的六大举措，这也是法治政府建设领域的一个重点突破。

2019年2月，在中央全面依法治国委员会第二次会议上，习近平总书记再次强调，"推进全面依法治国，要坚持法治国家、法治政府、法治社会一体建设"。在这次会议上，中央明确了法治政府建设是重点任务，对法治国家、法治社会建设具有示范带动作用。2019年5月22日，中央全面依法治国委员会办公室《关于开展法治政府建设示范创建活动的意见》向社会发布，提出从2019年启动第一批法治政府建设示范地区评估认定开始，每两年开展一次，梯次推进，树立一批新时代法治政府建设的新标杆，开创法治政府建设新局面。2019年7月起，中央全面依法治国委员会办公室启动了全国法治政府建设示范创建活动。2020年6月，正式公布了第一批全国法治政府建设示范地区和项目名单。

2020年11月16日，习近平总书记在中央全面依法治国工作会议上的讲话中指出，"全面依法治国是一个系统工程……法治政府建设是重点任务和主体工程，要率先突破，用法治给行政权力定规矩、划界限，规范行政决策程序，加快转变政府职能"。事实上，2020年在我国法治政府建设征程中具有标志性意义。这一年是我国法治政府建设的总结之年，也是我国法治政府建设的关键节点。五年多来，在党中央、国务院的领导下，各地区各部门深入贯彻落实《法治政府建设实施纲要（2015—2020年）》要求，推动法治政府建设各项工作取得重大进展。

（六）法治政府建设的全面深入期（2021—2025年）

为在新发展阶段持续深入地推进依法行政，全面深入建设法治政府，中共中央、国务院印发了《法治政府建设实施纲要（2021—2025 年）》，并确立了到 2025 年整个"十四五"期间建设法治政府的宏伟蓝图和行动纲领，是"十四五"时期全面推进法治政府建设的路线图和施工图。这一时期的重点任务是深入贯彻落实习近平总书记关于"法治政府建设是重点任务和主体工程，要率先突破"的重要指示精神，着眼法治国家、法治政府、法治社会一体建设，力争以"重点突破"带动"整体提升"，为到 2035 年基本建成法治国家、法治政府、法治社会奠定坚实基础。全面深入时期的法治政府建设更加侧重于贯彻新精神，在立足新起点、明确新方位的基础上，树立新目标、提出新举措。为此，有学者提出，中共中央、国务院印发的《法治政府建设实施纲要（2021—2025 年）》是我国新发展阶段全面建设法治政府的奋斗宣言和行动纲领，其时代特色集中体现在五个方面：其一，更加凸显坚持和加强党的全面领导，确保法治政府建设的正确方向；其二，更加突出以人民为中心的先进理念，确保法治政府建设的人民立场；其三，更加注重行政系统的整合协同，激发法治政府建设的内生动力；其四，更加关注市场社会外部力量的融贯，激发法治政府建设的外生动力；其五，更加顺应科技创新时代的发展趋势，实现法治政府建设的智能高效。[①]

二、法治政府绩效评价的发展进程

从历史沿革上看，我国依法行政考评制度最先建立，在实践中主要有内部考评、委托第三方评价两种模式。2004 年，法治政府建设绩效评价兴起，在党的十八届三中、四中全会的召开以及《法治政府建设实施纲要（2015—2020 年）》颁布的背景下，长达近二十年"由地方政府主导推进、从省域到地市再到县区层层推进"的法治政府评估运动由此展开。步入新时代，法治政府建设进入攻坚克难和全面深入时期，对法治政府的评估重点转向了法治政府示范创建评估，而示范创建活动则是一项不断把法治政府建设向纵深推进的重点工程。

---

① 章志远. 新发展阶段法治政府建设的时代特色——《法治政府建设实施纲要（2021—2025 年）》法理解读［J］. 法治研究，2021（5）：8.

（一）依法行政（考核）考评

从制度层面来看，1999 年，《国务院关于全面推进依法行政的决定》首次提出"要积极推行行政执法评议考核制"，这是法治政府建设领域首个"考核制"项目，并在全国领域进行开展实践。2001 年吉林省就出台了《吉林省人民政府关于印发吉林省依法行政考评方案的通知》，这是全国最早建立"依法行政考评"制度并开展考评实践的省份之一。2004 年，国务院发布的《全面推进依法行政实施纲要》首次明确地提出了建设法治政府的奋斗目标，并强调要推行"行政执法评议考核制"与"建立和完善行政机关工作人员依法行政情况考核制度"。这个阶段"依法行政考核"的内容包括行政法治所要求的政府定位、行政立法、行政执法、行政决策、解纷机制、监督机制和法治观念七个方面的具体目标，考核标准主要是"合法行政、合理行政、程序正当、高效便民、诚实守信、权责统一"。2008 年，国务院颁布《关于加强市县政府依法行政的决定》，正式要求全国各地"要建立依法行政考核制度"，并提出要将"依法行政"一并纳入市县政府及其工作人员的实绩考核指标体系，要把是否依照法定权限和程序行使权力、履行职责作为衡量市县政府及其部门各项工作好坏的重要标准。依法行政考核内容和指标包括：把是否依法决策、是否依法制定发布规范性文件、是否依法实施行政管理、是否依法受理和办理行政复议案件、是否依法履行行政应诉职责等。2009 年，正式实施的《江苏省依法行政考核办法》是国内首部对政府依法行政考核进行制度规范的省级政府规章。2010 年，《国务院关于加强法治政府建设的意见》明确要求加强依法行政工作考核，此后各地各部门陆续展开建立地方层面的依法行政考核制度，制定依法行政考核（监督）办法。以执法考核为例，目前，全国有 10 个省、市、区（河北省、吉林省、辽宁省、广西壮族自治区、陕西省、天津市、广州市、沧州市、大连市、郑州市）制定了"依法行政考核（监督）"相关的地方政府规章。除此之外，还有大量的地方规范性文件直接指导依法行政考核工作的开展。

表 2-1　部分省（自治区、直辖市）依法行政考评情况统计表①

序号	地区（省份）	考评依据（实施年份）	考评主体	考评对象	考核的主要内容	考评的基本办法
1	北京	《北京市区县政府依法行政考核办法（试行）》（2009年）	市政府	区县政府	市推进依法行政工作领导小组，领导小组办公室	依法行政的意识和能力；转变政府职能；行政决策；行政立法；行政执法；防范和化解社会矛盾；行政监督	采用计分方法，采取扣分制，基础分为100分，考核结果在行政系统内部通报
2	广东	《广东省依法行政考评办法》（2013年）	省、市、县各级政府	本级政府及本级所属部门，垂直管理部门	本级依法行政（法治政府建设）工作领导协调机构	制度建设；行政决策；行政立法；行政执法；依法行政能力建设；依法行政监督；行政保障	百分制，内部考核不超过80%，社会评议不低于20%。考评结果在行政机关内部通报
3	湖南	《湖南省依法行政考核办法》（2010年）	省、市、县各级政府	政府及本级所属部门及本级所属部门、垂直政府法制部门	主要针对下级政府	转变政府职能，深化行政管理体制改革；科学民主依法决策，提高制度建设质量；规范行政执法行为，防范化解社会矛盾；行政监督，提高依法行政观念和能力；依法行政的组织领导，推进依法行政的其他工作	采取百分制计分方式，考核结果应当在行政机关内部通报，并采取适当方式向社会公布

① 谢能重，周礼仙．法治政府建设进程中的依法行政考评[J]．华南理工大学学报（社会科学版），2016,18(03):63-70.

续表

序号	地区	考评依据（实施年份）	考评主体	考评对象	负责牵头部门	考核的主要内容	考评的基本办法
4	青海	《青海省依法行政考核办法（试行）》（2014年）	省、市、县各级政府及本级所属部门、垂直管理部门	主要针对下级省内县级以上政府法制机构		依法行政工作组织领导；依法科学民主决策；制度建设质量；转变政府职能，创新行政管理方式；规范公正文明执法；依法接受监督；防范化解社会矛盾；行政机关依法行政的能力和水平；社会公信	按百分制计分，结合自查、现场考核和社会评议情况，综合分析评定。考核结果应当予以通报，并向社会公布
5	河北	《河北省依法行政考核办法》（2011年）	省、市、县各级政府及本级所属部门、垂直管理部门	主要针对下级省内县级以上政府法制机构		依法行政意识和能力；依法行政制度建设和实施；依法、科学、民主决策；推进依法行政，建设法治政府取得的实际效果	采取百分制，在年度考核方案中设定分值和评分标准，向被考核单位反馈考核结果并予以公布
6	广西	《广西壮族自治区依法行政考核办法》（2009年）	区、市、县各级政府及本级所属部门、垂直管理部门	主要针对下级区市县级政府	区依法行政考核办公室	依法行政组织领导；民主决策机制；规范性文件监督管理；行政执法监督；行政争议解决机制；行政执法人员依法行政、依法办事意识和能力；其他内容	以100分标准分解确定各项分值。年度考核指标和评分标准由自治区依法行政办公室制定，并于每年年初公布施行

从实践层面看，依法行政考评主要有内部考评、委托第三方实施评价两种模式。

第一种是依法行政内部考评即政府内部自上而下的考核评价。通常具有部门协同和部门独立开展两种模式。例如浙江省、南京市等地采取政府法制办公同监察厅（局）、编制办、人事厅（局）、统计局等多家单位共同组成考核小组的方式进行考评。而安徽、湖南等省份则是通过省政府法制办一家独立开展依法行政考评，辽宁、江苏等省份通过依法行政领导小组独立开展考评。依法行政考评工作是全国性的要求，但针对如何考评、考评什么并无统一标准，目前各级地方政府都要自上而下组织开展此项考评，虽然在实施过程中存在差异性，但共性多于个性：一是表现为自上而下的目标式考核；二是指标体系依据国务院及上级政府的相关文件，实操中针对这些文件内容进一步分解细化；三是指标多为过程性指标，强化自上而下的过程控制；四是以描述性指标居多，大部分三级指标并非终端指标；五是各地均以内部通报的方式公布量化评价结果，或者将评价结果分档处理。

第二种是内部考评委托第三方部分实施，这是近几年"依法行政考评"实践中的常见做法。如自 2009 年以来，四川省每年在依法行政三大领域中（包括省级部门深化行政执法责任制、政府立法、市县创建法治政府活动）委托第三方评价。广东省 2013 年以来，依法行政考评也通过政府购买服务的形式，委托第三方组织实施社会评议。2015 年，上海社会科学院社会调查中心受上海市政府法制办委托，对 2010 年至 2014 年上海市政府依法行政公众满意度进行调查。这类评价中，通常采用内部评价与外部评价相结合，第三方主要是高校或专业调查机构，受托的内容多为组织实施依法行政考评中的社会评议环节，行使实施权，并向委托方提供量化的评价结果。有些省份积极引入政府外部人士参与考评，例如广东、广西、安徽、甘肃等省（自治区），地方政府增加了人大代表、政协委员、专家学者、新闻媒体、行政执法监督人员、其他有关方面代表参与考核，极大地提高了考评的民主性和科学性。相对于内部考评而言，第三方参与评价实施更具独立性，一定程度上增强了评价的公信力。但是受托的内容往往仅为整个考评的某个环节，且在考评体系中占比较小（一般都是不超过 30%），对评价结果的影响也较小。

(二) 法治政府建设绩效评价

注重法治政府建设的绩效评价是中国法治政府建设的宝贵经验。中国的法治政府建设绩效评价是在 2004 年国务院发布《全面推行依法行政实施纲要》的背景下兴起的。2006 年，袁曙宏同志提出"构建我国法治政府指标体系"的设想，他指出："法治政府指标体系是引导、评价和预测中国法治政府建设的一把标尺，对依法行政的推进具有重要意义和价值。"① 2007 年，马怀德教授又首创"法治 GDP"概念，主张把法治引入政府官员的政绩考核体系来推动我国各级政府法治建设的热情。其后，为推进法治政府建设，国内专家学者不断加大对法治政府评价指标体系的研究力度，由此开启了我国法治政府建设指标体系理论探讨的全新阶段。

实践层面，2006 年深圳市在全国率先发布《深圳市法治政府建设考评指标体系》，这是全国第一套法治政府建设的指标体系，这也是全国第一个法治政府量化评价体系，开启了全国法治政府建设评估先河。2010 年湖北省颁布《湖北省法治政府建设指标体系（试行）》，成为全国第一个省级法治政府指标体系。2012 年，党的十八大报告绘画了 2020 年基本建成法治政府的理想蓝图，这个目标释放出了法治政府的信心，按下了建设法治政府的"快捷键"。党的十八届三中全会强调"建立科学的法治建设指标体系和考核标准"。党的十八届四中全会也提出"把法治建设成效纳入政绩考核指标体系"。中共中央国务院颁布的《法治政府建设实施纲要（2015—2020 年）》亦强调"充分发挥考核评价对法治政府建设的重要推动作用"等相关要求。由此掀起了长达近二十年的"由地方政府主导推进、从省域到地市再到县区层层推进"的中国法治政府评估运动。

在这一阶段，法治政府建设考核从单一项的依法行政考评转向全方位的法治政府评估，法治政府建设绩效评价成为被考核机关建设法治政府工作成效进行考核评价以助推提升地方政府依法行政水平的主要抓手。本阶段任务目标是在全国范围内建立健全法治政府建设考核制度机制，明确考核对象，完善考核标准，优化考核方式，规范考核程序，落实考核结果。目前来看，绝大多数省级政府出台了制定了法治政府建设考核办法或法治

---

① 袁曙宏. 关于构建我国法治政府指标体系的设想 [J]. 国家行政学院学报，2006（04）：12-14，62.

政府建设考评指标体系，诸如《深圳市法治政府建设考评指标体系》《湖北省法治政府建设指标体系（试行）》《北京市关于加强法治政府建设的实施意见》《辽宁省法治政府建设指标体系》《广东省法治政府建设指标体系（试行）》等。有学者梳理了全国省级政府法治政府建设考核评价办法或指标体系文件，如表2-2所示。

表2-2　全国省级政府法治政府建设评价办法或指标体系文件[①]

文件名称	出台年份	建设（考核）主要内容
《黑龙江省法治政府建设考核办法》	2016	法治政府建设考核应实行日常考核与集中考核相结合、材料审查与实地检察相结合、定性评价与定量考核相结合、内部考核与外部评议相结合
《吉林省法治政府建设指标体系》	2014	主要内容包括法治思维体系建设、制度规范体系建设、行政决策体系建设、政务公开体系建设、行政执法体系建设、行政监督体系建设、行政救济体系建设、综合保障体系建设和评价考核体系建设
《辽宁省法治政府建设指标体系》	2011	主要内容包括制度建设，机构、职责和编制配置，行政决策，行政管理和服务方式转变，行政执法，化解社会矛盾与纠纷，行政监督和问责，依法行政能力建设等
《上海市法治政府建设"十三五"规划》	2016	包括法治政府建设考核评价内容
《江苏省法治政府建设考核评价办法》《江苏省法治政府建设指标体系》	2016	主要内容包括依法履职、制度建设、行政决策、行政执法、行政监督、化解矛盾、工作保障7个方面。市、县级人民政府可以结合本地区法治政府建设实际，细化考评指标，确定考评权重
《浙江省法治政府建设实施标准》	2013	包括浙江省法治政府建设实施标准及其考核评价体系
《安徽省设区的市政府法制办综合评价办法》	2017	评价对象为全省16个设区的市政府法制办。综合评价采取日常评价与年终评价相结合、重点工作督查与相关指标评估相结合、自我评价与现场复查相结合、定性评价与定量评分相结合

① 邱佛梅."一体化"导向的法治政府评价与法治社会评价比较研究[D].广州：华南理工大学，2019.

续表

文件名称	出台年份	建设（考核）主要内容
《江西省法治政府建设考核评价办法》	2017	主要内容包括依法履职、制度建设、行政决策、行政执法、行政监督、化解矛盾、工作保障7个方面。采取行政系统内部考核与社会评议相结合、上级考核与考评对象自查相结合、日常考核与集中考核相结合、书面审查与实地考察相结合、定性评价与定量考核相结合的方式进行
北京市《关于加强法治政府建设的实施意见》	2011	市政府每年对16个区县政府依法行政情况进行考核
《河北省设区市法治建设指标体系（试行）》	2017	建立了内部考核、社会公众满意度调查、第三方专业测评"三位一体"相结合的考评机制，并正在探索运用"法治建设指数"综合考评各地法治状况和法治建设工作
《内蒙古自治区法治政府建设考评办法》和《内蒙古自治区法治政府建设指标体系》	2017	共设7项一级指标，29项二级指标，93项三级指标。主要内容包括政府职能依法全面履行、依法行政制度体系完备、行政决策科学民主合法、行政执法严格规范公正文明、行政权力制约监督体系基本形成、依法有效化解社会矛盾、有效落实依法行政保障措施
《河南省法治政府建设指标体系》	2014	主要内容包括依法行政能力建设、制度建设、行政决策、服务型行政执法、行政执法、全面落实行政执法责任制、全面推进政务公开、行政权力监督和制约、社会矛盾防范和化解、依法行政保障等
《湖北省法治政府建设指标体系》	2010	主要内容包括：法治政府建设的指导思想、基本原则和基本要求，政府职能界定与机构职责配置，制度建设，行政决策，行政执法，行政服务，社会矛盾的防范和化解，行政监督，依法行政能力建设
《广东省法治政府建设指标体系（试行）》	2013	主要内容包括制度建设、行政决策、行政执法、政府信息公开、社会矛盾防范和化解、行政监督、依法行政能力建设、依法行政保障
《广西壮族自治区依法行政考核办法》	2009	制定广西壮族自治区设区的市法治政府建设考评指标和评分标准

续表

文件名称	出台年份	建设（考核）主要内容
《四川省依法治省指标体系（试行）》《四川省依法治省评价标准（试行）》和《四川省法治建设状况评估办法（试行）》	2014、2015	评估内容为依法执政、科学立法、依法行政、公正司法、社会法治、学法用法、监督问责、组织保障。评估采取自我评估、上级评估和社会评估相结合的方式，省依法治省办根据上级评估和社会评估，参考自我评估，结合日常掌握情况，形成被评估对象"法治清单"，并综合得出"不同档次"的评估结果
《法治云南建设指标体系（试行）》	2016	主要内容包括依法执政、地方立法、依法行政、公正司法、法治文化、法治宣传教育等
《陕西省建设法治政府示范创建指标》	2018	分市县政府和省级部门两部分，设置一级、二级、三级三类指标，三级指标共180条

从我国法治建设进展程度的角度看，法治政府绩效评价已成为建设法治政府、全面推进依法治国的必然选择。① 我国法治政府绩效评价虽起步较晚、实践时间短，但发展迅速，目前已经成为一种重要的、最适应现实需求的政府考评方式。作为组织管理的核心环节和基本手段，法治政府绩效评价是对法治政府建设水平的评价与目标实现程度的检验。绩效本身意味着经济性、效益性、效能性和公平性，因此，法治政府建设绩效可以理解为政府部门进行法治建设、依法履行职责的成效，具体表现为效益、效果、效率、回应性、公平性、质量等。② 法治政府绩效评价的提出，不仅使政府朝着人民满意的政府改革与发展，而且让法治政府能够有尺可量，成为"可量化的正义"。由第三方组织开展评价是近年法治政府评价的一道风景线。2019 年 5 月 6 日，中共中央办公厅、国务院办公厅印发的《法治政府建设与责任落实督察工作规定》第 27 条规定："督察单位可以委托第三方机构对已公开的法治政府建设年度报告提出意见或者进行评议并可以向社会公开"，明确了第三方评价法治政府建设制度。第三方评价法治政府建设绩效的实践活动亦是层出不穷，例如中国政法大学法治政府研究院开展的中国法治政府评估，2013 年至今，每年选取中国 100 个重要城市作为评估

<hr>

① 郑方辉，卢扬帆．法治政府建设及其绩效评价体系［J］．中国行政管理，2014（06）：26-31.

② 郑方辉，冯健鹏．法治政府绩效评价［M］．北京：新华出版社，2014：68.

对象；再如华南理工大学政府绩效评价中心自 2012 年起，每年发布"广东省法治政府绩效满意度"调查结果；此外，中国人民大学法治评估研究中心、中国法学会、中国社会科学院法学所等亦有同类评价。

（三）法治政府示范创建评估

步入新时代，法治政府建设进入攻坚克难和全面深入时期，对法治政府的评估重点转向了法治政府示范创建评估，又再次掀起了法治政府建设的新一轮高潮。早在 2015 年 12 月，中共中央、国务院发布的《法治政府建设实施纲要（2015—2020 年）》就已经明确提出了"积极开展建设法治政府示范创建活动，大力培育建设法治政府先进典型"。2019 年全国范围内的法治政府示范创建评估活动正式启动，法治政府建设绩效评价转化为全面评价法治政府建设质量的阶段。2019 年 5 月，中央依法治国办印发《关于开展法治政府建设示范创建活动的意见》（以下简称《意见》），明确指出开展法治政府建设示范创建活动，是不断把法治政府建设向纵深推进的"重要抓手"。同时《意见》公布了《市县法治政府建设示范指标体系》作为开展示范创建活动的评估标准，自此全国统一了地方法治政府的建设和评估标尺，同时该套指标体系本身也是法治政府建设长期实践的成果。《意见》还提出从 2019 年启动第一批法治政府建设示范地区评估认定开始，每两年开展一次，梯次推进，树立一批批新时代法治政府建设的新标杆，开创法治政府建设新局面。2020 年，第一批全国法治政府建设示范地区和项目名单公示，包含全国法治政府建设示范市（县、区）40 个、全国法治政府建设示范项目 24 个。2021 年 8 月，中央依法治国办对《市县法治政府建设示范指标体系》（2019 年版）的部分指标做了修改、调整和优化，修订形成《市县法治政府建设示范指标体系》（2021 年版），使法治政府建设更加可量化、可证明、可比较并与时俱进。

开展法治政府建设示范创建活动、树立法治政府建设新标杆是一项不断把法治政府建设向纵深推进的重点工程。以法治政府评估为手段，以人民满意为重点，催发法治政府建设的内生动力，树立法治政府建设的标杆，为各地方、各部门提供可参照、可借鉴、可复制的法治政府建设范例。法治政府示范创建评估不同于法治政府建设绩效评价和依法行政考评，具有以下几个特点：一是法治政府示范创建评估是新时代贯彻落实习近平法治思想的重要工程项目，充分彰显体现了习近平总书记全面依法治国新理念新思想新战略；二是强调标杆引领功能，由强调"以评促建"转向强调"以创建促提升、以示范带发展"的理念，为各地区各部门找差距、补短板，激发内生动力发挥了先进典型标杆引领、辐射带动作用；三是更加侧重基层法治政府建设，将法治政府建设的重心下沉到基层，通过标杆引领带动市县政府全面推动法治建设，值得注意的是，这一阶段的法治政府建设及评估更关注社会公众的认知和感受；四是从正面明确鼓励地方大胆探索、先行先试推动法治政府建设，以"鼓励大胆探索、先行先试""坚持改革引领""着力实现示范创建与深化改革的有效衔接"作为法治政府示范创建活动的基本原则；五是中央层面为法治政府示范创建评估提供了制度保障，即《意见》为地方法治政府建设试验型模式的评估提供了"制度平台"；六是评估方式上，设置了"第三方评估"和"人民群众满意度测评"两大程序，数百名行政法专家学者参与其中并发挥了重要作用，充分肯定了法治政府评估的社会评议工作的重要性，国家层面提出法治政府示范创建评估要按照客观公正、公开透明、务求实效以及杜绝形式主义的原则，经过省级初审、第三方评估、人民群众满意度测评、实地核查、社会公示等环节。

三、法治政府绩效评价的社会评议

社会评议机制是法治政府绩效评价实践过程中形成的一大重要创新成果。社会评议是指与政府内部考核相对应的外部评议，评议主体主要为政府系统以外的广大社会公众、社会组织、企业、群团、行业专家等，既包括体制外社会力量自行组织开展的法治政府绩效评价活动，也包括体制内考评活动中邀请（或委托）相关社会公众参与的评议。事实上，社会评议在公共管理、公共行政领域已较为普遍，常以"民评官""万人（千人）评政府""网民评政府（机关）"等形式出现，涌现出了"甘肃模式""青岛模式""思明模式""珠海模式""广东试验"等，开始之初备受赞誉。如"甘肃模式"被誉为"开创了第三方评价政府绩效的先河"，"广东试验"被誉为"开创了独立第三方评地方政府整体绩效的先河"等。①

法治政府绩效评价的社会评议始于 2006 年浙江余杭开展的法治指数。余杭法治指数主要通过内部评估和社会评议（公众满意度调查和专家评议）两部分评估环节组成，其中公众满意度权重占 35%、专家评议权重占 30%。2010 年，《国务院关于加强法治政府建设的意见》明确要求加强依法行政工作考核，此后各地各部门陆续展开建立地方层面的依法行政考核制度，也正是这时候，委托第三方组织评估和独立第三方评估等社会评议开始兴起，主要以法治政府建设的公众满意度测评和专家评议为主要形式。

（一）第三方评估

第一种模式：委托第三方评估。内部考评委托第三方部分实施是近几年"依法行政考评"中的常见做法。如自 2009 年以来，四川省每年在依法行政三大领域中（包括省级部门深化行政执法责任制、政府立法、市县创建法治政府活动）委托第三方评价。广东省 2013 年以来，依法行政考评也通过政府购买服务的形式，委托第三方组织实施社会评议。2015 年，上海社会科学院社会调查中心受上海市政府法制办委托，对 2010 年至 2014 年上海市政府依法行政公众满意度进行调查。在这类评价中，第三方主要是高校或专业调查机构，受托的内容多为组织实施依法行政考评中的社会评议环节，行使实施权，并向委托方提供量化的评价结果。相对于内部考评而言，第三方参与评价实施更具独立性，在一定程度上增强了评价的公信力。但是受托的内容往往仅为整个考评的某个环节，且在考评体系中占比较小（不超过 30%），对评价结果的影响也较小。

第二种模式：独立第三方评估。独立第三方开展的评价是近些年来法治政府评价的一道风景线。随着民主化进程的不断推进和人民当家作主意识的不断增强，2013 年前后，以法治评估为主题的高校研究机构亦相继涌现，自此全国法治评估运动呈现出规模化、专业化、社会化的"集群效应"。起初，学界主要是开展针对法治政府的"公众满意度评价"实践活动或理论研究。例如，中国政法大学法治政府研究院开展的中国法治政府评估，自 2013 年起每年都在全国范围内开展法治政府评估（包括公众满意度

---

① 谢能重. 依法行政考评社会评议研究 [D]. 广州：华南理工大学，2018.

调查）运动，每年选取中国 100 个重要城市作为评估对象，指标总分为
1000 分，由课题组自行通过网络检索、申请信息公开、实地调研等方式收
集数据。调查结果显示，在 2013 年至 2016 年中，北京、上海、广州、杭
州、长沙、南京、厦门、成都、深圳、苏州等城市均居于前列。又如，华
南理工大学政府绩效评价中心从 2011 年开始每年都在广东省 21 个地级市开
展公众法治政府绩效满意度调查，发布"广东省法治政府绩效满意度"调
查结果，2012—2015 年全省满意度均值分别为 51.63、53.18、53.68 和
54.45。某种程度上，亦对推动中国法治政府建设进程起到监督、倒逼、助
推等作用。后来，学界开展的"法治评估运动"逐步发展为"综合指数评
价""法治环境评估"或"法治专项评估"，例如中国人民大学法治评估研
究中心2015—2016 年连续进行了两次全国范围内的"中国法治评估"活动，
评价内容较为系统，包括法律规范体系、法治实施体系、法治监督体系、
法治保障体系、党内法规体系和法治效果体系；中国社会科学院法学研究
所法治指数创新工程项目组开展的"中国政府透明度指数""中国司法透明
度指数""中国检务透明度指数""中国警务透明度指数"等法治专项评估
活动。与前种模式相比，独立第三方评价主体具有很强的独立性，评价公
信力更高；指标体系量化程度高，评价结果向社会公开；评价的范畴较广。
但囿于政府信息公开有限，独立第三方评价存在相关数据难以获取、评价
资源保障不足等困境。

（二）公众满意度

新时代的法治政府建设坚持"以人民为中心"的思想原则。全面推进
法治政府建设要将"人民满意"作为法治政府建设成效的最重要的评判标
准，也要将"群众拥护不拥护、赞成不赞成、高兴不高兴、答应不答应"
作为法治政府建设制定具体政策措施的出发点与落脚点。引入社会公众满
意度评价是近些年法治政府绩效评价的主流做法。社会公众参与评价能够
较为全面地反映社会整体的意见，特别是法治效果最终感受者的意见。正
因为如此，各地依法行政考评、法治政府建设考核都引入公众满意度评价，
如《广东省法治政府建设指标体系（试行）》中的量化指标规定，"社会
公众对×××的总体满意度达80%以上"。与传统目标导向的法治政府评价相
比，现阶段的法治政府绩效评价除了技术上更为精细和严密之外，还具有

明确的公众满意度导向，从而可以在很大程度上克服前述体制内考评的缺陷。

以公众满意度作为法治政府绩效评价的最终标准，强调公民的广泛参与并为这种参与提供有效的途径。习近平总书记指出"江山就是人民、人民就是江山，打江山、守江山，守的是人民的心"。中国建设的法治是人民的法治，而非以资本为中心的法治。从法治政府建设的要求来看，让公众满意本身也是法治政府建设的重要目标之一，而探究公众是否满意的唯一途径只能是公众自身的参与和意见的表达，从而避免形形色色的"被代表""被满意"。法治政府的许多具体制度，如政府信息公开、申诉和申辩制度，以及近年来兴起的电子政府和电子政务等，本身也是公众参与的重要前提和途径。对于法治政府的绩效评价而言，从评价内容、指标、标准的选择与确定，到评价实施过程的监督、绩效报告的公开透明等，都需要体现广泛的公众参与性。需要指出的是，问卷等形式的民意调查是公众参与的重要途径。但实践中，刻意的操纵或技术上的错误可能会形成与真实民意有偏差甚至完全背离的结果，因此这类评价活动有必要依靠专业且中立的组织机构和团队来进行。此外，在评价过程中也应当尽可能地实现评价主体的多元化，既有公民和服务对象的广泛参与，也有政府机关内部自上而下的评价，还有社会评估机构对法治政府绩效的评价。在可行性方面，首先，社会调查已经发展到一定的专业程度，足以为相关的公众满意度调查提供充分的技术支持；其次，随着通信技术和互联网技术的发展，公众表达满意与否的渠道也日趋多元，近年来兴起的电子政府和网上政务，更是为公众对政府相关政策或行为是否满意提供了直接的表达空间。因此，以公众满意度作为法治政府绩效评价的最终标准，这不仅是必要的，而且也是可行的。

第三章

理论基础

··

我国传统法治政府评价方式具有典型目标考核式的特点，但在体制内部推动政府依法行政的作用强大，导致这种评价偏好广泛应用于政府部门，但由于行政体制内的利益部门化，以及科层制管理模式往往导致传统法治政府评价异化。理想的法治政府评价应是工具理性和价值理性的统一，这使得在传统法治政府评价方式之外，也许应当把更多评价方式纳入视野。理论上，法治政府绩效评价兼具价值理性与工具理性的二重属性，特别是法治政府绩效满意度测评不仅能够体现法治政府的精神内涵，并同我国政府主导型的法治政府建设模式具有较强的亲和性，在一定范围内伴随法治政府建设得到更广泛应用。

一、法治政府绩效评价的价值理性

一般而言，"价值"可以理解为特定事物与人的需要的一种关系，体现为人的内在需求与事物的内在特征的相关性，即体现为事物的价值，也可以引申为意义、作用等含义。价值理性则反映的是人们对于特定事物在社会条件下价值问题的理性思考。① 关于价值理性的探讨肇始于马克斯·韦伯"工具-价值"二分法的论述，也使"价值理性"一词的内涵和外延在更广、更深的语境中得到拓展。20世纪德国的韦伯认为，价值理性即"通过有意识地对一个特定的行为——伦理的、美学的、宗教的或作任何其他阐释的——无条件的固有价值的纯粹信仰，不管是否取得成就"②。行为者"向自己提出某种'戒律'或'要求'"，并使自身的"行为服务于他内在的某种'对义务、尊严、美、宗教、训示、孝顺'"，或者某一种"事"

---

① 魏小兰. 论价值理性与工具理性 [J]. 江西行政学院学报，2004（02）：63-67.
② 马克斯·韦伯. 经济与社会（上卷）[M]. 北京：商务印书馆，1998：56.

的重要性的信念。在此过程中，韦伯认为"价值理性非常看重行为本身的价值，甚至不计较手段和后果"①。也就是说，韦伯认为行为者"做什么"或"不做什么"应来自人们头脑中的信仰，这些信仰又是基于事物自身的价值理性，导致实践中人们产生并坚持某种行为，甘愿承担其行为后果的动力。

因此，任何法治政府评价行为都必须赋予这种行为以"绝对价值"，即是否实现社会的自由、民主、公平、正义、秩序等现代社会所追求的法治精神。从法治政府绩效评价而言，主要是指通过对法治政府进行绩效评估的行为本身固有的价值，其涉及法学、经济学、管理学、政治学、社会学等多学科，但基于不同的理论视角及逻辑起点，学界对法治政府绩效评价价值理性大都与民主相联系，因为绩效评价的"内在机理和运行逻辑与现代民主政治的发展一脉相承"②。其价值理性具体表现在以下几个方面。

（一）民主导向的价值取向

法治政府绩效评价更加提倡提升民众参与法治政府建设的主动性，关注公众对于法治政府建设的满意度。传统法治政府评价过程中，由于政府往往掌握主动性，进而可以为其在法治政府建设过程中的组织和制度措施的投入与产出合理辩护。但在整个传统法治政府评价中，公众对于评价结果影响占比较小，这样政府对总体评价结果的掌控水平会随之进一步强化。在法治政府绩效评价过程中，政府可以通过发挥主动性而获得绩效，但政府只能引导公众的行为，无法掌握控制权，法治政府建设的公众满意度和认可度才是评价重点考察内容，更为重要也将评价的主动权交给了公众。可以说，"政府绩效评价不仅仅局限在抑制'政府失灵'，也为选票提供了标杆，是现代民主化的内在要件"③，这一定义有着强烈的价值导向，说明作为法治政府民主的一种实现形式，法治政府绩效评价内置了民主要求。事实上，法治政府绩效评价在实践过程中也非常强调民主导向，诸如邀请

---

① 王锟. 工具理性和价值理性——理解韦伯的社会学思想 [J]. 甘肃社会科学，2005（01）：120-122.

② 郑方辉，廖鹏洲. 政府绩效管理：目标、定位与顶层设计 [J]. 中国行政管理，2013（05）：15-20.

③ 郑方辉，雷比璐. 基于公众满意度导向的地方政府绩效评价 [J]. 中国特色社会主义研究，2007（03）：47-52.

人大、政协代表和社会各界人士参与评价、引入独立第三方机构开展绩效评价、强调政务信息公开等，特别是法治政府绩效评价在公众满意度测评中一般由公众主动性指标构成。此外，不管是综合绩效评价指标，诸如法治政府总体满意度等综合性评价指标，抑或以衡量民众的满意度为主的"质量类指标"，如治安满意度、依法行政满意度等指标，都是对民众关于法治政府建设的直接经历和体会的反映，某种意义上也是一种"增量民主"的形式。所以综上来看，法治政府绩效评价充分反映了"民主导向"的价值取向。

（二）以人为本的价值取向

"以人为本"不仅是法治社会的重要价值基石，也是我国政府长期以来执政的基本理念。"以人为本"要求政府行政要以多数人民群众的根本利益为价值取向，以人的全面发展为根本目标，这就是以人为本的根本要义，我国法治政府建设与评价根本上也要服务于这个目标。"以人为本"是体现法治政府绩效评价价值理性的根本所在，通过将多数人的法治政府意愿及评判进行叠加，促使法治政府建设的利益诉求和发展以维护人民利益为出发点。换而言之，法治政府绩效评价可以体现和维护广大人民群众的根本利益诉求，体现了法治政府最终评判主体是人民，法治政府建设与评价必须"以人为本"，而政府主动性不过是达到目的的手段。法治政府绩效评价强调"公众满意度导向"也是现代法治精神的产物，相对于国家为本、神权为本、价值为本的法治政府评价而言，其本身就包含着人本法治理念，回答了法治政府评价"谁之为本、谁之为用"的命题。从目的性而言，法治政府绩效评价的终极关怀不是法治政府自身，而是公众对于法治政府建设结果的评价，或者说评价法治政府的外部性关联，即法治政府建设对于人的发展究竟产生了何种程度影响。这种价值导向实质上是"以人民群众的利益为本"。

（三）人民主权的价值取向

法治政府绩效评价强调公众满意度导向还蕴含着人民主权的价值理性。人民主权就字面意思理解是人民掌握国家的权力，中国特色社会主义制度下考虑到民主成本决策效率等一系列问题，"众多的"人民不可能直接主掌国家权力，而是选举出自己的代表作为成员组成国家的权力机关即全国人民代表大会，其他国家机关由全国人民代表大会这一权力机关产生，对它负责，受它监督，进而实现人民（间接）主掌国家权力。人民主权的法理表现是《宪法》第二条：中华人民共和国的一切权力属于人民。这说明，我国宪法已经确立了人民主权原则。当然，公众除了要从法理上拥有权力外，还要通过具体的政治制度来行使宪法赋予的权利。以公众满意度为导向的法治政府绩效评价是对人民主权理念的贯彻并带有人民主权的固有价值理性。公众满意度作为法治政府绩效的重要评价理念，主要指向公众在法治政府建设过程中的体验，对其需求、期望和目标得到满足程度的一种主观判断，"取决于公众接受政府有关政策或服务输出后的感知质量与其接受之前的目标期望对比"①，这一评价体系把法治政府建设成效的最终评价权交由社会公众来执行，并通过评价体系的制度构建来保证实施，这恰好暗含了通过具体的政治制度来保障人民行使宪法赋予的权利的人民主权模型，因此我们说法治政府绩效评价体现了人民主权的固有价值，具有人民主权的价值理性。②

（四）制度理性的价值取向

通俗地讲，理性是人认知理解和应对现实的（有限）能力，能够依据所掌握的信息做出开放性的和审慎明断的评判，古罗马思想家西塞罗认为"正确的理性就是法"。这不仅是法治精神的重要体现，也是我国法治政府建设的重要原则。因此，法治政府评价进程中也必须逐渐增加民主与科学等理性成分。"制度理性侧重于构建人类社会生活的规范性模式与秩序"③，法治政府绩效评价无论是从政府行政决策的基本程序环节，抑或在监督政府的过程中实行全方位监督体系，都体现了规范性和模式化的制度理性特征。可以说，在评价内容体系方面，制度理性更成为法治政府绩效评价所倡导的"第一理性"，这也是法治政府绩效评价体系的内在要求。一般而言，法治政府绩效评价体系最为核心的评价内容包括：一是行政规范性文

① 杨小军，宋心然，范晓东.法治政府指标体系建设的理论思考 [J].国家行政学院学报，2014（01）：64-70.

② 郑方辉，张文方，李文彬.中国地方政府整体绩效评价 [M].北京：中国经济出版社，2008：309.

③ 尤春媛.社会主义市场经济视野中的契约文明与法治政府建构 [D].南京：南京航空航天大学，2012.

件制定是否合理，主要指政府部门制定相关行政规范性文件的行为是否遵守法定权限和程序，公众是否参与相关文件制定过程，规范性文件的内容是否科学合理；二是行政机关决策符合科学民主原则，即行政机关做出重大公共事项决策的行为本身是否进行了前期调研、组织专家研讨、进行相关事项评估，是否按照预设流程进行协商和审查等；三是政府职能部门执法是否合规到位，即行政机关在执法过程中，能够根据法定程序划定执法权使用权限，并且及时向公众公开政务信息，具有承担执法责任的担当；四是各类行政监督完善有效，无论政府内部监督，或者诸如审计、人大、司法、政协或监察等外部监督部门，都能够依法独立行使监督权，行政机关还应自觉接受公民的监督。① 法治政府绩效评价需要构建有针对性的法制化评价体系对法治政府运行开展合乎理性测评，而且能够依据法治政府建设动态变化及时进行修正，才能有效保证法治政府评价的连续性和稳定性，具有较强的制度理性色彩。此外，制度理性还表现为让公众不因各类法治政府评价结果与心理预期产生巨大分歧，也需要法治政府评价能够及时给予公众足够的评价信息，满足知情权的需求，让更多公众有对法治政府进行理性评价的制度条件，使民意得以有理性与文明的表达渠道。就此而言，法治政府绩效评价能够更加顺利地接受社会表达和了解公民反应，减少政府人员对于自身主观意志和经验感觉的过度依赖，从而提高法治政府评价的理性程度和法治成分。这些都反映出法治政府绩效评价具有制度理性的价值取向。

二、法治政府绩效评价的工具理性

工具理性作为相对于价值理性的范畴始终贯穿韦伯社会认知分析过程。韦伯认为自觉或不自觉遵从风俗、习惯的传统行为，以及受感情和情绪影响的"情绪化"行为属于非理性行为。人类由于能够思考和做出选择，其行为一般应是合乎理性的，这类行为通常都是自觉的、有意识的结果，即有意向的行为。基于"理性人"假设，韦伯认为人的理性以追求价值为主导可称为价值理性，相应的，以达到目的为主导称为工具理性。可以说，

① 郑方辉，卢扬帆. 法治政府建设及其绩效评价体系 [J]. 中国行政管理，2014（06）：26-31.

工具理性是人们为了达到特定的目的，经过考量比较各种可能行为的可行性及后果，所做出的行为选择。通常工具理性重点不在于强调所采用行为的本身价值，而是强调所采用行为是否是有效达到预期目的手段，并把周围相关事物视为达到目的的不利条件或可利用的条件。正如韦伯所言，工具理性即"通过对外界事物的情况和其他人的举止的期待，并利用这种期待作为'条件'或者'手段'，以期实现自己合乎理性所争取和考虑的作为成果的目的"①。

从工具理性而言，法治政府绩效评价正是经过理性思考所选择的技术工具。因为，法治政府绩效评价"作为组织管理手段，考评的工具理性是推动组织工作效率提升和目标实现的有力工具，也是法治政府建设的不竭动力"②。法治政府绩效评价是一项通过对政府法治建设的绩效评估，综合运用各种评估方法和手段，对法治政府建设提供具体建议，并作用于法治政府建设的实践工作。法治政府绩效评价的工具理性主要体现在以下方面。

（一）法治政府绩效评价的驱动功能

由于我国法治政府建设属于内源型法治化过程，因此明确目标及驱动机制不可或缺，国务院所发布的一系列相关文件已为我国法治政府建设提出了明确目标及路线图。当前按图索骥达成法治政府建设目标需要合理驱动机制，在这些方面法治政府绩效评价也可以发挥重要作用。可以说，法治政府绩效评价首要工具理性之一便是具有驱动功能。从某种意义而言，我国法治政府绩效评价实质上也是"绩效导向下的目标管理"，按照目标管理理论，法治政府评价目标不仅需要明确清晰、可实现、有时间限制，而且可以测量，但实际上由于法治政府建设目标的多元化，法治量化测量存在诸多难题。从实践来看，由于法治政府建设与评价的艰巨性和复杂性，有些地方政府习惯性套用传统的内部目标考核方式，将任务层层向下分解，但这种评价方式无法真正将法治政府精髓真正贯彻，甚至有些地方还出现了严重的法治政府评价形式主义问题。因此，法治政府评价只有采用"结果导向"和"满意度导向"的绩效评价理念，才能有效发挥驱动功能。法

---

① 马克斯·韦伯. 经济与社会（上卷）[M]. 北京：商务印书馆，1998：56.
② 郑方辉，尚虎平. 中国法治政府建设进程中的政府绩效评价 [J]. 中国社会科学，2016（01）：117-139.

治政府绩效评价的结果导向是将法治价值的实现、法治政府的确立和法治制度的维护等结果作为法治政府评价的最终标准，而不是以法规制定的数量、各项法治建设的财政投入以及公务人员数量和法治培训次数等投入性和过程性指标作为评价标准。同时，公众满意度导向可以有效检验法治政府建设是否达到预定目标，而不必纠缠于过程性变量，并且作为评价依据可以发挥倒逼作用，促使政府相关部门及其工作人员主动积极性提升，发挥主观能动性，推进法治政府建设。可以说，法治政府绩效评价作为一项评价创新机制，可以充分发挥驱动功能，并且能有效应对我国当前法治政府评价普遍存在的评估目标异化、评估过程形式化和评估结果无效化等问题，以及可以克服内部评价主体过于单一、偏重形式化的过程考评和指标体系庞杂等弊端。

（二）法治政府绩效评价的纠错功能

我国目前大多数法治政府评价本质上还是属于目标性考评，因此现实中这种评价实践主要服务于政府管理目标的实现。目标性考评天然内置了目标本身是正当合理的前提，也就是说所制定的目标是正确的，这就导致目前传统法治政府评价事实上对于所设定法治政府建设目标不具备自我纠错功能。从治理角度而言，这种体制内的目标性考评可以保证法治政府建设某些目标得以有效达成，甚至一定程度上能够比较高效地调动组织成员积极性，基于我国现实的法治环境，这种评价方式具有一定的科学性合理性。然而，法治政府建设的重要内容之一就是政府行为应接受民众监督，进而保证公共权力行使的出发点始终以公共利益为根本。就此而言，传统法治政府评价以目标考评一定程度上会将体制外公众监督排除在外，使得法治政府建设科学性与民主性未能有机统一，也导致法治政府建设目标无法充分体现民意，甚至有些时候背道而驰也无法得到及时纠错。特别是，目前地方法治政府建设过程还普遍存在有法不依、无法可依等问题，甚至有些地方还存在有"法"难依等更为深层次的问题。这些问题背后除了有政府自身守法程度不足的原因，也由于当前我国社会仍处于快速发展转型期，加上因国家幅员辽阔所导致的行政环境的高度复杂性与不一致性，而且往往静态的法律法规本身就容易存在问题，使得政府难以适应不断变化调整和复杂多样的社会关系利益。此外，在政府或部门利益驱使下，部分行政立法和执法也会随之部门利益化或地方利益化，传统体制内的以目标性考评为导向的法治政府评价有可能导致这些名义上具有"合法性"，但实际上不合理的目标得到进一步强化。

法治政府绩效评价出发点不是纯粹着眼于目标是否达成，而是以政府及其职能部门所设定的法治政府建设目标可能不正确作为评价逻辑上的起点，旨在建立以公众满意度导向为基础的目标纠错机制。法治政府绩效评价没有预设相关行政规范性文件，其所设定的目标具有天然合法性和合理性，因此首先要针对行政规范性文件本身内容进行审视，对发现的错误给予及时纠正，这样才能够形成"良法之治"。① 所以，法治政府绩效评价不仅考量法治政府建设过程中政府"做了什么"，更强调政府"应该怎么做"。可以说，法治政府绩效评价不局限于作为组织目标管理控制的工具，基于公众满意度导向使之成为一种有效民主监督的形式和手段，进而可以在法治政府建设过程中发挥目标纠错功能，显然传统目标性评价并不具备这种工具理性。

（三）法治政府绩效评价的导向功能

法治政府绩效评价的关注重点不仅在于法治政府建设现状的评判，并且重视政府内部人员、社会各界人士以及普通公众对于政府法治建设的认可程度和期许，进而引导政府重视民意，加强与公众之间的互动与合作，具有明显导向作用，有利于法治政府建设绩效水平的提升。法治政府绩效评价可以有效引导政府既要合法行政又要合理行政。所谓合法行政是指行政主体的设立合法，行政职权的拥有合法，行政职权的行使合法以及违法行使行政职权必须承担相应的法律责任。理论上合法行政涵盖了合理行政，即合理行政与合法行政共同出现，但现实中由于法律法规不可能做到事无巨细，促使行政主体在合法前提下依然拥有较大的自由裁量权。这时候政府行政不仅要合法，而且自由裁量权的行使要做到适当、适度，不被滥用或异化，即合理行政。法治政府绩效评价采用经济性、效率性、效果性和公平性等评价理念不仅是构建现代法治政府所追求的基本理念，也是市场经济条件下对于政府职能履行的基本要求，并且为合理行政提供了相对明

---

① 郑方辉，邱佛梅. 法治政府绩效评价：目标定位与指标体系 [J]. 政治学研究，2016（02）：67-79.

确的价值导向。事实上，判断政府自由裁量权的行使是否在法律限制条件下做到适当和适度，行政权力行使时作用的相对人即公众有最大的发言权，因为行政主体与行政相对人直接发生联系，并且关系到行政相对人的切身利益。法治政府绩效评价中以公众满意度为导向能更好地反映政府自由裁量权的行使是否合理，如果公众普遍感到满意，说明政府在合理行政上表现优秀；反之则说明政府在合理行政上还有很大的改进空间，从而起到引导政府合理行政的作用。可以说，"通过绩效评价的导向功能，能够引导政府改善行政理念、行政行为及行政产出，逐步使政府更趋向于责任政府、绩效政府及服务型政府"①，这也是法治政府绩效评价所希望达到的最终目的。

三、法治政府绩效评价与公众满意度关系

目前我国许多地方法治政府评价制度与模式仅仅追求评价本身的工具价值，忽视了对评价的价值理性追求，缺乏对评价活动价值与意义的自觉把握，没能回答法治政府评价"应当是什么"以及"怎么样才能更好"的问题。同时，即使将法治政府评价当作一种纯粹的工具，许多地方对于法治政府评价推行和实施过程中评价本身的科学化和合理化关注不足，过分强调指标体系完备、程序流程规范、数据测量精准，忽视了评价作为一种改革策略，所具有的制度性质和功用。正是在这个意义上，在法治政府绩效评估实践中，一方面需要强调法治政府绩效评价所倡导的法治、民主等价值理念，另一方面需要使工具理性可以达到与价值理性的和谐统一，即法治政府绩效评价体系更为科学合理，从而真正达到以公共利益作为法治建设的基本出发点，并且实现对于权力的有效监督和制约，使之成为反映民意、关切民生、保障民利和服务民众的公共监督问责机制。② 在法治政府绩效评价中，公众满意度作为一种科学而有效的指标逐渐受到政府和学者的青睐。公众满意度评价能否适用于法治政府绩效评价也成为政府和学界

---

① 郎玫，包国宪. 政府绩效评价过程中的"政治"路径——基于价值生成的政府绩效 [J]. 行政论坛，2012（5）：37-42.

② 刘春萍，徐露辉. 地方政府绩效评估与责任政府建设 [J]. 社会科学战线，2007（05）：184-187.

关注的重点,法治政府评价与公众满意度关系值得进一步探讨。

(一) 法治政府绩效评价现实需要

2014 年,党的十八届四中全会通过了《中共中央关于全面推进依法治国若干重大问题的决定》,提出"建立科学的法治建设指标体系和考核标准",并将其作为推进法治政府建设与依法行政的重要措施之一,从而客观上要求对法治政府建设的绩效状况进行评价。因此,法治政府绩效评价迫切需要设计一套科学有效的评价指标体系,这也成为学界和政府的首要任务。

事实上,科学有效的体系指标并不是那么容易建立的。首先,法治政府评价并非构建一般意义上政府绩效指标体系,从设定评价目的开始就必须结合法治政府的内涵以及我国法治政府建设的特点,在设计过程中要将一般性法治政府原则,如以人为本原则、依法行政原则融入指标体系,将约束性与导向性指标、实体性与程序性指标能够科学合理性结合,从而保证体系整体的科学系统性。[①] 其次,法治政府指标难以量化。法治政府指标体系和考核标准并不像考核政府经济职能成效有真实的数据来评价,它的绩效评价存在强烈的价值倾向及技术要求。另外,国外的绩效评价体系并未涉及政府整体或"法治政府"的绩效。这就导致了用常规的方法建立法治政府绩效评价指标体系困难。"因此,我们应借鉴国内外已有的经验,厘清评价主体、功能定位、信息来源和主客观指标关系,构建具有科学依据与广泛适用性的评价体系成为解决现实问题的核心所在。"[②]

从政府绩效评价的基本理论而言,公众满意原则主张只有政府提供公共服务有效满足公众的需求,并且被公众认可或接受,才算是政府绩效,这也为法治政府绩效评价揭示了新的价值取向。该原则不仅体现我国古代"政为众人之事"的传统行政思想,同西方国家"新公共行政"理论所主要的政府行政应引入公民参与,满足公众知情权,以及"新公共管理"理论倡导的政府公共行政应以公众需要为导向的理念不谋而合,同时也是法

[①] 申来津,朱勤尚. 法治政府评估指标体系的设计与运作 [J]. 行政论坛,2008 (02):48-51.

[②] 郑方辉,何志强. 法治政府绩效评价:满意度测量及其实证研究——以 2014 年度广东省为例 [J]. 北京行政学院学报,2016 (02):41-48.

治政府建设所倡导的构建以民为本的控权型政府具体实现方式。此外，我国政府多次提出现在法治政府必须是服务型政府，即政府及其工作人员首先必须将自身定位于提供公共服务和实现公共利益的公职人员。因此，法治政府绩效评价需要将公众满意度作为基本价值取向，从公众视角出发主动了解公众的需求及其法治政府建设期待，而非仅从政府出发考量法治政府建设，从而脱离公众实际需求，故将法治政府评价引入公众满意度评测已成为必然。

从我国法治政府建设实践情况来看，国务院关于法治政府建设相关文件可以作为法治政府绩效评价指标体系构建的基本依据，但是法治政府建设还需要有公众的参与，否则便违背了法治精神。法治政府建设过程应保障公众的知情权、建议权、表达权和监督权，特别是应构建出公众可以参与其中、实现问责以及纠错功能机制、法治政府运行公开透明等基本法治要素。法治政府建设的根本目的在于通过法治形式保证公权力合理运行，实现依法行政。一般而言，衡量法治政府的标准主要包括：一是公共权力行使的合法性，任何公共权力的来源必须具有正当性并且在行使过程受到制约，现代社会公权力行使的合法性则主要体现为民主行政。二是公共权力行使的责任性，政府工作行使公共权力必须承担相应的责任，这本质上是由于其行使职权所产生的义务，并且要有相应的问责机制确保这种责任切实落地。三是公共权力行使的公开性，任何公共权力需要受到监督，其中公开权力行使过程是一种非常有效的监督手段，因此通过有效的政务公开机制使得公民有机会了解及参与公共事务管理。[①] 法治政府的这些衡量标准都具有较强的主观性，导入满意度评价指标能更好地对法治政府进行评价。

（二）法治政府绩效评价核心内容

从我国现实法治环境来看，采用一般方法很难构建出一套适合我国法治政府建设需要的指标体系，因此必须采用不同于以往的技术路径构建出科学合理的法治政府绩效评价指标体系。从学理上看，法治政府绩效评价本质上属于政府绩效评价，具有价值导向和工具理性的双重属性，法治政

---

① 陈磊. 法治政府绩效满意度实证研究——基于 2014 年广西的抽样调查 [J].
学术论坛，2016（05）：115-121.

府绩效评价的理念也主要体现为结果导向和公众满意导向。但事实上，从国内外实践来看，法治政府评价被公认为世界性难题，因为法治政府建设通常具有目标的多元性，政府行为表现不可量化或者难以测量特征，甚至法治政府构建过程比较漫长，导致建设效果需要经过长时间观测才能体现出来，然而法治政府评价有时又需要对效果做出比较明显的研判。要克服法治政府评价不可量化和滞后性问题，就必须以公众满意作为测评法治政府建设成效的终极标注。

从政府与公众关系来看，法治政府绩效评价以公众满意为导向也是保证法治政府合法性的重要方式。因此，公众满意度测量成为法治政府绩效评价的核心内容。

从政府绩效评价方法来看，公众满意度也可以定义为公众期望与现实的结果比较。"公众满意度"最早应用于企业管理之中，特别是体现在市场营销领域的"顾客满意"导向。20世纪初，融合了社会学、消费心理学的顾客满意理论确立，将顾客满意程度与企业产品服务改进联系在一起。随之而来，如何展开满意度测评成为学界比较关注的领域。20世纪80年代末，美国密歇根大学商学院费耐尔（Fomell）教授基于计量经济学理论与方法提出了顾客满意度的逻辑模型（即费耐尔模型）。此后，世界很多国家都开始了进一步完善满意度测评的模型和方法的探索，尽管有关满意度测量的形式不尽相同，并且各类模式也需要具体适用条件，但这些模型的理念大致相同，即主张以顾客满意度作为企业运营的基本导向，进而实现企业盈利的目的。随着新公共管理运动的兴起，美国一些地方政府率先将企业领域的顾客满意度模型应用于公共部门管理。美国公众满意度模型实践表明将其引入政府评价领域是一个比较可行的测量手段，不仅可以打破公共部门内部垄断，而且可以为组织内部树立改进服务质量和效率的标杆，以及利用外部公众压力迫使其提高服务效果。

法治政府绩效评价需要针对诸多不可量化的内容，实现"可量化的正义"，同样需要类似理念和手段，公众满意度测评也恰好能够满足这样的需要。事实上，世界大多数国家、地区或国家组织的法治政府评价内容已基本形成一种共识，即采用专家评议及公众满意度测评，该评价体系也得到学术界的广泛认可。从法治政府绩效评价的具体评价内容而言，评价体系需要针对法治政府建设过程中的制度设计、投入产出及效率效果方面展开系统化测评，进而使其能够从多个维度，诸如经济性、效率性、有效性与公平性等方面，对我国法治政府建设成效做出全面、客观的评价。同时，基于我国现实法治环境，法治政府绩效评价必须以公众满意度为导向，将公民对于法治政府建设的成效综合反映出来。这个过程事实上也承担了民意表达和汇集功能，通过公众满意度调查不仅实现了公众参与、民意表达，也使法治政府固有内涵以及评价核心内容有了实现的技术载体。换而言之，公众满意度测量之所以是法治政府绩效评价的重要内容，不仅是由于它可以涵盖传统体制内法治政府评价内容，而且在此基础上进行延伸和拓展，从而达到基于政府绩效评价的理念和方法实现对于法治政府建设实质性内容的测评。可以说，公众满意度评价不仅是法治政府绩效评价的核心内容，也是开展法治政府评价实证研究的逻辑必然，还是实现推动法治政府民主政治和高效行政的根本驱动力。

（三）法治政府绩效评价技术工具

从技术层面来看，法治政府绩效评价有别于如经济职能、环保职能等政府特定职能方面的评价，该项评价更复杂，涉及影响因素更为广泛。价值因素是法治政府难以评价的首要影响因素，国际上对于"法治""法治政府"的定义，由于不同国家和地区的法治文化、政治体制和历史传承不同导致存在巨大差异，即使国际上关于法治及法治政府的价值内涵已形成某些共识，但是这些共识通常都是原则性的，很难转化为具体评价标准。数据因素也是法治政府难以评价的重要影响因素，通常遴选出较为科学合理的法治政府评价指标之后，获取相应的指标值也十分困难。纵观国内外相关研究与实践，国外大多数学者非常强调法治政府评价的价值理性，因此很多法治政府评价体系构建都采用了价值理性进路，但由于实际操作上缺乏有效的技术工具，导致这些评价方式往往无法对法治政府建设发挥实质性推动作用。我国传统体制内法治政府评价模式则只是停留在上级部门对于法治政府建设考核的形式要求层面，不能够有效约束政府行为以及促使政府对于公众法治政府需求做出回应。

公众满意度导向下的法治政府绩效评价不仅可以满足价值性进路需求，还可以满足技术的功能性需要。理论上，科学合理的法治政府评价不仅能够为政府法治建设提供明确导向，而且一定程度上为价值因素、数据因素所导致的法治政府评价难题提供了技术解决路径，并且可以实现主客观评价的互补互证。实质上，公众满意度测评是民主范畴下法治政府绩效评价的重要技术工具，指向政府与公众的本质关系，即强调法治政府构建民主性需求，这不仅是法治政府的固有内涵，也旨在提升政府的公信力。"从政府、公民、国家关系来看，法治政府绩效评价导入满意度，建设法治政府是社会发展的手段和条件。基于一切为了人民的社会主义制度性质，社会公众对法治政府的评价指标，都不如人民满意来得实在。"①

从某种意义上而言，任何评价本质上亦是主观评价，因为任何客观事实解读都是基于主观评判标准。虽然公众满意度测评只是法治政府绩效评价的一种主观评价方式，但本质上还是公众依据客观事实做出的评价，因此可以说具有客观性，并且通过大样本抽样调查，辅助一些较易于获取数据源的客观指标可以实现主客观指标的互相印证。特别是法治政府评价采用公众满意度评价也具有技术上的必要性，因为从技术层面上引入满意度评价可使指标体系数据获取操作变得更为容易和可行。同时，满意度评价还可以在一定程度上避免由于数据缺失、失真或获取成本过高所导致的统计结果出现系统性偏差或者得出片面性结论。事实上，鉴于法治政府绩效评价内容通常不可量化的特点，任何数据源客观描述都可能无法比普通公众满意度调查所反映出来的公众关于"法治政府"的切身体验更直接明了。此外，在我国，由于制度机制的硬性约束，法治政府建设与评价相关信息公开不足，在这样的现实条件下，如果单纯依靠客观数据源对法治政府建设做出评价也非常不具有可操作性，甚至由于某些客观数据缺乏，导致无法评价或者评价结果出现片面的情形，相对而言，通过公众满意度测评实施法治政府评价可以有效将部分难以量化或数据不易取得的评价内容内化，从而弥补客观评价的不足。

评价主体因素也是法治政府绩效评价的重要影响，因此谁来评价成为法治政府绩效需要重点探讨的问题。一般而言，传统体制内部自上而下展开评价具有一定的优势，诸如可以较为系统、全面地收集绩效信息，可以有效推动评价相关工作的落实。但也存在明显缺陷，诸如自体评价公信力

---

① 郑方辉，何志强.法治政府绩效评价：满意度测量及其实证研究——以2014年度广东省为例 [J].北京行政学院学报，2016（02）：41-48.

不足以及专业性不够等问题；由第三方展开法治政府评价虽然相对而言更加具有独立性，更为专业，但实际条件下却难以获得相关客观指标的数据信息，结果依然无法保障评价的有效性。从世界多数关于法治或法治政府评价实践来看，独立第三方作为评价主体已经成为基本趋势，而公众满意度测评则成为从技术上实现法治评价可操作性的必然选择。独立第三方测评通常只能以主观评价为主导，辅以客观指标进行评价，这就导致独立第三方作为评价主体必须引入专家评议或公众满意度评价，以公信力与可操作性的统一。

综上所述，传统体制内自上而下的法治政府建设与评价模式以目标考核为导向，虽然可以提高各级政府法治建设的执行力，但是存在评价内容体系过于庞杂、评价指标体系过于强化、过程控制容易导致形式主义的问题，甚至由于获取客观数据难以操作，从而偏离预期目标。在我国法治环境下，公众满意度导向无论从法治政府建设价值导向、目标依归以及评价可操作性方面来看都具有一定的优势。从实践上来看，国际上关于法治政府评价采用公众满意度评价已较为普遍，并积累了大量经验。随着我国法治化、民主化进程的发展，人民本位的价值取向必将在法治政府建设中得到重视，法治政府建设与评价必将以公众满意作为重要价值导向，其作为衡量法治政府建设绩效的终极标准也将体现得越来越明显。

四、法治政府绩效公众满意度的法理诠释

党的十八届三中全会提出了法治国家、法治政府、法治社会一体建设战略，为法治政府建设与评价提供了新路径。法治政府应该是有限有为、诚信为民、透明廉洁、高效便民、诚信为民的政府，法治政府的建设是为了服务老百姓、为了让老百姓满意。[①] 因此，法治政府绩效评价强调公众满意度不仅基于我国法治政府建设的价值理性与工具理性的需要，也是法治政府的固有要求，其内在法理如下。

（一）合法正当原则需要

法治政府建设需要解决的首要问题就是保证政府行政合法性。一般而

---

① 蒋安杰. 法治政府是否有成效 公众说了算 [N]. 法制日报，2010-09-08.

言，影响政府合法性的因素非常多，诸如公共性、公平性、可信赖性等。从公民权利与法治政府的关系来看，公民权利让渡并不构成政府行政合法性的唯一来源，法治政府需要关注社会成员的各种主张，接受社会公众的监督。换而言之，公民权利与法治政府存在两个并存关系，一方面，法治政府有为公民权利提供保护的职能，即政府行政有对公民权利提供保护和救济的义务，并且不得侵犯公民合法权益，但这些并不是法治政府合法性的全部基础；另一方面，法治政府应为公民提供参政权利，政府为了公共利益的实现需要依法行政，确保法律所规定的政府任务和职能实现。同时，我国政府活动中不仅需要运用民主集中制原则，而且为使公众能够通畅表达民意，以及政府可以有效地处理民意，还需要将民主与科学的因素也逐渐引入，这些也是法治政府合法性的重要依据。显然，法治政府绩效评价等方式可以促使政府工作人员弱化主要凭借自身主观判断和过往经验的行政模式，从而使政府活动更为理性和符合法治要求。①

政府合法性归根到底来源于权力获得的公信力。政府所拥有的行政权力，即行政主体行使管理公共事务的权力，可以理解为公共权力，其本质上来源于公民个体的权利，即"公共权力来源于公民权利，是公民权利让渡的结果，权利是权力的基础，无权利则无权力"②。虽然公民权利是公共权利的来源和基础，但在现实国家治理过程中，公众依然普遍认为政府更为强势，针对政府行政的公民参政、民主监督权利并没有得以很好落实。由于公民权利是公共权力的来源基础，如果政府背离公众权利，便背离其赖以存续的合法性基础。法治政府绩效评价以公众满意度为导向天然蕴含了民主的成分，恰如社会契约理论关于公共权力来源的解释更贴近民主理念。③

法治政府合法性还来源于政府行政权力行使的公信力，其有别于一般的政府执行力。从本质上而言，政府公信力呈现的是政府与公众之间的关系，体现为公众对于政府的信任程度。实际上是对政府执行力和诚信度的

① 于安．"全面推进依法治国"笔谈之五：法治政府的建设与保障机制 [J]．改革，2014（09）：20-22.

② 罗豪才，宋功德．和谐社会的公法建构 [J]．中国法学，2004（06）：5-24.

③ 万俊人．政治伦理及其两个基本向度 [J]．伦理学研究，2005（01）：5-10.

综合评判，这也是政府权威被公众认可和服从，公共秩序得以维护的基础，还是政府执政合法性的根基。相对而言，政府执行力本质属于政府组织管理能力，具体指向政府决策以及达成目标的履职能力。① 一般而言，政府公信力要以政府执行力为基础，如果政府执行力不足，显然政府公信力也无法有效建立，但即使政府具备良好的执行力，也可能不具备良好的公信力。法治政府绩效评价以公众满意度为导向，可以构建对于法治政府评价的外部纠错机制，即相对于传统的内部法治政府评价，满意度评价可以对偏离公信力的执行力发挥纠错功能，破除当前我国行政权力行使过程中"只唯上，不唯下"的现象。一般而言，公众满意是衡量行政权力行使是否合理的根本标准，因为通常公众更深入了解政府公共服务是否达到法治政府要求，也更加明确什么样的法治政府是其所期望的。法治政府绩效的公众满意度评价可以针对行政权力偏离公信力的行使行为进行纠错，使政府权力行使实质上得以修正，从而提高权力行使的公信力，进而使政府行政的合法性得以增强。

（二）信息公开原则需要

"公民的权利让渡（部分的而非全部的）是公共权力的来源和基础，也是公共权力正当有效实施的责任来源。"② 从责任性角度而言，在公民权利与政府的关系上，程序正当不是构成政府的唯一合法来源，政府还有责任对公民权利提供保护的义务，并为权利实现提供条件的义务。因此，法治政府具有较高的合法性还必须体现信息公开原则。所谓信息公开原则，是指法治政府有保障公民对于行政事务的知情权、参与权和监督权的义务，个人或组织有权知悉并取得政府机关的行政活动及其他信息的权利，诸如行政机关的议事活动及其过程，以及行政机关制定或决定的文件、资料、信息情报等公开信息。逻辑上，法治政府践行信息公开原则的根本目的就是促使政府获得民众信任和执政合法性，因此有责任使公民的知情权和参政议政权得到保障。也就是说，法治政府不仅需要履行保护公民实质性权利的各项政府职能，诸如市场秩序建立、生态环境保护、治安消防等，还

---

① 郑方辉，邱佛梅．法治政府绩效评价：目标定位与指标体系［J］．政治学研究，2016（02）：67-79.

② 万俊人．政治如何进入哲学［J］．中国社会科学，2008（02）：16-28.

负有责任为公民提供了解沟通、参与监督政府的实现条件。特别是我国政府行政本质上遵循了民主集中制原则，就必须通过适当途径使公民知情权和参政议政权得到有效实现。

显然，法治政府绩效评价强调公众满意度可以有效满足政府践行信息公开原则的责任需要，并为其创造和提供所必需的制度条件和技术手段。实践上，法治政府绩效评价不仅要明确政府行政权力的行使范围，还要关注政府行政权力行使是否符合行政程序，行使主体资格是否合法，是否有完善的监督和问责机制，从而规范政府权力行使，公民是否能够有畅通渠道参与公共行政，并且在公共管理过程中享有参与权、表达权和知情权。①可以说，通过法治政府绩效公众满意度测量以及定期公开评价结果，不仅是体现法治政府对全体公民的责任性，也可以发挥强大的导向功能，形成"公众参与动力—政府感受压力—产生改进绩效需求"的驱动机制，达成提升法治政府绩效目的。②

(三) 狭义比例原则需要

衡量法治政府成效是一项复杂的技术工作，不仅需要考虑合法性，也需要兼顾效率性。比例原则是行政法的"皇冠原则"，同样适用于法治政府绩效评价，要求评价过程中应当注意评价手段与评价目的之间的适当性、必要性和相称性。特别是狭义比例原则主张在所要达到的目的与所要采取的措施之间，两者社会成本付出必须合乎比例，又称相称性原则、均衡原则。虽然狭义比例性原则是从"价值取向"上来规范所采取的措施与成本之间的比例关系的，但其所要求的目的与手段之间关系的考量仍是一般法治政府评价值得遵循的基本原则。换言之，法治政府绩效评价也不能为了评价目标而付出极端的高昂成本，不能给人民加诸过重负担，必须在法治政府建设与评价中尊重和落实该原则。

具体而言，开展法治政府绩效评价之时，可能存在多种可以选择的评价方法，这时就必须依据评价目的在不同的评价方法之中选择出更为适合

---

① 郑方辉，尚虎平．中国法治政府建设进程中的政府绩效评价 [J]．中国社会科学，2016 (01)：119-120．

② 郑方辉，张文方，李文彬．中国地方政府整体绩效评价 [M]．北京：中国经济出版社，2008：341-343．

的方法，还需要在评价标准与评价方法之间进行权衡，从而实现评价所付出成本与评价目的之间的符合比例原则。英国著名法学家韦德曾提出法治政府的四项衡量标准：第一，政府需要依法行政，也就是政府在行使任何公共权力之时都必须要有合法授权和相应的法律依据。第二，政府可以拥有一定的行政裁量自由尺度，但是自由度必须限定在一定的范围内。第三，政府行政与行政相对人也可能涉及诉讼，这时应由独立于政府之外的法院判决解决。第四，在法律面前，政府与公民应被赋予平等地位。从法治政府绩效评价的技术要求和法治政府建设目标来看，这些标准仍然比较抽象和难以操作，以此作为标准进行评价需要付出巨大成本。事实上，西方国家政府绩效评价系统中隐含着一个预设的前提：公众满意是评价政府绩效的最有效方法，因此评价的组织方、评价主体的选择、评价指标体系的设计事实上均采用了公众满意度测评，或者创设了各种公众参与渠道。袁曙宏也指出："法治政府的实现需要得到人民群众的认可"，"法治政府的公众满意度评价是法治政府评价指标体系中不可或缺的一部分"。①

　　同时，由于法治政府建设存在许多不可以完全量化的目标，或者即使目标可以量化，但是获取量化指标的数据的成本非常高昂，导致采用大量客观指标进行评价，会付出大量的社会成本。此外，如果是外部评价主体，有些时候指标数据获得还可能面临体制性障碍，或者政府信息公开不足等问题。在法治政府评价现实条件下，如果单纯采用客观指标评价法治政府，不仅需要付出巨额的社会成本，而且还可能存在某些客观指标根本就无法获得测量值，从而导致无法评价的情况。事实上，实践中如果采用主观评价，也就是公众满意度测量不仅可以有效降低成本，而且可以将一些难以量化评价或者不具有可操作性的客观指标所要评价的内容内置到公共满意度测评，从而实现评价目的，解决上述单纯客观指标评价存在的诸多不足。经济学家沃尔夫已开展的相关研究证明也间接证明了公众满意度导向下的政府绩效评价的经济性。他认为如果缺乏公众对于政府公共产品供给展开评价，或者评价结果不够合理准确，不仅会导致这类公共产品供给效率出现问题，而且由于行政部门官员为了追求部门预算最大化或者实现私人利

---

　　① 袁曙宏．关于构建我国法治政府指标体系的设想［J］．国家行政学院学报，2006（04）：12-14.

益，导致公共产品供给成本攀升。可以说，将公众满意度导入法治政府绩效评价是建设法治政府的客观要求，也是狭义比例原则在评价中的自然延伸。

（四）法律制度的内在要求

我国公众参与法治政府绩效考评起步较晚，但在宪法以及法律法规层面的正当性仍有迹可循。公众满意度评价在政府绩效考核制度的演变中逐渐占据重要地位，并不断得到各地方政府的青睐，这对于我国构建更具包容性、有效性与合法性的公共治理方式来说影响深远。然而，公众参与政府绩效管理正面临缺乏有力法律与制度保障的"瓶颈"，公众参与绩效考评的机制不健全，且反馈保障不到位，使得公众参与多流于形式。

1. 公众参与法治政府绩效考评的宪法依据

公众满意度一直以来都是公共行政领域重要的命题，社会公众参与法治政府绩效考评既是落实"人民当家做主"的必然要求，也是公民监督权行使的重要方式，还是构建公众与政府共同治理的有效途径，而我国宪法为实现两者间的良性互动奠定了制度化基础。

公众参与法治政府绩效考评是人民主权与民主集中制原则的应然之义。《中华人民共和国宪法》（以下简称《宪法》）第二条明确规定："中华人民共和国的一切权力属于人民。人民依照法律规定，通过各种途径和形式，管理国家事务，管理经济和文化事业，管理社会事务。"[①] 人民主权原则在宪法上的确认，意在强调公民参与政治活动的正当性和必然性，而公众满意度评价则是人民主权原则在法治政府绩效考评领域的延伸，这种具有人民主权价值理性的考评方式得到《宪法》的认可和保护。《宪法》第三条指出："中华人民共和国的国家机构实行民主集中制的原则。全国人民代表大会和地方各级人民代表大会都由民主选举产生，对人民负责，受人民监督。国家行政机关、监察机关、审判机关、检察机关都由人民代表大会产生，对它负责，受它监督。"[②] 民主集中制是我们党的根本组织原则和领导

① 中华人民共和国宪法 [EB/OL]. （2018-03-22）［2021-12-12］. http://www.npc.gov.cn/npc/c505/201803/e87e5cd7c1ce46ef866f4ec8e2d709ea.shtml.

② 中华人民共和国宪法 [EB/OL]. （2018-03-22）［2021-12-12］. http://www.npc.gov.cn/npc/c505/201803/e87e5cd7c1ce46ef866f4ec8e2d709ea.shtml.

制度，也是优化组织人事机制的基本原则，它强调以群众路线为基础，国家组织形式和活动方式要以为民服务为立足点。在绩效考评方面，对地方政府行为的满意度绝不是"一言堂"，而是建立在公众切实评判的基础上，是公众认可和满意的集中体现，公众才是重要的评价主体，这彰显了法治政府绩效评价民主导向、以人为本的价值理性。

公众参与法治政府绩效考评是公民监督权享有与行使的有力论证。《宪法》第四十一条规定中华人民共和国公民享有批评建议权、申诉权、控告检举权以及取得赔偿权。这些权利均是公民监督权的具体表现，而公民监督权又是人民主权原则的现实表达，公民监督权的实际含义应远大于前述四种权利。公众满意度考评作为公众评价政府及其工作人员活动的一种方式，既体现了公众以认可度作为标准行使监督权，也弥补了公民监督权在《宪法》文本中的不足，是公民行使监督权的应有之义。公民监督权作为一项宪法权利，目的在于让公民有效地监督国家机关和国家工作人员，保证国家权力的有效行使，保证国家各项事业顺利进行。[1] 人民的监督是最好的良药，法治政府的构建离不开社会公众的监督，《宪法》从监督权视角赋予了公众满意度评价充分的宪法依据。

2. 公众参与法治政府绩效考评的主要法律法规依据

《宪法》从根本原则以及基本权利层面赋予了公众满意度考评的正当性，从母法上肯定公众参与法治政府绩效的价值，但是这种宪法依据是宏观且笼统的，呈现出基础性与本源性。从我国现行立法上看，无论国家还是地方层面的法律法规都少有涉及公众满意度考评的内容，大多存在于各类规范性文件之中，且处于探索、发展阶段。[2]

在国家层面，公务员考核主要受《中华人民共和国公务员法》（以下简

---

① 王诗巧. 公民监督权浅析 [J]. 法商论坛，2012（2）：195-196.
② 此处的规范性文件是狭义的，特指法律范畴以外的其他具有约束力的非立法性文件。

称《公务员法》）所规制①，该法在性质、义务、考核等方面明确公务员是人民的公仆，要接受人民的监督，并以政治素质和工作实绩为重点，全面考核公务员的德、能、勤、绩、廉。公务员作为法治政府的最大公因数，其考核情况亦受到法治政府绩效考评情况的影响，《公务员法》将民众监督提至高位，并强调社会评议的重要性，为把公众满意度作为政府总体工作的实效反馈提供了强有力的法律依据。

多年来，我国地方层面的绩效管理工作呈现法制化趋势，并将公众评议作为法治政府绩效考核的重要指标。2015 年 8 月 27 日，《杭州市绩效管理条例》颁布，该条例规定每年的绩效考评需通过问卷调查等方式进行满意度评价，并建立公众评价意见反馈机制。2018 年 11 月 30 日，济南市人大颁布《济南市绩效管理条例》，将社会评价纳入绩效考核的范围当中，并规定绩效责任单位要对社会评价意见进行分析，制定和落实整改措施。除了地方性法规，许多省、区主要以地方政府规章及各类红头文件的形式将公众满意度评价纳入地方政府绩效考评体系，例如《广东省依法行政考评办法》《湖北省依法行政考核办法》《辽宁省依法行政考核办法》等。

整体来看，我国公众参与法治政府绩效考核的制度困境仍然存在。首先，在国家层面缺少先进而明确的法律法规，《宪法》虽然赋予了公众参与的正当性，但因其配套措施不到位，母法的优益性难以落实；此外，地方具体的规范性文件虽然大多强调民意测验与民主评议的重要性，但法律效力不足，公众参与多流于形式，虎头蛇尾，参与效果不佳。其次，公众参与绩效考评的机制不健全，反馈保障不到位。部分政府过于追求前沿，开通微博、微信等新型的公民参与方式，但缺乏完善的制度进行有效的管理和引导，导致考核过程随意化，政府未能在其中获得有效信息及取得实质性成果。②

---

① 国务院颁布的《国家公务员暂行条例》自 2006 年 1 月 1 日《中华人民共和国公务员法》开始施行起，同时废止。该条例二十四条曾规定："年度考核先由个人总结，再由主管领导人员在听取群众意见的基础上写出评语、提出考核等次的意见，经考核委员会或者考核小组审核后，由部门负责人确定考核等次。"此项考核纳入了公众满意度评价的因子，对现行公众参与绩效考评具有深远意义。

② 缪健颖. 政府绩效管理中的有限公民参与探析 [J]. 宁德师范学院学报（哲学社会科学版），2015（03）：23-26.

　　相对于传统的体制内法治政府评价来说,法治政府绩效评价可以有机整合价值理性与工具理性的评价需求,实现两者和谐统一。法治政府满意度测评符合现代法治精神与法治政府的价值追求,对于推动中国法治政府建设与评价具有重要价值。

第四章

经验借鉴

从党的十五大提出依法治国基本方略以来，法治政府建设及评价日益受到社会的关注和重视。法治政府评价推动法治政府建设，促进法治政府建设目的的实现。但法治不易量化及评价的属性，为法治评价实践及研究带来难题。过去半个多世纪以来，学界关注重点集中于法治政府评价的衡量标准、评价体系和评价方式，国内外的实践、实证积累了经验，为本项研究提供了诸多有益启示。

一、国际组织与西方政府的法治评价经验

法治政府评价相关研究始于 20 世纪 60 年代末，早期由美国一些学者率先开展，并逐渐蔓延到世界多个地区和国际组织。即便美国等发达国家法治程度较高，法治政府评价也没有完全独立的专项研究。相对而言，一些国际组织开展法治政府评价的时间比较早，且已经形成比较成熟的评价体系。英国政府与欧盟地区的法治行政绩效评价已经形成体系化，可操作性与评价有效性处于较高水平，可资借鉴。

（一）国际组织的法治评价经验

国际组织法治评价的经验主要体现在世界银行法治评价、联合国法治政府评价以及"世界正义工程"法治评价上，这三者的考评流程与方法皆基于主观评价，并在指标的设置中存在创新之处。但鉴于评价理念与土壤的差异性，我国应在以国情为纲的基础上，批判地借鉴与吸收。

1. 世界银行法治评价

1996 年，世界银行设立"世界治理指数（Worldwide Governance Indicators，简称 WGI）"用以测量各国治理绩效，分值越高则表明法治程度越高。该套评估指标体系主要由政府效能、法治与贪污三个基本维度构成。

WGI的数据源自对发达国家和发展中国家的大量企业、市民、专家、思想库、非政府组织和国际组织的调查，涵盖了全球超过200个国家自1996年以来各领域的治理数据，覆盖了言论自由与责任、政治稳定和消除暴力（恐怖主义）、行政效能、监管质量、法治和控制腐败六个综合指标。这些指标以31个不同数据源的数百个变量为基础，反映了公众、专家、非政府组织、商业公司和公共部门对所在国家或地区治理绩效的认知和评价。法治是全球治理指标体系的重要组成部分，侧重测量公众和专家对政府机构的信心程度和社会规则的遵守情况，特别是合同执行、财产权利保护、警方执法和法院审判，以及犯罪暴力发生情况。由于全球有着众多的国家和地区，自行组织调查将会消耗巨大的人力、物力和财力，不具有现实的可操作性。因此，世界银行主要是直接采用相关权威机构采集的成熟而有公信力的调查数据，以此作为对各个国家和地区治理及法治状况进行评价的依据。WGI数据反映具有很高的全面性，这主要基于其调查群体的广泛性，不仅包括各个国家和地区的个人和公司，还包括该国或地区跨国公司机构以及非政府组织等，数据的全面性有利于更加真实客观地反映该国法治状况。

世界银行主要采用主观评价方法，达到对各国政府法治水平评价的目的。[1] 在评价主体的选择上，世界银行采用体制外评价的方式，评价事实上主要由与政府无隶属关系和利益相关的群体实施，并反映这些群体对所在国法治政府的主观感受情况和第一手资料。具体包括：一些主要跨国发展机构的观点及其工作人员对所在国法治状况的深度经历与体会；一些国家涉外政府部门专家基于有关他国政府运作的经历与体会对其法治状况做出的认知与评价，以及一些商业智库基于自身客户网络的大量经验对所在国的法治政府状况所做出的评估。由于世界银行借助已有的庞大权威性数据资源优势进行法治政府评价，进而获得对特定国家或地区法治状况的认知。[2] 因此，世界银行法治评价体系具有较大的特殊性，并不能为诸多地区

---

① 汪全胜. 法治指标体系建构研究：法治指数的中国引入问题及可能进路 [J]. 政治与法律，2015（5）：2-14.

② 钱弘道，戈含锋，王朝霞，等. 法治评估及其中国应用 [J]. 中国社会科学，2012（4）：140-160.

和国家直接借鉴吸收。

2. 联合国法治政府评价

在联合国所推动的多项国际性事务工作之中，"提升发展中国家的政府法治水平"是一项重要任务。为了解各国法治水平发展现状和推动法治政府建设，联合国相关部门在经过一系列调研、考察和商讨后，设计了一套关于法治政府评价的体系，据以监测各国法治发展状况。

联合国的法治政府评价对象主要是各项权力的执行机构以及各国的执法机关，在执法机关中以监狱和警察机关为主。具体到衡量各国法治水平建设上，联合国主要采用四个维度衡量，分别是绩效，廉洁、透明度和问责，对待弱势群体的态度以及能力。其中，绩效主要指向在控制社会犯罪结果上取得成绩和过程是否具有高效性；廉洁、透明度和问责是指评价对象在行政或执法的过程中是否做到公开透明，不会收受贿赂而做出损害公民利益的事情，并要为特定行为准则和执法标准负责；对待弱势群体的态度是指机构如何对待少数群体、受害者和精神病患者等人士，特别是警察机关作为正义的代表，能雷厉风行地惩处社会奸恶，也要能耐心细致地对待社会弱势群体，而不能轻之罔之；能力除了指完成本职工作所需要的能力，如管理能力和行政能力之外，还包括具有展现这种能力的资源支撑。在这套评价体系中共有 84 个指标，之后再延伸出具体的评价指标。[①]

联合国法治评价体系具有过程与结果相结合、主观与客观相结合的特点。首先，评价内容与对象注重过程与结果相结合。在评价内容方面，该体系从绩效，廉洁、透明度和问责制，对待弱势群体的态度以及能力四个维度来衡量刑事与司法机构构建的法治水平。绩效是指刑事与司法机构向社会提供高效和有效、可实现和回应民众需求的服务；廉洁、透明度和问责制是指刑事与司法机构透明和诚信运作，并对行为准则和标准负责；对待弱势群体的态度是指刑事司法机构如何对待受害者、儿童、国内流离失所者、寻求政治庇护者、难民和精神病患者等人士；能力是指刑事与司法机构拥有履行职能所必要的人力和物质资源，以及有效配置资源的行政和管理能力。因此，绩效属于结果层面的内容，而廉洁、透明度和问责制，

---

① 郑方辉，黄怡茵．法治政府评价的国际经验［J］．华南理工大学学报（社会科学版），2016（3）：53-62.

对待弱势群体的态度以及能力则属于过程性的内容。在评价对象方面，该体系针对刑事与司法机构及其工作人员。刑事与司法机构分为公安机关及其他执法机构、司法机关和监狱三类，主要评价其工作过程的能力、规范性与公信力。而刑事与司法机构的工作人员包括法官、法院人员、检察官和辩护律师，主要评价其工作效果。其次，评价方法与内容的主观与客观相结合。在评价内容方面，有刑事与司法机构的能力建设、财政投入以及法官、法院人员、检察官的结构、数量等客观内容，也有公众对上述机构和人员的绩效、公信力和廉洁的认知等主观内容。在评价方法方面，该体系在采用公众问卷调查法和专家问卷调查法此种主观评价法的同时，还采用官方数据、内部数据和文件查阅等客观数据资料。

总体而言，在整个评价过程中，主观评价还是作为评价的主要方法来使用，在主观评价中又以专家调查法为主。专家调查法之所以在评价体系中占据较为重要的一部分主要是受制于联合国特殊的组织体系，由此决定了评价体系的侧重点与倾斜度，具体到我国则仍需根据我国国情确定具体的评价主体及其构成和所占比重。

3. "世界正义工程"法治指数

"世界正义工程"最初由美国律师协会（American Bar Association）创设，后由非政府组织组织实施的法治指数评价活动，其目的同样是为了提高各国法治水平。[①]"世界正义工程"经过与100多个国家的17个专业领域的领导、专家、学者、普通工作人员的长期考察研讨，规范了为各国普遍接受的"法治"工作定义4项基本原则，即政府及其官员均受法律约束；法律应当明确、公开、稳定、公正，并保护包括人身和财产安全在内的各项基本权利；法律的颁布、管理和执行程序应公开、公平、高效；司法职业担纲者应由德才兼备、独立自主的法官、律师和司法人员组成，这些人员应数量充足、资源充沛并具有一定代表性。

概括而言，"世界正义工程"关于法治指数的四个方面具体内容包括：一是限制政府权力。评价内容指向政府权力的法律来源，是否符合法律的规定，其他组织对政府进行监督是否有效，以及政府权力能否进行依法交

---

① 孟涛. 法治的测量：世界正义工程法治指数研究 [J]. 政治与法律，2015 (5)：15-25.

接。二是消除腐败。评价内容指向政府工作人员是否收受贿赂、影响公共或个人利益和侵吞公有资金和资源等形式。主要的评价对象是政府和警方以及军方的官员。指标包括：政府官员、警方和军队以及议员不会出现以权谋私的情况，真正做到权力的行使为了公众。三是秩序和安全。安全对于建立法治社会和法治政府具有重要意义。该领域的评价内容主要指向犯罪、政治暴力和暴力明显减少。指标包括：有效控制犯罪行为、减少民事冲突的发生、以暴力发泄不满的方式得到明显改善。四是权利保护。评价内容指向确保法律平等保护公民合法权利的实施情况，以及遵守法律程序的情况。①

"世界正义工程"的评价流程与方法也是主要基于主观评价，在评价内容和评价方法上值得一些国家或地区进行借鉴和吸收，特别依靠专家主观评价衡量法治政府的理念及其实施方式。为了能在全世界推广统一的"法治指数"，"世界正义工程"在设计和发展"法治指数"时，注意扩展了评价的范围，并使衡量尺度更富于弹性。不仅考察书面上的法律法规，也关注实际中的执行情况；把相关的非正式制度也纳入对正式的法律系统进行审查的射程之中；从现存的国际标准和准则中，采纳今后可以用以衡量各国法律系统的指标；最大限度增强对法治进行评价尺度的国际兼容性，试图搭建起描绘法治关键功能的框架。但"世界正义工程"的评价指标体系也存在诸多不足，主要是因为它的评价因子是根据西方的法治理论构建的，因此在关于法治水平及法治政府定义等一系列理论问题上同中国特色的社会主义法治国家具有很大差异，并不适合在我国推广应用。

（二）西方政府的法治评价借鉴

欧盟通用评价架构在设计上融入了公民广泛参与、评估主体多元、内容结构的均衡、注重自我评估、激发改进积极性等原则，对我国政府绩效指标的设计和测量具有借鉴意义。而英国法治政府评价框架则着重凸显社会公众广泛参与的特性，这与我国以人为本、人民主权以及民主的价值追求不谋而合，亦是未来我国政府绩效考评的发展方向。

---

① 张德淼，康兰平．迈向实证主义的中国法治评估方法论——以世界正义工程法治指数建构方法为镜鉴［J］．理论与改革，2015（6）：129-134．

1. 欧盟通用评价架构

欧洲质量管理基金会（EFQM）、德国施派耶尔学院（Speyer Academy）和欧洲行政学院（EIPA），在欧盟公共管理局的领导下，合作完成了通用评价框架（common assessment framework，以下简称 CAF）的最初设计。在 CAF 正式版本中，指标体系分为"过程"指标（或称为"能动"要素，下称"过程"指标）和"结果"指标（或称为"结果"因素，下称"结果"指标）两种类型。"过程"指标包含五个具体标准，分别是领导力、人力资源、战略与规划、伙伴关系与资源、过程与变革管理。"结果"指标包含四个具体标准，分别是雇员角度的结果、顾客/公民为导向的结果、社会结果、关键绩效结果。其中，"结果"指标中的"顾客/公民为导向的结果"标准所界定的内涵为"组织所实现的结果与公民/顾客对组织及其所供服务/产品的满意程度有关"①。该指标的测量是将政府部门作为公共服务的提供者，社会公众作为服务的接受者或"顾客"，通过"有关组织整体形象的结果""有关所涉及与参与的结果""有关平易近人的结果"等具体因素来得出评议者对各个部门的基本结果，并通过量化的测量方法得出公共部门的服务质量，使得整体上得出公共部门的行政绩效。

欧盟通用绩效评估框架中强调的公民广泛参与、评估主体多元、内容结构的均衡、注重自我评估、激发改进积极性等原则，都对我们提供了有益的启示。CAF 在指标设计和绩效测量上，按照尽可能量化的原则，以清晰、可测量的数据向公众展示政府绩效水平，其科学的绩效评价体系能够为我国法治政府绩效评价建设提供一定的借鉴意义。

2. 英国法治政府评价框架

2002 年，英国审计署出台了地方政府全面绩效考核（comprehensive performance assessment，CPA）基本框架，并依照此框架对郡政府和一级制地方制政府（single tier and county councils）进行严格考核。② 2007 年，英国国家审计署（the Audit Commission）与其他 6 个政府绩效管理机构联合

---

① 孙迎春，周志忍. 欧盟通用绩效评估框架及其对我国的启示 [J]. 兰州大学学报（社会科学版），2008（01）：43.

② 陈宏彩. 英国地方政府全面绩效考核体系及其借鉴意义 [J]. 国外社会科学，2007（02）：61.

提出用综合区域评估（comprehensive area assessment，CAA）框架的设想，并在 10 个地区进行了试点。[①] 从 CPA 更新到 CAA 的评价框架，服务评价都包含在整体评价框架当中，占据着极其重要的部分。以 CPA 评价框架为例，该框架评价结构主要包括三个部分：一是资源利用评价（use of resources）；二是服务评价（service assessment）；三是市政当局评价（corporate assessment）。其中，服务评价指标包含了环境服务、住房服务、文化服务、消防服务的具体评价指标，当中由评议者通过对诸如"顾客对规划服务的满意度""人们对公共汽车服务的满意度"等具体因素进行评价。2009 年，该体系被修订和升级为综合性地区评价体系（CAA），旨在更好地促进政府和其他公共机构合作，协同满足地方民众的需求。CAA 综合评价包含地区公共服务水平分析和公共部门服务质量评价两项内容。其中，对公共部门服务质量的评价包括管理业绩和资源利用两个方面。管理业绩侧重评价公共部门是否能妥善管理和提供完善的服务并扩大社会产出。CAA 评价框架中管理业绩评价强调以下特点：明确认识当地社会发展的优先事项，负责任地不断提高公共服务质量，有效地满足民众不断提高的物质文化需求，有效地解决当地的不平等和弱势群体问题，具有卓越的领导能力和面向未来的能力。上述指标的测量都凸显社会公众的广泛参与，从指标体系的构建、评价过程的开展，社会公众作为服务接受者或"顾客"的身份参与到评价过程中，对评价结果起到重要的影响作用。

英国 CAA 框架非常强调民众参与整个地方绩效管理的过程，让民众参与制定绩效评估方案、设计绩效指标、确定评估标准、监督改进绩效、评估实际绩效。当前我国开展的公众满意度评价仍然以政府作为主导，并逐步开展第三方评估，但社会公众的参与程度始终较低，尤其在评价过程中的指标构建前端和评价绩效评估的后段，英国的 CAA 与 CPA 评价框架都能够为我国相关建设的开展提供有益经验。

二、我国港台地区法治评价的做法

台湾与香港作为我国不可分割的一部分，与大陆地区同源同流，制度

---

① 孙庆国．英国推行综合区域评估框架的动因、方向及启示［J］．国家行政学院学报，2008（04）：103.

渊源与文化底蕴具有同质性，这使得港台地区的法治政府评价具备典型的中国特质。而港台地区法治政府评价在考评内容、组织方式、评价理念等方面也积累了一些经验。

（一）我国台湾地区的法治政府评价

我国台湾地区由于历史原因使得自身"法律"制度形成的渊源具有复杂多样的特征，有我国古代儒家和法家的影响，也有西方法治理论的影响，同时有台湾本土文化的影响以及历史上殖民者的影响。这些影响使得台湾大多数法律条文是由"中西结合"而成的。台湾地区的法律传统和渊源与民国时期的"六法全书"有着较为紧密的联系。

2008 年开始，台湾有关机构以委托研究的方式，委托"台湾公共治理研究中心"（以下简称"中心"）进行关于台湾公共治理指标体系的研究，其中法治评价成为重要内容之一。[①]"台湾公共治理指标体系"研究团队在原有研究基础上充分借鉴了各大国际组织的现有体系，包括经济合作与发展组织（Organization for Economic Cooperation and Development，OECD）、联合国（United Nations，UN）、亚太经合组织（Asia-Pacific Economic Cooperation，APEC）与世界银行（World Bank，WB）等有关公共治理相关指标研究。具体包括："经济合作与发展组织"所提出的"公共治理与管理（Public Governance and Management）"项目，联合国公共行政与发展计划（UN Program in the Division for Public Administration and Development Management，DPADM），"世界银行公共部门治理组织（World Bank Public Sector and Governance Organization）"所公布政府治理及组织表现品质指标（Indicators of Governance & Institutional Quality）与全球治理指标（The Worldwide Governance Indicators，WGI），"透明国际（Transparency International，TI）"发表的贪腐指标（Corruption Perception Index，CPI）及全球贪腐报告（Global Corruption Report）和"自由之家"调查各国政治权利（political rights）以及公民自由度（civil liberties）现状等。[②]在对这些国际性指标体系进行深入研究后，台湾公共治理研究中心结合台湾自身治理以及

---

① 孟涛. 论法治评估的三种类型——法治评估的一个比较视角［J］. 法学家，2015（03）：16-31.

② 台湾"行政院研究发展考核委员会". 台湾公共治理指标年度报告［R］. 2011.

司法改革现状等现实情况，构建出适用于台湾地区的治理评价指标体系。以后的每年都把研究报告进行出版，作为让公众和社会各界了解台湾公共治理指数构建进度和内容的重要依据，这不仅为其他地区构建相关评价指标体系提供了借鉴，又有利于吸收外界的意见和建议，从而不断进行改进。

台湾公共治理指标体系包括 7 个一级指标，即："法治化程度""政府效能""政府回应力""透明化程度""防治贪腐""课责程度"及"公共参与程度"。7 个一级指标下又细化了 20 个二级指标。在组成每个二级指标的三级指标中都有主观评价与客观评价，分 0~10 个等级打分，共 121 个三级指标。客观指标取自本地区政经统计及国际组织统计资料；主观指标则参考已完成的国外研究报告、自行设计的题目以及专家访谈问卷。专家由学者、政府官员、产业界高管、非政府组织人士及媒体人士组成。可以说，台湾公共治理指数体系也由主客观相结合的方式进行评价，但从组织方式上来看，属于政府"委托第三方"的模式；从内容上看，虽然名称为"公共治理指标体系"，但其实质内容大部分都与"法治政府"有关，目的是为了加强法治政府的建设，提高民众对政府的信任度和施政满意度。

（二）我国香港地区的"法治指数"

任何国家或地区在法治化进程开始之前，必须先要设立法律，进而确立法律的至高无上地位。香港被殖民之前一直接受着中国传统法律思想的熏陶，传统法律文化和道德准则已经深深植入社会民众的思想之中。英国人殖民香港之时为导入西方固有的法律思想，采取了"以华治华"的怀柔政策，并以"安民告示"的形式让当地华人周知。"安民告示"相当于当时香港具有宪法意义的法律文件。1843 年，香港法庭设立，随后改组原司法机构，公布高等法院条例，确立高等法院才是唯一具有法律效力的纠纷解决机关，并规定港督不得干涉司法。同时作为司法制度的重要组成部分，律师制度、对抗制庭审制度、陪审团制度也被引进。司法独立标志着法律至高无上地位开始确立。自此香港地区正式设立起不同于中国传统体制的司法分立体系，行政不再兼理司法，依法行政得到进一步强化。另一方面，香港社会还引入了英国非常成熟的法律文化，加大了对法律人才的培养，同时采取有力措施保证香港法治的公正和权威。

为了更好反映香港法治水平，香港社会服务联会设立了香港法治指数①，见表4-1。评价内容主要包括以下七个方面：第一，法律的基本要求。法律规定人人平等；法律应当为人人所知，公众可以参与讨论法律的修改、存废；法律不应朝令夕改；稳定的法律有助于消除人们产生的法律危机感，保证人们能长时间以法律来计划其生活；法律应清晰明确，避免误解；法律的制定应当切合实际；不可赋予任意的权力；法律应当确保政府权力的有限性，政府应当做到"法无允许即禁止"。第二，依法行政。政府行使权力必须在法律规定的范围内；政府官员要按照法律规定的内容和方式行使权力；任何人都没有超越法律的特权，政府官员也不例外。第三，不许有任意权力。政府官员并没有任意的权力；政府内部工作人员不能用公共权力为个人谋取私利。第四，法律面前人人平等。即在法律面前，人们不应因为其语言、性别、种族、肤色、宗教信仰、政治或其他信念、国家或社会背景、身份地位或其他情况的不同而得到不同的对待；当人们的合法权益受到侵犯时，都可以通过法律维护自己的正当权益。第五，公正地施行法律。主要体现为依法行政和司法独立两个方面，保证依法行政必须要设立相关机构对政府进行监督，保障一般法院对行政诉讼的审判权；司法独立要求在法官的任免、工作条件以及任职保障和薪酬等方面给予充分保障，保证法官不受干扰地做出公正合理的裁决，同时也要保证法官不受行政部门的威胁利诱，立法机关也不能干预司法机关的工作。第六，司法公义人人可及。首先，保证法院的门槛能够为大多数公众所触及，法院的诉讼费用应当设立在普通民众可以接受的范围内；其次，增加法律专业人员数量，以便于民众在遇到法律问题时能够得到及时的咨询和解决。第七，程序公义。审判必须保证司法程序公正，秉持无罪推定原则，获取证据的方式和途径需合法，法官平等对待所有公民；除非涉及国家安全隐私或者考虑到未成年人在场等特殊情况下，都应当公开审讯和公开宣判。

---

① 金善达. 法治指数评估的制度建设路径研究——基于系统论的分析视角 [J].
上海政法学院学报（法治论丛），2014（05）：5-13.

表4-1 我国香港法治指数的主要内容

一级指标	二级指标
1. 法律的基本要求	一般性，稳定，公布，确定，没有追溯力，不可要求不可能的作为，不可赋予任意的权力，与一般社会价值相符
2. 依法的政府	政府的权力都要由法律所规限。政府官员只可行使宪法或一般法律所赋予的权力，并依据其所规定的方式来行使。政府官员本身亦受法律所规管，并不享有豁免于法律责任的特权
3. 不许有任意权力	政府官员不应享有任意的权力。执法人员、其他政府官员和政府任命的官员都不能利用法律赋予的酌情权力来滥用法律
4. 法律面前人人平等	对所有人来说，法律应是一样的。人们不应因他人种族、肤色、性别、语言、宗教、政治或其他信念、国家或社会背景、身份地位或其他情况的不同而得到不同的对待。每一个人都可在平等及不受歧视的条件下及于司法公义，以保障他的权益并取得补偿
5. 公正地施行法律	政府的行为与公布的法律相符，司法独立
6. 司法公义人人可及	法院人人可及，独立的法律专业人员，投诉政府决议或行为的程序
7. 程序公义	假定无罪，自然公义的原则：公平的聆讯及不偏私的仲裁者，基本的证据法则以达公义，公平的审讯

　　香港法治指数可以说采用了较为新颖的评价理念，该指数遵循价值性的进路，七项评价维度主要基于美国著名法学家富勒对法治标准的定义。[①]该指数以质化和量化相混合的方法确定香港地区法治水平。评价主体为随机选择的政府官员、执法官员、法官、立法会议员以及法律专业人士等行业内专家，他们均为不同领域推动法治实现的人士。香港法治指数体现了这样一种评价理念：法治评价由内行人士做出，其评价准确性较高，同时也可邀请外来专家检验，作为测试内行人士评估准确性的参考。此外，香港社会服务联会作为法治评价的组织主体，没有政府部门的背景，完全基于"独立第三方"的立场结合专业的学术理念开展法治评价，资金也是来源于社会捐赠，不需要对政府负责。香港法治指数的评价主体选择采用行业内专家的知识，进行评估的专家包括随机拣选的政府官员、执法官员、

---

① LON L FULLER. The Morality of Law [M]. London：Yale University Press，1964：46-94.

法官、立法会议员以及法律专业人士，他们都是在不同范畴直接参与整个法制运作的人士。一般认为，就法律的制定、执行、应用和裁判，如果由内行人士做出有关的评估，其准确性会较高。同时，邀请外来专家检验，作为测试内行人士评估准确性的参考。

三、我国内地法治政府评价经验

相较国际组织、西方法治政府以及我国港台地区，我国内地地方法治政府建设评价的先进经验对推动国内整体的法治政府评价来说更具有借鉴价值。而学界对于法治政府评价实证探索能从更专业的角度推动国内的发展态势，对法治政府评价建设大有裨益。同时，多方经验也表明采用公众参与的满意度测量方法是构建科学法治政府评价体系的重要内容，公众满意导向应作为法治政府绩效评价的最终标准。

（一）地方法治政府建设评价经验

广东省法治政府建设评价在我国处于领先地位，其评价指标以目标为考核导向，指标内容多以定性描述为主，指标体系庞杂，可操作性不足，在评价主体、考评方式和考评程序上具有先进性。江苏作为国内首个以省政府规章的形式依法规范行政考核的省份，在考核方式上采用扣分与加分机制相结合的新颖办法，充分调动了政府部门建设法治政府的积极性。而浙江省在评价主体的设计上敢于创新，批判吸收其他地方的评价经验，使得评价体系具备更高的针对性、操作性和实效性。

1. 广东省法治政府建设评价实践

广东省作为改革开放的前沿地，在经济快速发展的同时也非常注重法治政府建设，从而构建与经济发展相适应的政府依法行政环境。在推进法治政府建设方面，2013年，广东省根据国务院颁布关于法治政府建设的《全面推行依法行政实施纲要》《国务院关于加强法治政府建设的意见》以及2010年《国务院关于加强市县政府依法行政的决定》等相关文件和规定，结合广东省实际制定了适合本省的法治政府建设考评体系。

在评价指标体系设置上，广东省法治政府建设评价体系共设8项一级指标、40项二级指标、108项三级指标。法治政府建设评价主要由各级政府设立相应的考核领导小组对其管辖的政府部门及下级政府进行考核。考评主体每年会下发考评方案给被考评对象，说明考评的相关事宜，被考评对象对照考评方案，对本地区进行相应的自查总结，形成年度报告并连同年度依法行政工作情况统计表一并上报考评主体。考评主体审阅后对被考评对象的依法行政状况进行内部考核。之后通过网上测评、问卷调查等方式对被考评对象的依法行政状况进行社会评议。

为保证考核过程的民主性，且便于接受社会的监督，考评工作还邀请了人大代表、专家学者、政协委员、新闻媒体等一系列体制外的社会人士参加，并对考评的标准、过程和结果公开透明化，考评结果按照政府与部门分开、政府部门类别区分的原则，分为优秀、良好、一般三个等次，各类被考评对象如对考评结果有异议的可以申请复核，考评主体相应地予以及时答复。①

广东省法治政府建设评价指标体系较为完整，主要特点有：

一是目标考核导向。基于国务院《全面推行依法行政实施纲要》关于法治政府建设的目标和基本要求，广东省法治政府建设与评价还是以政府主导为主，依赖于目标管理手段的推进，因此从评价指标整体设计角度来看，目标考核导向较为明显，以便于"自上而下"考评工作的开展。一些评价指标则为被评价者设定了明确目标或努力方向，例如第83项指标"向社会公布投诉电话、通讯地址及电子邮箱，畅通举报投诉渠道，自觉接受社会公众的监督"，第97项指标"行政机关领导班子成员无严重违法违纪行为"和第100项指标"建立健全由行政首长直接挂帅的依法行政工作领导协调机制，加强对本地区、本部门依法行政工作的组织领导"。

二是过程控制为主。由于广东省法治政府建设评价指标内容多数以定性描述为主，未能量化、细化，因此更多体现在过程控制层面，如第7项指标"制定规范性文件经过政府常务会议或者部门领导班子会议集体讨论决定；重大或者关系人民群众切身利益的规范性文件草案，采取座谈会、听证会、论证会或者向社会公布草案等方式公开听取社会公众意见"，又如第103项指标"结合本地区、本部门实际，制定落实国务院关于全面推进依法行政工作部署的配套措施，做到依法行政工作五年有规划、年度有安排，确保各项任务落实"。这些指标虽然能够发挥较好的控制和引导功能，

---

① 宁冀. 法治政府建设评估制度研究 [D]. 桂林：广西师范大学，2016.

但对于法治政府建设的实际效果难以做出较好评判。

三是指标体系庞杂。广东省法治政府建设评价指标虽然比较全面地体现了法治政府建设目标和基本要求，但108个三级指标还是过于庞杂，不够简洁，不仅导致后期考评的复杂性和评价成本增加，而且也使评价信息处理难度加大。具体表现为评价指标文字陈述过于冗长，让人难以高效准确识别关键评价要点，如第76项三级指标"依法向本级人大及其常委会报告工作，自觉接受权力机关的监督，积极配合人大及其常委会的询问、质询和执法检查"。评价指标之间内在联系还未充分挖掘和梳理，如有关"制度建设"相关指标反复出现，未能用更简洁的评价指标获取尽可能多的评价信息。

四是可操作性不足。评价指标应具有可操作性，即评价数据能够有效、准确和便捷地获取，但由于广东省法治政府建设评价指标以定性描述为主，主观评判性较大，难以衡量，导致可操作性不足。如第68项指标"落实行政复议、行政应诉案件统计分析报告制度；社会影响较大的重大疑难案件，及时报告上一级行政机关"，但实际上所谓"社会影响较大的重大疑难案件"难以界定，主观评判性较大；又如第100项指标"建立健全由行政首长直接挂帅的依法行政工作领导协调机制，加强对本地区、本部门依法行政工作的组织领导"则存在难以衡量的问题，进而影响评价数据的有效性和准确性，很容易导致评价空泛化和形式化。

总体来看，在评价主体、考评方式和考评程序上，广东省采用行政系统内部考核与社会公众评议相结合的方式，既有上级部门对下级部门的考核，也有被考评对象自查的主观评价考核方式；既有书面审查的方式，也有实地考察的方式；既有定性评价，也有定量考核，通过采用多样化全面性的考评方法来确保考评结果相对的客观性和科学性。但广东省在考评等次的设置和考核结果上并没有较大的差异，评定容易产生"差不多"的错觉，不利于鼓励先进和鞭策后进。

2. 江苏省法治政府建设评价实践

2008年，江苏省政府常务会议审议并通过了旨在进一步推进市县政府依法行政的《江苏省依法行政考核办法》，成为国内首个以省政府规章的形式规

法治政府绩效评价群众满意度研究

范依法行政考核。① 江苏省依法行政考核指标设计内容和指标权重见表4-2。

表4-2　江苏省依法行政考核指标设计内容和指标权重

类别	考核内容	权重	类别	考核内容	权重
省级行政机关依法行政考核内容与权重	提高领导干部依法行政的观念和认识方面情况	12分	设区的市人民政府依法行政考核内容与权重	提高领导干部依法行政的观念和认识方面情况	12分
	依法行政工作制度建设情况	14分		依法行政工作制度建设情况	18分
	行政审批制度改革情况	12分		行政审批制度改革情况	10分
	开展行政权力网上公开透明运行工作情况	8分		贯彻《政府信息公开条例》情况	8分
	规范行政执法情况	26分		规范性文件制定管理情况	3分
	行政监督情况	24分		规范行政执法情况	25分
	推进依法行政保障工作情况	4分		行政监督情况	16分
				推进依法行政工作的组织、保障情况	8分

在评价对象方面，江苏省将13个设区的市人民政府以及省政府具有行政执法职能的组成部门（省监察厅、省国家安全厅不列入）、部分直属机构和部门管理机构，共38个单位列为考核对象。在评价指标体系设计上，根据评价对象的不同设计了两套不同的评价指标体系，分别是江苏省省级行政机关依法行政考核内容与评分标准和江苏省设区的市人民政府依法行政考核内容与评分标准。具体评价对象见表4-3。

表4-3　江苏省省级行政机关依法考核对象

类别	单位
省政府组成部门（22个）	省发展和改革委员会、省经济和信息化委员会、省教育厅、省科学技术厅、省民族事务委员会、省公安厅、省民政厅、省司法厅、省财政厅、省人力资源和社会保障厅、省国土资源厅、省环境保护厅、省住房和城乡建设厅、省交通运输厅、省农业委员会、省水利厅、省商务厅、省文化厅、省卫生厅、省人口和计划生育委员会、省审计厅、省政府外事办公室

① 张浪.江苏政府法制建设的实践经验与推进对策［J］.淮阴师范学院学报（哲学社会科学版），2013（05）：597-602.

· 84 ·

类别	单位
省政府直属机构 （12个）	省地方税务局、省工商行政管理局、省质量技术监督局、省广播电影电视局、省新闻出版局、省体育局、省安全生产监督管理局、省统计局、省旅游局、省粮食局、省海洋与渔业局、省民防局
部门管理机构 （4个）	省物价局、省国防科学技术办公室、省知识产权局、省食品药品监督管理局
设区的市人民政府 （13个）	南京、苏州、宿迁、徐州、镇江、淮安、常州、无锡、扬州、南通、泰州、盐城、连云港

在考核方法上，江苏省采用了政府内部考核和群众外部评议相结合的方式，其中政府内部考核所占权重为80%、群众外部评议所占权重为20%。政府内部考核评价主体主要由当地政府根据考核指标体系进行自评，除此之外，部分由省依法行政领导小组办公室组织核查组到设区的市和省级行政机关开展重点考核。同时，江苏省还制定了相应的程序规则，从而确保考核过程的顺利开展并增强考核结果的客观性和权威性。江苏省在考核办法上采用扣分机制与加分机制相结合的办法，充分调动政府部门建设法治政府的积极性。此外，办法还规定了县级以上地方人民政府负责对所属部门和下级人民政府依法行政情况进行考核，并对省以下垂直管理部门、双重管理的部门同时进行考核，形成依托考核全面带动依法行政工作"条块结合""上下联动"的效果。

3. 浙江省法治政府建设评价实践

2013年，浙江省为推动各级政府、各部门加快法治政府建设进程，出台了《浙江省法治政府建设实施标准》，并明确由省全面推进依法行政工作领导小组办公室负责牵头，按年度组织开展法治政府建设考核评价的具体工作。在指标体系上，设定了8项主要评价指标和20多项子指标。其中每一项子指标又在一级指标的分值权重下进行分值再分配，其中具体分值＝权重×百分比。具体见表4-4和4-5。

表4-4 浙江省适用于市、县（市、区）政府的指标体系

主要指标	权重	指标主要构成	权重	数据来源
制度质量	15	同级人大对规章和规范性文件质量的评价	4	人大常委会法工委
		规范性文件合法性审查率	3	法制办
		规章和规范性文件纠错数	5	法制办
		规章和规范性文件备案率	3	法制办
行政行为规范	25	行政执法案卷评查规范率	5	法制办
		政府合同规范率	5	法制办
		行政复议案件纠错率	5	法制办
		行政诉讼案件败诉率	5	法院
		行政执法有效投诉率	5	监察部门
执行力	15	政府履行法定职责年度重点目标任务执行情况	6	相关职能部门
		行政审批效能评价情况	5	监察部门
		重点领域法定财政保障落实情况	4	财政部门
透明度	7	应当主动公开的政府信息及时公开率	3	政府信息公开办
		政府信息依申请公开及时答复率	2	政府信息公开办
		政府信息公开重点工作落实情况	2	政府信息公开办
公共参与	6	规章和规范性文件上网、登报等公开征求社会公众意见率	3	法制办
		重大决策事项法定听证数	3	政府办公厅（室）
矛盾纠纷化解	20	行政调解成功率	5	法制办
		行政复议案结事了率	5	法制办
		信访案件依法办理情况	5	信访局
		执行人民法院生效裁判情况	5	法院
公务员法律意识和素养	6	领导干部学法制度执行情况	2	司法行政部门
		法制机构履职能力情况	2	法制办
		公务员依法行政知识更新情况	2	人力社保部门、司法行政部门
廉洁从政	6	检察机关对当地贪污贿赂类案件查处数	3	检察院
		行政机关工作人员受到政纪处分情况	3	监察部门

表4-5　浙江省适用于政府各部门的指标体系

主要指标	权重	指标主要构成	权重	数据来源
制度质量	15	规范性文件合法性审查率	5	法制办
		规范性文件纠错数	5	法制办
		规范性文件备案率	5	法制办
行政行为规范	25	行政执法案卷评查规范率	5	法制办
		政府合同规范率	5	法制办
		行政复议案件纠错率	5	法制办
		行政诉讼案件败诉率	5	法院
		行政执法有效投诉率	5	监察部门
执行力	15	部门履行法定职责年度重点目标任务执行情况	6	政府督查室及有关部门
		行政审批效能评价情况	5	监察部门
		人大代表建议和政协委员提案办理情况	4	政府督查室
透明度	7	应当主动公开的政府信息及时公开率	3	政府信息公开办
		政府信息依申请公开及时答复率	2	政府信息公开办
		政府信息公开重点工作落实情况	2	政府信息公开办
公众参与	6	规范性文件上网、登报等公开征求社会公众意见情况	3	法制办
		重大决策事项公开征求社会公众意见率	3	各部门
矛盾纠纷化解	20	行政调解成功率	5	法制办
		行政复议案结事了率	5	法制办
		信访案件依法办理情况	5	信访局
		执行人民法院生效裁判情况	5	法院
公务员法律意识和素养	6	领导干部学法制度执行情况	2	司法行政部门
		法制机构履职能力情况	2	法制办
		公务员依法行政知识更新情况	2	人力社保部门、司法行政部门
廉洁从政	6	检察机关对当地贪污贿赂类案件查处数	3	检察院
		行政机关工作人员受到政纪处分情况	3	监察部门

　　浙江省在评价主体的选择上进行了一定的创新，在考察兄弟省市法治政府建设指标体系建设方面的探索实践后，总结归纳了两种模式：一种是政府内部考核评价模式，另一种是公众满意度测评指标模式。浙江省在综合衡量的基础上，除政府内部评价和社会满意度测评之外，还建立了专业

机构评估的评价机制，这三个维度的权重分别占总分的 50%、15% 和 35%。

浙江省在评价主体的设计上敢于创新，批判吸收其他地方的评价经验，从而使得该评价体系具有更高的针对性、操作性和实效性。三维度的评价模式在评价方法上兼具定性分析和定量设定，进而赋予不同权重，在注重过程的同时更加注重结果，使评价体系具有更高的科学性。① 该评价体系虽然由政府主导，但同时听取了社会公众的意见，引导社会公众参与，发扬了民主精神，经过多次会议的修改与打磨，评价体系的科学性得到了保证。

（二）学界有关法治政府评价实证探索

学界关于法治政府评价的实证研究以中国政法大学与浙江大学的评估探索最具代表性。前者以全国法治政府建设水平的整体情况为对象，着重强调评估指标体系的客观性，并对评估方式进行了创新；后者以区级、机关部门、镇乡（街道）以及村（社区）4 个层面为评价层级，采用多元混合主体评价模式，对余杭区法治政府情况进行全面的评估。

1. 中国政法大学的法治政府评估

中国政法大学在评估指标体系设计上主要借鉴国务院发布的关于法治政府建设的相关文件，这些文件不仅明确了我国法治政府的内涵和法治政府建设的具体路径，而且作为国务院推进法治政府建设的纲领性文件，是各地法治政府建设的指南和依据。中国政法大学通过对文件中的要点进行凝练和细化，设计出一套较为全面、客观、可操作的评估指标体系。

中国政法大学评估指标体系着重强调突出客观性，在考察问题设计上以客观性描述词语为主，诸如有无、是否、频率等。中国政法大学在确定指标权重的过程中，综合考虑各项指标实际作用的发挥以及数量与权重的反比关系，最终确立指标体系权重。具体而言，指标权重的确定受指标数量以及指标实际作用的影响。如果指标数量较多，那么权重也会普遍相应较小；如果指标数量较少，那么较高权重出现的概率便比较大，在政府行政过程中较多出现且重要性较高的问题则被赋予更高的权重。为了使评价结果具有可比性，采用平均分作为评价参照基准。同时，将公众满意度评价指标作为独立的一级指标，以便于充分反映公众意见。在评估对象选择

---

① 夏利阳. 法治政府的实践理性与评价体系建构 [J]. 浙江学刊，2013（06）：71-74.

方面，中国政法大学的评估作为针对全国法治政府建设水平的整体评价，必须保证所选评估对象具有一定的代表性，最终确定本项评估的 53 个城市作为评价对象，包括北京、长春、鞍山、抚顺、深圳、珠海、淄博等较具代表性城市。①

本项评估的评估主体由中国政法大学法治政府研究院的教师和研究生组成，并联合多地高校师生协作开展评估。评估方式主要包括：一方面收集整理各个城市法治政府评价所需的相关信息，另一方面采用问卷调查方法在各个城市开展公众法治政府建设满意度调查，从而征求公众意见。除了传统的评估方式外，中国政法大学还对评估方式进行了一定的创新，例如通过申请信息公开的方式获得评估所涉及的信息，组织研究生到评估城市开展实地调研，真正反映各市法治政府建设现状。

2. 浙江大学的余杭区法治政府评估

2006 年，中共浙江省委提出建设"法治浙江"的总体要求、基本原则和主要任务，以推动浙江省法治建设工作。在此背景下，成立了由浙江大学钱弘道教授为课题负责人的法治余杭评估体系课题组。在评估指标设计上，浙江大学课题组采用了"余杭法治指数"这个新名词来总体概括余杭的法治状况，使得评价结果更为清晰直观。在评估层次与对象的选择上，主要涉及了区级、机关部门、镇乡（街道）、村（社区）4 个评估层面的具体评价对象，并且设立 9 大项满意度调查指标。②

浙江大学课题组为了保证余杭区法治评估的全面性，设立较为复杂的评价指标体系，采用多元主体评价，客观上也达到上述目的，对其他地方法治政府评估具有重要借鉴意义。然而，在具体操作过程中，能否真正保证获得这些指标所需要的客观数据，以及数据的可靠性和有效性仍值得考量。同时，余杭区采用多元混合主体评价模式，力求评价更具客观性，并赋予不同主体相应的权重，但关于权重设置的依据并没有明确论证说明。

（三）法治政府评价中的公众满意度测量经验

国际经验表明采用公众参与的满意度测量方法是构建科学法治政府评

---

① 曹鎏，杜宏伟. 法治政府评估指标体系（笔谈）——地方政府立法和制度建设评估研究报告 [J]. 中国政法大学学报，2014（04）：5-15.
② 钱弘道. 余杭法治指数的实验 [J]. 中国司法，2008（09）：60-65.

价体系的重要内容。公众满意导向是法治政府绩效评价的最终标准，也是公民广泛参与法治政府建设的体现与保障，公众参与法治政府建设和评价有利于推动公众对政府工作的理解和支持，便于政府工作的开展，增强公众的主人翁意识，同时也是对政府工作宗旨和人民当家做主等一系列思想的印证。

在法治政府评价的满意度测量方面，广东省法治政府评价指标体系中7个一级指标维度都分别对应一项公众满意度指标，涉及政府及其部门依法行政的意识和能力、政府服务能力、行政决策科学性与民主性、制度建设与行政执法、政府信息公开工作和社会矛盾纠纷化解工作等满意度，进而形成主客观指标相互印证补充的关系。考核办法要求社会公众对各项一级指标维度的总体满意度应达80%以上，满意度采用满意率和基本满意率相结合的方法，具有较高的科学性。然而，由于依法行政各个维度评价依然过于庞杂，依据各个维度的整体感知做出一个科学合理的评价结果，这对于学历背景有着较大差异的普通社会公众来说确有难度。因此，广东省关于满意度评价指标在具体阐述上应当更加贴合公众的感知，这样更有助于提升调查结果的客观性和有效性。

从浙江省和江苏省的法治政府评价实践来看，两者均采用政府内部评价与社会满意度测评相结合的评价机制。其中，浙江省政府内部评价占总分的50%、社会公众评价占15%（另有专业机构评估占35%），公众满意度在三个维度的权重中最低。江苏省同样采用了政府内部考核（权重为80%）和群众外部评议（权重为20%）相结合的方式。两者共同的特点是传统的体制内评价占据了较大的比重，满意度测量与其相比显得略少，而且对于这一比重的设定原因，并没有科学的论证结果。

北京市在调研并总结了江苏省等地开展法治政府评价地方经验和不足的基础上，针对所发现的考核主体比较单一，以政府内部考核为主，缺乏社会公众的参与等问题，重新构建出依法行政考核评价体系，也确立了政府内部考核和社会公众评价相结合的原则。事实证明这种改革创新是卓有成效的，社会公众评价在法治政府评价中起到了应有作用。

余杭区采用的多元混合主体评价方式，不仅在指标体系权重中体现出对公众满意度的重视，而且在具体指标设计上也体现公众参与的特点，比如权利救济、民主政治参与、安全感等指标与民众的感知具有很大的相关性。可以说，余杭区所采用的多元混合主体评价模式，并且由第三方评估来主导评价，相对于其他政府主导的评价体系具有明显的创新性。

综上所述，公众满意度测量在法治政府评价体系中已经逐渐开始得到应用和认可，这是法治政府评价体系框架逐渐趋向科学化的体现。建立科学的法治政府建设评价机制必须引入公众满意度，避免政府部门只对上级负责，而不对其服务对象公众负责，同时可以作为政府内部考核的必要补充，使得民意表达渠道更加多样和畅通。采用多元主体进行评价的时候必须明确评价重点还是要反映出公众对法治的满意度，然而目前国内法治政府评价满意度在评价体系中所占的比重仍旧比较小，还需要进一步提升满意度评价分量，使民意反应更加充分、及时，且有助于增强考核评价的客观性和针对性。① 此外，开展公众满意度评价要使民众关注和反映的问题或意见能切实对政府工作产生一定的影响，并通过合理评价机制转换为政府部门推动法治政府建设的压力和动力，使得公众满意度测量发挥作用，而不仅仅是形式上的"为了测量而测量"。

四、国内外法治政府评价特点及借鉴

法治政府作为法治国家的重要组成部分，是现代文明社会的重要标志。法治政府也是我国治理体系和治理能力现代化所追求的一种理想状态。法治政府评价的根本目的在于评估政府运行状态与理想法治政府要求之间的差距。目前，世界法治发达国家、国际组织的法治政府评价经验对于我国法治政府评价具有重要启发性，特别是世界银行、联合国和"世界正义工程"三个具有代表性的国际性评价体系在价值导向、评价方式和数据采集方面都具有一定的借鉴作用，同时我国台湾、香港地区的法治政府评价实践对于完善我国法治政府评价体系与机制也具有重要的借鉴作用。② 然而，我们也必须意识到由于政治制度和社会环境的迥然有别，国内法治政府评价兼具内部考评管理和推进法治政府建设的功能，诸如北京市、广东省、

---

① 陈磊．法治政府绩效满意度实证研究——基于 2014 年广西的抽样调查 [J]．学术论坛，2016（05）：115-121.

② 张朝霞．鄂粤两省法治政府建设指标体系比较研究及启示 [J]．桂海论丛，2013（06）：110-115.

江苏省等地实施依法行政考评俱是如此。总体来说，由于政治、社会各方面环境因素的差异，国内外法治政府评价的实践探索和理论研究虽处于起步阶段，但对于完善我国法治政府绩效评价的理论体系自洽性和实证逻辑的公信力具有重要启示。

（一）评价特点

从评价的特点上看，先进的国内外法治政府评价均存在评价内容遵从法治内在逻辑、评价推进以多元主体参与为主、评价体系依循制度性进路、数据来源多样化、通过强化公众评议提升评价公信力这五个方面的共性。

1. 评价内容遵从法治内在逻辑

纵观人类社会法治发展历程，不难发现法治具有其特定的内在逻辑体系。一般而言，法治评价内容应从形式正义和实质正义两个方面展开，法治形式正义主要体现为运用法律体系、制度规范和公共规则最大限度地保证国家治理在程序上的有序和公正，即"法治（rule of law）"，罗尔斯认为"当形式正义的观念和公共规则之常规的正义的执行应用于法律制度的时候，就成为法治"[①]。这种形式正义的法治包括"应当的行为意味着可做的行为""类似案件类似处理""法无明文规定不为罪""合理的审判程序和证据规则"等。[②] 同时，法治的内在价值追求与外在形式之间具有密切联系，因此实质正义也是法治评价的重要内容。法治的实质正义包含了自由、民主、人权、平等、理性、秩序、效率与合法性等诸多文明社会所倡导的基本价值，最根本的是追求公平正义的良法之治。法治的实质正义要求法治政府建设与评价不仅要合乎法治的形式正义，也要体现法治的实质正义。

从世界银行、联合国和"世界正义工程"的法治政府评价体系中均可以发现，作为提升全球政府法治水平，在国际上倡导和推动法治精神的载体，既有形式正义方面的法治要求，也有法治实质正义层面的客观需求。在全球法治评价视野下，这些国际组织评价体系不仅强调各国政府法治应具有明确性、一致性、可预期性等形式正义法治要求的特征，而且也关注法律规则在实践中是否得以普遍适用，纠纷是否可以通过法律渠道得到公

---

① 李阳春. 罗尔斯正义理论的制度伦理研究 [D]. 武汉：华中科技大学，2014.

② 余雅风. 教育立法必须以教育的公共性为价值基础 [J]. 北京师范大学学报（社会科学版），2005（01）：30-39.

平公正的有效解决，整个过程中法治实质正义所倡导的社会价值是否得以彰显。通过将香港法治指数与内地法治政府建设考评进行比较，则可以发现香港法治指数更侧重于实质正义，而内地法治政府建设考评则侧重于形式正义，甚至有些地方法治政府的评估内容过于形式化，基本缺乏实质正义的考量。当前我国依法治国必须"超越法治形式主义和法治工具主义，坚持形式法治与实质法治相统一，坚持法治价值与法治实践相结合"①。相应地，法治政府及法治政府评价应当遵守法治的内在逻辑，诸如依法行政、程序正当、不干预司法、尊重普遍认可法治价值观等都应该成为法治政府的评价内容。

2. 评价推进以多元主体参与为主

自从依法治国方略提出以来，中央不断完善"推进法治中国建设"的战略构想，党的十八届三中全会提出依法治国、依法执政和依法行政的治国理政原则，并确立了法治国家、法治政府和法治社会一体化的现代国家建设目标。在建设社会主义法治国家成为基本共识的前提下，推动依法行政和法治政府建设已经成为我国贯彻落实依法治国和推进法治国家的关键性环节。由于我国政体具有鲜明自上而下压力传导驱动的特征，这也决定了我国法治政府评价也必然走政府推动型的道路，诸如北京、广东、浙江、江苏等地为推进法治政府建设纷纷出台相应考核评价体系。事实上，我国法治政府评价推进以政府为主的做法也符合我国的情况。可以说，政府主导模式是一定时期内法治政府建设与评价实践需要的产物。②

然而，"世界正义工程"以及我国香港地区法治指数等法治政府评价都是由非政府组织设计和实施的，这促使我国地方政府以法治政府评价为契机开展制度创新。如前所述，我国地方法治政府评价目前存在体制内部考核、内部考核与民意调查相结合以及外部第三方独立评价三种模式。③从某种意义上来说，地方政府在推进法治政府建设的过程中存在竞争关系，这样难免在推进法治政府评估过程中出现"法治政绩工程"。这并非否定政府

---

① 李林. 习近平全面依法治国思想的理论逻辑与创新发展 [J]. 法学研究，2016 (02)：3-22.

② 钱弘道，戈含锋，王朝霞，等. 法治评估及其中国应用 [J]. 中国社会科学，2012 (04)：140-160.

③ 朱勤尚. 法治政府评价初论 [D]. 武汉：武汉理工大学，2008.

推进法治政府评价的重要作用，但单纯依靠政府推动不可能把法治政府贯彻到底，因为法治的核心是限制政府的权力。① 全面推进法治政府建设涉及立法、执法、司法、法治监督、法治保障、法学教育多个方面，需要将依法国、依法执政、依法行政共同推进。因此，在这个前提下充分调动各级政府、各级人大、司法机关、社会各界的主观能动性与积极性，特别是要通过公众满意度调查、专家评议和独立第三方评价等多种途径，推进多元主体共同参与法治政府评价，实现功能互补、统筹互动，这也是法治政府评价题中的应有之义。

3. 评价体系依循制度性进路

从评价进路上而言，我国法治政府评价不仅是学习西方法治评价经验的过程，也是在为包括西方国家在内的世界法治评价增添新内容的过程，甚至是为发展中国家法治文明探寻可行的新路径过程，因此法治政府建设与评价绝不能简单地照抄照搬西方法治发达国家的模式。我国法治政府评价只有根据法治的内涵和内在逻辑，构建出合理的法治政府评价指标体系才具有较高的效度，同时结合我国法治现状和评价目的创新评价模式，才能真正实现法治政府评价的科学性。目前，国内外关于法治政府评价的进路主要分为价值性进路和制度性进路。价值性进路的法治评价内容主要审视法治政府相关法律法规的内容以及政府实际行为是否践行了保护人权、公平正义、程序正当等法治价值，其能够综合考量影响法治政府的各种因素，可以对区域政府法治状况做出完整评价，并从区域特色、制度变迁与文化差异等方面发掘法治政府实现不足的主要原因，进而在解构已有法治环境不足的基础上，不断夯实本土法治政府土壤。制度性进路重点关注现实社会中已经确立法治政府建设目标以及保障法治政府运行过程各项法治制度或机制是否得到有效落实，因此评价指标主要来自国家或地区有关法治政府规划与设置的规范性文件，评价标准则是以国家或地区法治政府运行状况达到法治规划的基本要求为基准，进而对法治政府建设与发展实际状况做出衡量与评价，发现法治政府建设中存在的问题与不足，并为改善政府法治状况提供适用建议。

相较而言，制度性进路较之价值性进路更为聚焦在现阶段法治政府相

---

① 陈金钊. "法治思维和法治方式" 的意蕴 [J]. 法学论坛，2013（05）：5-14.

关制度的实施效果以及政府法治运行状态上，也符合当前中国法治政府建设的制度配置状况和法治政府评价目的。我国法治政府评价主要目的不是在于评判政府执政本身是否具有合法性或者法治程度高低，而是关注如何推进法治政府的建设，并可以提出具有针对性的完善法治政府建设对策。当前评价政府是否依法行事，加强对行政权力的控制是法治政府建设的关键环节，因此，制度性进路的法治政府评价体系更符合我国法治政府建设的需要。自 2004 年国务院发布《全面推进依法行政实施纲要》一系列文件以来，提出了适用于我国法治政府建设的制度化、体系化的目标，这个也成为我国法治政府评价的制度性基础，保证以制度性进路开展法治政府评价的现实可行性。较之价值性进路而言，体制性进路范围较窄，易于确定指标，利于从实证方法上确认制度性进路的可操作性及科学性。事实上，我国已经开展的法治政府建设评价大多数采取的都是制度性的路径，从最早开始的江苏省依法行政考核到广东省的法治政府建设评价指标体系，乃至于中国政法大学法治政府评估皆是如此。此外，结合中国法治政府建设动态发展过程来看，虽然制度性进路的法治政府评价在具体评价指标方面对于法治价值关注不够明显，但是随着我国法治政府建设的不断发展与完善，相关法治价值会逐渐融入制度性进路的评价活动中，最终制度性进路的法治政府评价也会对法治价值普遍关注。[①] 因此，在未来相当长时期内，我国法治政府建设评价依然采取制度性的进路，仍然是作为推动我国法治政府建设进程的现实路径。

4. 数据来源多样化

通常法治政府评价结果都是基于特定指标的测量数据所做出的判断分析，无论是客观指标或者主观指标都存在数据采集、处理、统计和分析的过程。这一过程必须要符合科学、客观和严谨的数理逻辑，才能保证基于这些数据所获得的评价结果的科学有效性和公信力。诸如世界银行共收集汇总了 30 个权威机构的数据来源，这些调查数据大多数都已是采集成熟的、有公信力的调查数据，涵盖了公民、企业家、相关领域专家的观点和经历，可以确保其能够较为充分地反映世界各国政府法治的总体水平。联合国的法治政府评价体系则是基于主观调查数据和客观采集数据的相互补

---

① 张德淼，李朝. 中国法治评估进路之选择 [J]. 法商研究，2014（04）：3-12.

充印证方式来确保基础数据来源质量，其中主观调查对象不局限于普通公众，还针对行业专家，客观数据则不仅包括国家机关、国际组织和公益组织公布的数据，还纳入通过文件查阅方式获取的反映一个国家或地区法治政府的信息。"世界正义工程"也非常重视数据的采集和处理过程，一方面，普通公众的民意测验由当地最佳民调公司采用一般人口调查方法（GPP），选择该国3个最大的城市，测评1 000个受访者（每个国家1 000个人，男女各占一半），专家问卷调查面向被评估国的各个法律部门专家展开。另一方面，"世界正义工程"还邀请欧盟联合研究中心的计量经济学和应用统计学部对数据进行标准化处理和敏感度分析，确保数据质量。台湾公共治理评价体系数据来源同样也具有多样性的特点，其中客观指标数据来源为台湾地区政治经济类统计数据及国际组织相关统计资料，主观指标则由官员、学界、企业、媒体和非政府组织等各界人士构成，确保专家问卷数据来源的多样性。同样，香港法治指数评价数据的调研对象也是由行业内人士、行业外专家以及普通公众等多个样本群体构成。目前，国内法治政府评价体系也日益重视数据来源多样化，地方政府主导相关评价已经逐步引入公众满意度和专家评议来克服仅从体制内部获取数据的不足，同时各类第三方组织也纷纷采用多种数据来源作为评价依据。从国际组织以及国内已有的评价体系来看，各类法治政府评价理念与思路可以有所不同，但不同的评价体系必须确保基础数据质量，这其中数据来源又成为关键所在。数据来源多样化已经成为重要趋势，这也成为确保基础数据真实性和有效性的重要手段。

5. 通过强化公众评议提升评价公信力

法治政府评价的实证逻辑需要探讨的一个关键性环节，即谁有资格评议政府法治状况，以及谁可以成为评价主体。理论上，在实证层面，法治政府评价存在评价权与评议权，评价权主要指谁有权力发起评价、组织实施评价、处理发布评价结果，乃至于运用评价结果；评议权则主要指谁有资格对法治政府做出主观评判，通常拥有评议权的主体应是利益相关者但又相对独立于政府组织，并且能够基于自己的主观认知做出客观判断。从世界银行、联合国、"世界正义工程"以及我国香港、台湾相关评价实践来看，行业人士、理论专家和公众都具有评议权。一般而言，业内人士或理论专家更加具备评判所需的系统专业知识和理性，对于依法行政是否得到有效落实、法治政府是否得以全面建构等问题能够做出综合的理论评判，更为重要的是这些人士由于利益相关更加关注当地法治政府建设进程，同时又能够相对独立做出评判，因此联合国法治政府评价通过相关专家调查产生的数据占指标总数的58%，世界银行法治政府评价大量的数据源来自代表商业评级机构、非政府组织、政府机构或跨国机构的相关专业人士或研究专家。

　　然而，法治政府实际运行状况根本上还是取决于公众感受，或者法治政府建设是否取得广泛的有效性，公众凭借切身经历和体验所形成的感性认识，往往才是最全面的注解。事实上，公众作为法治政府的最终感受者，完全有资格对法治政府的各项内容进行评议，如民主决策、政务公开、依法行政和办事效率等。特别是从法治政府绩效评价而言，强调公众满意度导向不仅是民主范畴的技术工具，涉及政府与公众的本质关系，旨在提升政府的公信力，体现法治政府固有的内涵。① 正因如此，世界银行、联合国、"世界正义工程"以及我国港台地区、内地政府均引入公众评议或公众满意度调查，作为法治政府评价不可或缺的环节。事实上，从国内外法治政府相关评价来看，公众评议已日益成为重要评议主体，并成为评价公信力的重要前提保证。我国法治政府的实现需要官民共同努力，现在各级政府已经吹响推进法治政府建设的集结号，每位公民也应积极投身法治政府建设与评价之中。

　　（二）经验借鉴

　　强化评价体系的统一性与特殊性、完善评价体系配套措施建设是我国从国内外法治政府评价实践中理应吸纳的先进经验。"前车之鉴，后事之师。"在构建适合我国国情的法治政府绩效评价体系中，要立足于法治的内在价值追求和实证逻辑，并有选择地、批判地汲取养分，真正实现"纳百家之长以厚己"。

　　1. 强化评价体系的统一性与特殊性

　　法治政府评价是法治政府建设的关键一环，是对整个行政机构的行政法治建设情况的客观反映，促使行政机关的行政行为与法治建设的应然状

---

　　① 郑方辉，尚虎平. 中国法治政府建设进程中的政府绩效评价［J］. 中国社会科学，2016（01）：117-139.

态尽可能契合，因此，在进行法治政府评价的过程中必然要考虑法治政府评价的统一性与特殊性。法治政府评价的统一性是基于法治政府评价的功能与对象所具有的要求。当前，我国法治政府评价不仅仅是作为对行政机关的法治化建设的客观反映，同时也承担起全国各地行政主体进行考评、监管的功能，是实现中央对地方、地方自主有效管理的重要手段。因此，法治政府评价必须要立足于各地区行政部门统一评价的需求进行构建，要求在评价的基本内容、评价体系的侧重点、评价标准的实施等大方向内容上具有一致性，才能够使得法治政府评价体系在全国范围内具有通用性与普适性。而目前我国各地所实施的法治政府评价体系具有自发性、地域性的特点，评价体系的侧重点、评价体系实施的操作模式等基本内容各异，使得当前的法治政府评价体系的统一性难以确立。尽管我国区域之间存在巨大差别，但中央的施政理念、政府治理目标、重大方针政策、管理体制等具有高度的同质性，这些为评估内容和标准结构的统一奠定了基础。无论是世界银行、联合国的评价体系，还是欧盟地区的评价体系，通用型的要求始终是其评价体系的重要价值追求，这不仅是基于评价目的所具有的共性而形成的，同时也是评价体系有效性的重要性体现。如欧盟地区的评价体系，尽管欧盟各地区经济、政治因素存在不同，但该评价体系能够有效且普遍适用于不同国家之间。因此，我国要构建起自身的法治政府评价体系，必须要注重统一性的建设。同时，法治政府评价必须注重特殊性的要求。统一性的要求并不意味着法治政府评价应当"一刀切"，"我国区域发展不平衡，各地在绩效管理的实践基础上存在较大差异，因此，构建统一的绩效评估内容和标准结构时应遵循'求同存异'的原则，选择那些具有基础性且普遍适用的内容和要素，形成一个能体现科学发展观和中央施政理念的基础性平台，同时给各地政府开发创新留有余地"①。如在联合国法治评价体系中，专家工作组会基于不同地区的不同侧重点，在评价实施过程中进行特殊考察，使得评价结果尽可能客观、公正。我国不同省市的发展水平、文化因素各异，使用同一指标体系并不科学，因此，构建法治政府评价体系必须要重视统一性与特殊性相结合，才能形成科学有效的法

---

① 孙迎春，周志忍. 欧盟通用绩效评估框架及其对我国的启示 [J]. 兰州大学学报（社会科学版），2008（01）：43.

治政府评价体系。

2. 完善评价体系配套措施建设

法治政府评价体系是一项系统性的工程，评价体系本身的科学性固然是评价开展的关键内容，但相应的配套措施同时影响着评价体系的成败。一项法治政府评价的开展，从评价体系构建开始，到评价体系实施，再到评价结果形成，每一个部分都需要相应的技术支持与配套设施，这些配套建设的实施往往在细节处影响着评价体系的科学性。如评价体系的构建与指标设计都需要各方专业人士的参与，需要不同领域专业知识进行技术性的支持；在评价实施的过程中，评价主体进行评价需要有专业的评价辅助人员进行引导，评价结果的数据收集与测算同样需要专业技术支持；评价结果的形成并不是算式进行的直接推倒，其结果是否客观、准确地反映当前的法治建设情况，同样需要专业人员进行评估、监测。由此可见，法治政府评价的运行需要相应的技术支持与配套措施加以推进，因此，完善当前的相应配套措施建设，是我国构建法治政府评价体系的重要内容。当前，我国法治政府评价体系尚处于起步阶段，在评价体系的构建、指标设置、评价开展等各方面的专业人员培训也处于起步阶段。在《2020 年度法治广州建设社会评议报告》《2019 年度清远市依法行政考评社会评议调查报告》等法治政府评价报告当中都指出"各区政府及其职能部门依法行政的水平有待提高"的共同性问题，这从侧面反映出当前开展的法治政府评价体系建设过程中，作为配套设施的专业人员建设方面存在一定短板。而在国际组织、我国港台地区的法治政府评价体系经验中，专业人士以及技术支持的资源投入往往是重要的组成部分，"世界正义工程"评价体系是经过与100 多个国家的 17 个专业领域的领导、专家、学者、普通工作人员的长期考察研讨进行构建的，因此，在进行我国的法治政府评价体系构建的过程中，必须重视相应配套措施的构建，形成各方面体现科学性的法治政府评价体系。

第五章

概念模型

公众满意度测量评价形成了较为完善的概念模型及指标体系。本章的讨论主要包括三方面内容：首先，从西方哲学、福利经济学对"满意"的理解出发，满意度包括主观满意度、心理满意度和社会满意度三个层面，相应地，其测量方式历经从量表到综合指标体系演进；其次，借鉴 SCSB、ACSI、ECSI 模型与国内政府整体绩效评价满意度模型，提炼出政府形象等6 个关键变量作为法治政府绩效公众满意度的结构因子，并对模型操作化与指标分层进行分析；最后，设计测量指标体系，涉及指标维度划分和权重确定，同时利用专家咨询调查数据检验指标的相关度、信度与效度等。

一、公众满意度测量技术演进

（一）西方哲学、福利经济学对"满意"的理解

哲学上对"满意"的理解最早可追溯到古希腊的"幸福"起源。苏格拉底认为人的幸福或满意是由智慧和知识所决定的，追求知识即完善美德与操行，从而增进对生活满意。柏拉图认为满意不过是"善"的概念，只有摆脱了现实的束缚，具有哲学思想和王者气质的人才最快乐。[①] 库兰尼学派的阿里斯底波将这一理解推到极致，认为"善行"本身即是生活满意的源泉。伊壁鸠鲁的阐述更为直接，他认为"幸福或满意是一种快乐的体验，人天生行为的终极目的便是获取快乐"，这便是所谓的"快乐主义幸福观"。[②] 与此相对，亚里士多德进一步将"幸福"或"满意"理解成人的潜

---

① 柏拉图. 理想国 [M]. 郭斌和，张竹明，译. 北京：商务印书馆，1986：137-142.

② 伊壁鸠鲁，卢克来修. 自然与快乐：伊壁鸠鲁的哲学 [M]. 包利民，等译. 北京：中国社会科学出版社，2004：272.

能的充分发挥与自身价值的最大实现，提出了"完善主义幸福论"。这成为近代满意度内涵解释的两大根源。[①]

18 世纪末，英国功利主义伦理学鼻祖边沁遵循"快乐主义的幸福观"，指出满意通过人们体验到的快乐与痛苦的情感权衡来反映，满意的价值是由强度、持续时间、切近程度等七个方面因素所决定的，并可以被测量。[②] 在边沁以前，满意被认为是一种状态、一种行为、一种情绪，等等，不一而足；但在其之后，满意进入以苦乐情绪通感了所有心境并可量化的阶段，产生与现代主观满意度体验相近的内涵；边沁的思想深刻影响了其后研究的发展，一些经济学家也逐步接受"量化满意"的观点，由此开辟了一个"满意测量"的新领域。[③] 边际效用价值学说的创立者杰文斯开始探索测量满意、快乐、痛苦等个人情感的基数尺度，指出物品能给人们带来快乐的性质便是物品的效用，并用劳动苦乐的均衡分析来度量人们的满意度。这是福利经济学"效用"概念的最早发源。[④]

进一步，福利经济学奠基人庇古认为：满意就是人们对享受或满足的心理反应，满意有社会满意和经济满意之分，而经济满意主要体现在商品对消费者的效用上。因此，效用作为一种微观的单位，可用来表示个人满意的增减，并在边际效用基数理论下更直接表现为商品价格。[⑤] 新福利经济学在序数论的基础上用社会福利函数来表示人们的满意最大化，但受到阿罗不可能定理的严厉挑战。这时，福利经济学俨然已把个体满意的度量转化为消费者效用。更多的研究者对此提出了质疑：一方面，福利经济学事实上是把关注点投向度量主观满足的"客观对应物"，如国民收入、经济资源配置和社会福利函数等方面，偏离了满意度的原始概念；另一方面，即便是微观经济学消费者行为学说，其所定义的效用也早已和边沁设想的主

① 亚里士多德. 尼各马可伦理学 [M]. 廖申白，译. 北京：商务印书馆，2003：42.

② 边沁. 道德与立法原理导论 [M]. 程立显，宇文利，译. 北京：商务印书馆，2000：58-67.

③ 德尼·古莱. 发展伦理学 [M]. 北京：社会科学文献出版社，2003：25-30.

④ 斯坦利·杰文斯. 政治经济学原理 [M]. 郭大力，译. 北京：商务印书馆，1997：35-55.

⑤ 庇古. 福利经济学（上、下卷）[M]. 朱泱，等译. 北京：商务印书馆，2006：9.

观体验个体满意相去甚远，前者不仅内涵过窄，局限于古典经济学的假设和理论框架下，就连带来满意、快乐或痛苦的其他非经济行为根源也一概忽略了。① 在某种程度上，阿玛蒂亚·森重新采用基数效用理论来分析社会福利，分析人类的普遍命运和幸福，这是对古典满意内涵的一种回归，但仍存在偏于宏观而"个体"关怀不足的问题。②

由上述分析不难发现：满意的内涵本身即是多元的，不仅有主观和客观的差别，还有个体和集体的层次之分。最新的幸福研究进展已更趋向于"个人满意体验"的关注。诚然，社会的总体幸福或满意并不等于个体满意。马克思在1848年《共产党宣言》中指出"每个人的自由发展是一切人自由发展的条件"。因此，在假设"满意度导向"比"GDP导向"更合理的前提下，究竟该以何种维度的"满意"作为人类发展和政府施政的评价标杆和最终追求，实现满意度取向的转变又需解决哪些问题，这都是值得探究的重要方向。

（二）现代满意度的内涵、测量及演化

现代满意度的提出与重解，实际上是对古希腊和边沁所定义"个人主观幸福"的回归，也是对已被纯经济学理论庸俗化的物质满意观的试图扶正。满意度的内涵界定与其测量密不可分。大致以1967年 Wanner Wilson 的《自称满意的相关因素》发表为分水岭，满意度进入量化研究的发展阶段，而此前更多只是对其简单的定性描述。20世纪对满意度的探讨主要集中在心理学与社会学领域。

首先在心理学层面，基于主观满意度取向，Andrew 和 Withey 认为可在结构上把其分为正向情感、负向情感和认知水平三个维度，也有学者认为应把正向情感和负向情感合并为"情感平衡度"，或把认知水平重新解释为生活满意度。③ Diener 认为满意度具有主观性、相对稳定性和整体性三个特

① 周天勇. 新发展经济学 [M]. 北京：经济科技出版社，2001：101.

② AMARTYA SEN. Choice, Welfare and Measurement [M]. Cambridge：Harvard University Press, 1997：276-314.

③ ANDREWS F M, S R WITHEY. Social Indicators of Well-Being [M]. New York：Plenum Press, 1976：164-171.

点，他提出了一种包含三个层次的主观满意度结构模型。[1] 这一阶段对满意度测量主要采用单项指标，通过量表实现，如 Andrew 和 Withey 所使用的是七级量表，此外还有梯形量表、山形量表、脸型量表和 Gurin 量表等多种形式。Compebell 等人在多项目测量方法上进行了探索，他们编制的满意度指数量表，包括具体情感指数（由 8 个情感项组成）和总体生活满意度两个部分，由两者加权得到最终结果；Bradbum 早期编制了一套测量人的积极与消极情感平衡的量表，共包含 10 个测量项目（各占一半），仍被广泛应用。[2] Diener 等人发展了一个包含 5 个题项的总体生活满意度量表，其适用性、信度与效度都被实践证明较好。[3]

在社会满意度方面，Keyes 以美国成年人调查为背景，提出了由社会认同、社会实现、社会贡献、社会和谐与社会整合五个维度构成的满意度操作化定义，并进一步具体为 15 个测量项目。这一定义充分强调个体在发展过程中所面临的各种挑战，即社会满意是个体努力发挥潜能和实现自我的过程。[4] Ronald Inglehart 领导的世界价值研究机构发布了迄今为止最具认同性的测量体系，该体系以个人为对象，把"总体生活满意度"多项指标作为"幸福度"单一问题的补充，综合取得"主观幸福（满意）指数"结果，这已被学界称为"Ronald Inglehart 范式"。[5] 采用不同的视角，社会学主要把满意度理解为生活质量的范畴，通过构建指标体系加以测量，体现对人的生活状态乃至整体命运的关怀。在这个意义上，它与阿玛蒂亚·森所代表的福利经济学新发展产生了某种关联，但不完全一致。社会学的生活质量有主观和客观之分。前者以反映人的生活态度或生活满意度为目的，并包含

① DIENER E. Subjective well-being ［J］. Psychological Bulletin, 1984, 95（3）: 542-575.

② NORMAN M BRADBURN, DAVID CAPLOVITZ. Reports on Happiness: A Pilot Study of Behavior Related to Mental Health ［M］. New York: Aldine Pub. Co., 1965: 66-78.

③ 邢占军. 主观幸福感测量研究综述 ［J］. 心理科学, 2002（03）: 336-338, 342.

④ KEYES C L M. Social well-being ［J］. Social Psychology Quarterly, 1998, 61（1）: 121-140.

⑤ INGLEHART R. Culture Shift in Advanced Industrial Society ［M］. Princeton, NJ: Princeton University Press, 1990: 22.

认知、情感、心理健康等多层次的内容，实际上与心理学的"主观幸福感"大同小异。较为纯粹的主观生活质量研究都在早期：1961 年 Neugarten 等人发表"生活满意度量表（LSI）"，通过生活热情、身心健康、目标实现程度和毅力等维度进行评价。[①] Cantril 编制的"自我标定量表（SAS）"要求人们按自己的标准对现在、过去及未来预期的生活满意度做出等级评价。而这些方法此后均被多层次、多项目的满意度评价指标体系所取代。

由此可见，现代满意度内涵其实是对古希腊"快乐主义"和"完善主义"两种幸福观的拓展，其中主观满意度更倾向于前者，心理满意度更倾向于后者，而社会满意度则表现为两者兼有。其关键的共同点是保持了幸福或满意的"主观"和"个体"属性，并坚持了满意度来源多样化，故从根本上区别于微观经济学和福利经济学的解释。

（三）满意度测量结果的分析与解释

满意度调查在全球范围内广泛进行，并取得许多有价值的结果。其中有代表性的包括：来自荷兰的 Veenhoven 等学者在 20 世纪末针对中国城市做了 3 次调查，结果发现，中国城市公民对生活总体满意度（10 分制）在 1990 年为 6.64，1995 年这一数字上升至 7.08，然而至 2001 年却出现陡然下滑，降至 6.60；与此同时，剑桥大学课题组在 2001 年启动了一项针对 2 万名以上欧洲人的持续性调查，基于评价结果他们发布了"欧洲社会调查报告"，指出生活在北欧的居民总体上比生活在南欧的人更幸福，其中以国家为单位，丹麦人最快乐，意大利人最忧郁；不仅如此，所谓"欧洲晴雨表"已成为跨国社会调查中的典范，以及连续进行 5 期的"世界价值调查"汇聚了世界多国的十分宝贵的经验数据，其中相关问题为满意度研究提供了大量素材。不管从什么角度看，这些测量结果至少提供了两点启发：第一，即使经济和物质生活水平的快速提升也未必保证公众满意度持续增加；第二，世界上经济最发达的国家和地区，其居民的生活幸福水平却不一定很高。

从某种角度看，目前关于满意度的研究向"个体性""主观性"层面测量转移似乎已成趋势。国内包括邢占军等在内的学者已从 2003 年左右起，编制了一套较为复杂的"中国民众主观幸福感量表"，他们针对全国 6

---

① NEUGARTEN B L, HAVIGHURST R J, TOBIN S. The Measurement of Life Satisfaction [J]. Journal of Gerontology, 1961, 16（1）：134-143.

个省会城市进行持续 8 年以上的追踪测量。芝加哥大学奚恺元教授在其 2006 年访问中国期间，调查了中国 10 座较大城市的居民生活幸福度。① 杨作毅以北京城为研究对象，具体分析了当地居民生活满意度的特点，他发现公众的自然和社会背景对其满意度评分存在显著影响，职业稳定、收入较好、文化程度高的人群满意度明显更高。② 华南理工大学的郑方辉教授及其团队基于"Ronald·Inglehart 经典范式"，所构建的幸福指数评价指标体系由"个人幸福感受" 1 项总体指标和 9 项具体指标组成，这套指标已在广东乃至全国范围内持续用于 6 年以上的实证测量，并通过实证结果的分析对系列重要的理论问题尝试解答。③

在此基础上，从不同的实证结果出发，许多学者采用各种方法对满意度的影响因素进行分析。Easterlin 作为美国当代幸福学研究泰斗，他首先检索了主观满意度与人们收入之间的关系，即提出所谓的"幸福悖论"，认为收入与满意度相关的正向关系并不明显。即便有些国家人民生活满意度随着收入水平的改善而提升，这也表现出"增量递减"的规律。④ Diener 和 Oishi 再从国别的角度来研究，他们指出当一国国民人均收入在 1.5 万美元以下，人们的生活满意度水平的确随收入递增的趋势明显；但人均收入超过 1.5 万美元以后，这种作用机制变得不再明显。⑤ 除此之外，失业和通货膨胀等宏观经济因素也对公众满意度有着重要影响。Nannestad 和 Paldam 的研究发现，人们似乎对失业和通货膨胀率比收入增长率更为关心，这无疑应当成为政府决策宏观经济调控的重要考虑。⑥ 另外，满意度的决定因素当

---

① 奚恺元.2005 年中国城市及生活幸福度调查报告 [R]. 中欧国际工商学院，2006：3.

② 杨作毅.北京居民幸福指数的调查与分析 [J]. 统计与决策，2008（05）：96-98.

③ 郑方辉，冯淇，卢扬帆. 基于幸福感与满意度的广东公众幸福指数实证研究 [J]. 广东行政学院学报，2012，24（02）：16-20.

④ EASTERLIN. Does Economic Growth Improve the Human Lot? [A]. // Paul A David, Melvin W Reder, et al. Nations and Households in Economic Growth：Essays in Honor of Moses Abramovitz. New York：Academic Press，1974.

⑤ Diener E, Tay L, Oishi S. Rising income and the subjective well-being of nations [J]. Journal of Personality and Social Psychology, 2013（104）：267-276.

⑥ NANNESTAD P, M PALDAM. The VP-function：a Survey of the Literature on Vote and Popularity Functions after 25 Years [J]. Public Choice, 1994, 79（1）：213-245.

中还包括人口统计变量如年龄、性别、教育、职业等，以及个人与家庭所处的社会特征，如环境污染、政治民主、社会参与和婚姻家庭关系等。进一步尝试对这些因素进行归纳，Easterlin 提出一种"相对收入假说"的解释可能，他认为由于个性和性情等作用，个人在整个生命周期的满意度将趋向一种稳定状态，也就是说，收入等生活条件变化也只能对满意度产生相对微小的影响。① Kahneman 指出人的满意度或幸福水平事实上存在着一条由期望及其实现程度共同决定的明显"分界线"，界限以上遵循"享乐适应"原理，而一旦降至满意之下，除非前述条件得以恢复，否则个人很难适应地产生满意。② 随后，Bruni 和 Porta 又提出：这种满意与否的"分界线"也很可能是基于一种"社会比较"的机制所决定。③ 另外，满意度的解释开始与经济思想日渐结合，Frank 探讨了建立在享乐适应和社会比较基础上的满意度追求对人们消费领域的影响，如汽车、房子等"炫耀性消费品"相比于健康、文化艺术等"隐性消费品"显然更为人们所偏好。这一倾向的强化及为政府所吸收，则很可能是造成"经济高速发展却不能带来生活满意提升"的主要原因。④

综上所述，公众满意度的研究涉及哲学、心理学、社会学、经济学等多个领域。随着定量技术方法的深化运用，其在测量方法、实证结果、影响因素和生成机理分析等方面都已有所建树。但是这些研究至少还存在两个方面的问题：第一，学者们要么是在概念内涵的层面对公众满意度究竟是什么做出探讨，显得过于抽象，要么则沉入实证测量范畴进行相应的技术体系（如量表）建构，显得过于具体，而这两者之间的过渡，即如何将满意度抽象到具体的操作化过程（如通过概念模型将其内在变量结构化），似乎仍未太多涉及；第二，上述研究所针对的基本是总体意义的生活满意

① EASTERLIN R. Explaining Happiness [A]. Proceedings of the National Academy of Science, 2003, 100 (19): 11176-11183.

② D Kahneman, A B Krueger, D A Schkade, N Schwarz, A A Stone. A Survey Method for Characterizing Daily Life Experience: The Day Reconstruction Method [J]. Science, 2004 (306): 1776-1780.

③ BRUNI L, P L PORTA. Economics and Happiness: Framing the Analysis [M]. New York: Oxford University Press, 2005: 18-35.

④ FRANK R H. The Demand for Unobservable and Other Nonpositional Goods [J]. American Economic Review, 1985, 75 (1): 101-116.

度，与生活质量或幸福水平相对，然而满意度的范畴极为丰富，诸如对构成这一总体满意度的各个具体领域（收入、工作、家庭、社交、政府和环境等）满意度，究竟如何测量及解释，是否存在典型差异（特别是针对法治政府建设绩效公众满意度等具体范畴）是本书要研究的重要内容。

二、公众满意度测量的概念模型与变量关系

所谓模型，在理论上它指的是主体为了某种特定的认识目的，依据相关性或相似性等原则所创造的一种系统，它用来代表或表示被研究的对象，从而实现对被研究对象的本质的抽象化描述，其目的则是使研究问题变得相对简化。一般而言，模型由变量及其变量之间的关系组成。[①] 在针对满意度内涵及其有关结构变量的分析中，源自市场营销学的顾客满意度，世界上许多国家都开发了相关的测评模型和方法，如瑞典的 SCSB 模型、美国的 ACSI 模型、欧洲的 ECSI 模型、德国的 DK 模型及韩国的 KCSI 模型等。在此我们选择前三者作为典型参照，并进行比较和梳理，作为法治政府绩效公众满意度模型构建的重要基础。

（一）SCSB 模型

瑞典顾客满意度指数（swedish customer satisfaction barometer，简称 SCSB）是世界上第一个论证成熟并在全国范围开展应用实践的建构，其研究具有开拓性和代表性。基于本书"导论"介绍，如图5-1 所示，SCSB 模型包括 5 个结构变量和 6 组相互关系。

图5-1　瑞典 SCSB 模型结构

---

① 大卫·哈维. 地理学的解释 [M]. 高泳源，等译. 北京：商务印书馆，1996：171-172.

5 个结构变量分别是：顾客预期质量和感知质量作为前置变量，顾客满意度作为核心变量，顾客抱怨和顾客忠诚则构成后置变量。其基本含义与关系形态：顾客预期质量是指顾客在购买某一产品或接受一项服务之前对其质量的主观意愿或期望值的看法。一般来说，与其他产品或服务相比，如果顾客对该项产品或服务的预期越高，则相对来讲他在接受产品或服务后的满意度也可能越高，对感知质量也有与此相似的正向关系；感知质量则是指顾客相对于特定一种消费品的价格，所能感受得到的这种产品服务的质量水平；顾客满意无疑就是我们所要测评的目标变量，基于一种确定的逻辑，顾客满意度提高将带来顾客抱怨的减少，从而实现顾客忠诚度提升；顾客抱怨是顾客表达不满的行为方式，包括退出和投诉；顾客忠诚则相反，是其正向结果，表示顾客愿意从特定的产品或服务供应商处再次购买。特别地，当顾客抱怨与顾客忠诚呈正相关关系时，则说明相应的产品或服务提供者能够较为成功地实现对抱怨顾客向忠诚顾客的转变；反之，则反。①

从模型的初始设定看，它无疑是针对商业领域的顾客满意度测量来建构的。但源自公共选择学派和新公共管理学理论，政府或公共部门职能履行亦遵循一定的市场规律。当我们把政府视为公共产品或服务的生产者时，公众即成为接受（购买）这些服务的顾客，他们自然也会有针对政府产品及服务的预期和感知质量，借此产生满意度。只是有所区别的，当公众对政府满意度表现为正向或负向，将以其信任、遵守与疏离、反抗等作为情绪乃至行为应对；而当这种负面情绪累积到足够程度，将会带来政治的不稳定。

（二）ACSI 模型

美国顾客满意度模型（american customer satisfaction index，简称 ACSI）是由美国密西根大学商学院的费耐尔（Fornell）教授于 1994 年提出的，它根据顾客对美国本土购买、由美国国内企业提供或在美国市场上占有相当份额的国外企业提供的产品和服务质量的评价，通过建立模型计算而获得一个指数。其模型构架如图5-2 所示。

---

① 郑方辉，张文方，李文彬. 中国地方政府整体绩效评价：理论方法与"广东试验"[M]. 北京：中国经济出版社，2008：238.

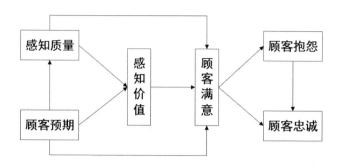

图5-2　美国 ACSI 模型结构

与前者相似，这一模型包括 6 个结构变量。其中：顾客期望、顾客对质量的感知和顾客对价值的感知是顾客满意度的原因变量；顾客抱怨和顾客忠诚是顾客满意度的结果变量。6 个结构变量中的每一个又包含一个或多个观测变量，观测变量的数据一般通过实际调查而获得。由此产生整个模型作为一个有机的逻辑体，可借助计量经济学的有关方法将其转换成数学模型，然后将调查到的有关观测数据输入该数学模型，就能测出顾客的满意度。但是，较之于瑞典的 SCSB 模型，它增加了一个关键的变量，即顾客对价值的感知，由箭头表示的相互关系可知，它作为顾客预期质量和感知质量的结果变量，即顾客在同时考虑价格和感知质量之后对产品或服务的评价。当然，预期质量和感知质量既可以直接生成或作用于顾客满意度，也可以通过感知价值作用于满意度，感知价值对顾客满意度则有直接影响。应该说，法治政府建设绩效当中，无论投入、过程和产出都有相当部分无法简单对应于公众预期或感知质量，而是两者杂合，其对满意度影响具有复杂性。这一模型实际上更贴近法治政府绩效公众满意度测量的要求，亦是我们选择将其重点介绍的理由。

（三）ECSI 模型

欧洲顾客满意度指数模型（european customer satisfaction index，简称 ECSI）在瑞典和美国模型的基础上又有了新的发展，它是由 7 个结构变量、20 个显变量和 11 个关系构成，如图5-3 所示。在结构变量中，（企业）形象、顾客期望、感知到的产品质量（硬件）、感知到的服务质量（软件）和感知价值是顾客满意度的原因变量；顾客忠诚是顾客满意度的结果变量。与 ACSI 模型相比，ECSI 模型增加了企业形象，并将感知质量具体划分成硬件和软件两个方面，使模型更加完善，同时要求也更高。

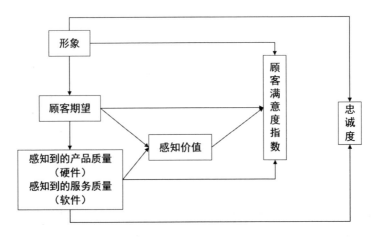

图5-3　欧洲 ECSI 模型结构

我们以为，这一优化对顾客满意度导入成为公共部门绩效评价的内容，特别是给诸如法治政府等特定领域绩效满意度评价带来了重要启发。其一，对公共部门而言，其为顾客（社会公众）提供的基本不是有形产品，而是软件的公共服务；其二，公共部门或（法治）政府十分注重其社会形象，或说公众对政府形象的感知是其满意度评价的关键因子。该模型实际上提供了（法治）政府绩效满意度评价指标设计的框架结构。

（四）简要评析

总的来看，上述三种模型既有优点也有缺陷。第一，模型结构设计比较简单，有助于增强其实践的可操作性。观察美国的 ACSI 模型，之所以美国能将其应用于分行业的季度性调查，并且每年都快速地做出完整的行业满意度指数报告，应该说 ACSI 模型的简约设计构成了其中一个十分重要的因素。因为这个模型的变量选择和关系构造，不仅充分考虑了调查者人力、物力、财力等方面的条件有限，而且在理论性和实践要求之间进行了科学权衡。ACSI 模型在美国相关领域的实践已有 10 年以上应用历史，应该说，它对于美国公共服务水平的提高起到了很大的促进作用。第二，模型对满意度的定义和诠释以及相关标识性变量的选取也相对合理。现有模型几乎统一都为顾客满意选择了整体性评价、和顾客期望值之间的差异以及和理想点比较的差距 3 个观测指标，可谓既坚持了以期望值作为评价基准的满意度原始架构，又采纳了学术界和实践界提出的不同意见，这使得满意度测量数据基本能为各方所信服。第三，模型背后可供选用的统计方法很适合实证研究的需要。基本上，这些模型属于一种结构方程模型（Structural Equation

Modeling，简称为 SEM），作为目前各国非常通用的线性统计建模技术，结构方程模型广泛应用于心理学、经济学、社会学等社会学科的研究。

当然，必须指出的是，这三种模型在实际适用的条件上也是有较大差别的。首先，SCSB 模型由五个变量构成，但是企业形象是形成满意度的一个极为重要的变量，却没能包含在 SCSB 模型中；其次，ACSI 模型可以说是在 SCSB 模型之上，增加了顾客对价值的感知变量，这就使评价从一开始就建立在明确价值判断的基础上，然而顾客对价值的感知在实证研究条件下往往不容易量化，又没有企业形象的测量作为基点；最后，ECSI 相对来说应该是比较完善的测评模型，既包括企业形象，又包括感知价值，除了感知价值难以量化之外，模型需要区分的变量较多与结构复杂也在一定程度增加了研究成本。总的来说，虽然三种模型表现形式和适用条件不同，但其基本理念却是一致的，即将商业利润构建于追求更好的顾客满意度之上。也正因如此，它们都直接对应于私人领域的顾客满意度测量，要将其借鉴或沿用到公共领域的政府绩效满意度，还需进行必要的调整。

（五）国内政府整体绩效满意度模型探讨

自 20 世纪末开始，学者逐步将西方代表性的顾客满意度模型引入我国，并用于公共部门绩效评价。其中与本书研究最直接相关的，是华南理工大学课题组在 2007 年启动针对广东省市、县两级政府整体绩效评价，它将公众满意度作为一个重要的评价维度。持续 10 年的评价实践证明，该方案（包括满意度模型）适合中国国情的建构，亦为政府整体绩效内涵下的法治政府建设绩效特定领域绩效评价提供了代表性、权威性的范例。

从技术层面看，政府整体绩效评价研究基于第三方立场，体现结果导向与公众满意导向，强调政府管治及服务结果，旨在引导政府职能转变；同时立足增量，兼顾存量，以促进经济发展等五个领域层为纲，并遵循"设计指标结构—分解领域层内涵—搜寻具体指标—专家咨询论证—确定权重系数"的步骤，构建指标体系（结构）如图5-4所示。这一体系在 5 个领域层导向下，覆盖了超过 30 个内涵层，最终确定 50 个具体指标，其中经济发展 9 个、社会公正 10 个、保护环境 6 个、政府成本 5 个和公众满意 10 个。①

理论上，政府整体绩效评价导入满意度调查不仅是体现党和政府执政为民理念和现代民主政治的要求，更重要的是从技术层面上使评价指标体

① 郑方辉，张文方，李文彬．中国地方政府整体绩效评价：理论方法与"广东试验"［M］．北京：中国经济出版社，2008：238.

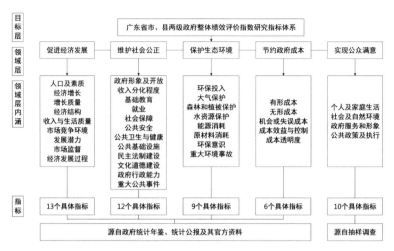

图5-4 政府整体绩效评价指标结构

系变得操作可行，因为在统计数据普遍缺失或失真、获取代价不菲的现实条件下，没有什么数据源比公众自身更了解自己需要什么样的政府服务，以及对这些服务的感觉如何。由此，公众对政府绩效满意度调查是政府绩效评价的重要内容，评价结果构成政府整体绩效指数的一部分。

但在逻辑上，体现满意度导向的政府整体绩效评价的两种方案，一是将公众满意调查置于经济发展、社会公正、保护环境、政府成本四个领域层的具体指标之中，每一个指标的评价结果均由客观得分和主观得分所构成；二是将公众满意指标领域层与经济发展、社会公正、保护环境、政府成本平行作为第五个领域层，相对而言，后者简单方便，较为符合目前的操作条件，并部分实现了公众主观评价与客观事实评价的主客观统一。如果采用前者方案，进一步将公众满意度评价置于前述四个领域层的具体指标之中，每一个具体指标均由公众再做主观评价，评价模型将变得相对复杂，特别是满意度调查的问卷量将加大，实施操作变得困难。同时，普通公众对每一个具体指标很难有独立的判断，调查结果失真度提高。在后一种方案中，最大的问题在于如何实现满意度指标与其他四个领域层具体指标的评价的吻合度与一致性。

表5-1 政府整体绩效满意度评价模型及其操作化

第一层级	第二层级	第三层级	第四层级
政府形象	整体形象	—	—
	特征形象	—	—

续表

第一层级	第二层级	第三层级	第四层级
公众期望	隐性感知期望	服务期望	服务态度、服务效率、服务能力
	显性感知期望	社会发展期望、居民生活期望	社会治安、工作机会、医疗保障、个人及家庭收入
公众感知质量	隐性感知质量	服务质量	服务态度/服务效率、服务能力
	显性感知质量	社会发展质量、居民生活质量	社会治安、工作机会、医疗保障、个人及家庭收入
公众满意度	总体满意度	—	—
	比较满意度	感知与期望的比较	
公众抱怨	投诉与不满	社会舆论、上访或信访	—

　　公众对政府的满意度评价涉及政府形象、公众期望、公众感知质量、公众满意、公众抱怨五个方面，每一个方面又可衍生更具体的评价内容，见表5-1。其中二、三层级主要是对应第一层级依次展开，而上一层级则是通过下一层测评结果反映出来的，形成层层递进的关系。第四层级指标由前面的三个层级衍生出来，形成公众满意度测评中直接面对公众的指标，和公众满意度测评问卷中的问题相对应。依据总体设计，实现公众满意作为政府整体绩效评价的五个领域层之一，占20%权重，包含10项指标。表5-2为以2007年初始方案为例的各项具体指标权重。[①]

表5-2　政府整体绩效公众满意度评价指标体系

	具体指标	标识	权重（%）	测量分级
实现公众满意度领域层（20%）	B_1对个人（家庭）收入满意度	X_{44}	2.0	10分制
	B_2对工作就业满意度	X_{45}	2.0	10分制
	B_3对社会治安满意度	X_{46}	2.0	10分制
	B_4对社会（医疗）保障满意度	X_{47}	2.0	10分制
	B_5对自然环境满意度	X_{48}	2.0	10分制
	B_6对政策稳定性满意度	X_{49}	2.0	10分制
	B_7对政府部门服务态度满意度	X_{50}	2.0	10分制
	B_8对政府部门服务效率满意度	X_{51}	2.0	10分制
	B_9对政府人员廉洁满意度	X_{52}	2.0	10分制
	B_{10}对执法公正性满意度	X_{53}	2.0	10分制

---

　　① 郑方辉，王珺．地方政府整体绩效评价中的公众满意度研究——以2007年广东21个地级以上市为例［J］．广东社会科学，2008（01）：44-50.

三、法治政府绩效公众满意度测量模型构建

(一) 评价需求与定位

理论上讲，法治政府应是作为一种政府运行模式的理想状态，即按照法治的原则和逻辑规范政府的运作。它所提倡的要求，包括政府的一切权力来源、政府运行和运作的行为机理都严格受到法律的规制和制约。具体而言：一是政府各级各类机构的设立和运作，必须有相应的国家法律法规作为依据，政府行为严格受法律控制，即政府相关部门的立法、司法和行政活动乃至政府整体或个体执法行为都必须确保合法化、合理化以及规范化；二是用来规范政府设立和运行的法律法规体系，应当是体现广大人民群众意志、意愿以及民主、平等、公平、正义等普遍性价值理念要求的"良法"；三是政府从其行为目标上看，必须凸显控制权力和保障权利相统一、行政救济和司法保障相结合的价值取向。有数据表明，我国80%以上的法律、90%左右的地方性法规和全部行政法规都是由行政机关来组织实施的；也就是说，如果行政机关不能依法行政，国家主要部分的公共事务就不能依法管理，依法治国就失去了最主要的内容。依法行政构成依法治国的核心环节。

法治政府绩效公众满意度测量模型构建是本书所要探讨的关键问题，作为其后实证结果获得与分析的前提，亦决定了本书在学术意义上的科学性。在理论层面，按照我们的理解，法治政府绩效评价作为政府整体绩效评价的组成部分，是基于整体绩效评价的理念导向和技术方法，对政府法治方面职能履行即建设法治政府的成就与效能的综合测量与评判。尽管如此，法治政府绩效评价与政府整体绩效评价一样，亦是一个复杂的范畴，涉及过程控制与结果导向、可量化与不可量化内容等矛盾。依前文所述，为弥补单一评价技术的缺陷，需采用主观与客观指标相结合的评价方案，如图5-5所示。在这一方案中，评价内容指向（政府）建设法治政府可作为的领域，包含其投入、产出和效果，表现为经济性、效率性、效果性与公平性，并对应于法治政府建设各环节目标要求的分解。

具体而言，法治政府绩效评价包括客观指标和主观指标两类，前者由制度建设、过程推进、目标实现、法治成本四个维度组成，后者体现为社

会满意。其中：制度建设主要针对各级政府（部门）通过建章立制来确立有关规则的行为；过程推进是指通过制度制定和组织配套来落实法治政府的保障机制；目标实现体现法治政府建设的产出和效果，即相关目标的实现程度；法治成本是绩效评价的内在要求，对应政府为履行各项法治职能所投入的成本，它在逻辑上是"过程保障"的必然结果（经济性），又与"目标实现"形成相互制约；社会满意既是体现评价民主功能的关键标志，亦为"绩效"评价的落脚所在，一般通过不同评价对象的问卷调查实现。①

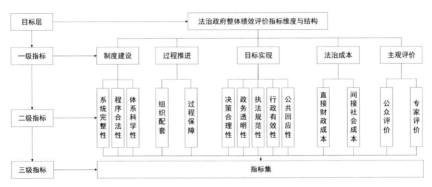

图5-5　法治政府绩效评价指标维度与结构②

（二）模型与变量选择

本书之所以针对法治政府绩效公众满意度评价（"社会满意"维度）进行重点研究，是因为法治政府建设目标具有多元性，其过程行为大都表现为非交易特征，有关政策措施的效果也存在滞后性，并且政府信息公开有限，依靠客观维度指标进行评价存在困难，或带有不确定性。而导入满意度作为主要评价手段既有权威理论支撑，又有成熟实践经验，且操作简单、可行性强，因此是建立评价体系的现实选择。③"法治政府绩效评价强调公众满意度导向，是民主范畴的技术工具，涉及政府与公众的本质关系，

① 郑方辉，邱佛梅．法治政府绩效评价：目标定位与指标体系［J］．政治学研究，2016（02）：67-79，127.

② 郑方辉，邱佛梅．法治政府绩效评价：目标定位与指标体系［J］．政治学研究，2016（02）：67-79，127.

③ 陈磊．法治政府绩效满意度实证研究——基于2014年广西的抽样调查［J］．学术论坛，2016，39（05）：115-121，148.

旨在提升政府的公信力，体现法治政府固有内涵。"①

　　既然法治政府绩效评价为政府整体绩效评价的一部分，法治政府绩效满意度测量也当借鉴政府整体绩效满意度评价的理念、模型和思路。所谓评价的价值理念，一是结果导向，二是公众满意。显然，公众满意度在法治政府绩效评价中居于重要地位。那么，从其概念模型来看，公众对法治政府绩效的评价，亦当包含（法治）政府形象、公众对法治政府期望、感知质量、公众满意度、公众信任和抱怨等方面，如图5-6所示。其中法治政府形象是公众对政府及其部门依法设立、职权依法履行乃至法治政府建设投入、过程与结果等的一种概念性、综合性总体感知。如前所述，这一变量十分重要，作为公众满意度的关键因子。公众对法治政府期望是指公众对法治政府建设水平及接受法治政府服务之前对其质量的主观意愿或预期。公众期望对满意度的影响具有复杂性，一方面，期望值越高，则实际水平和感知质量越难达到标准，可能满意度越低；另一方面，期望值高本身代表着公众横向和纵向比较后的一种积极评价，带有"先入为主"性，满意度可能更高。其影响效力的最终取舍因评价者背景而异。感知质量则是公众相对于其期望值所能感受到法治政府建设投入、过程、产出以及接受其服务的水平，感知质量无疑对顾客满意度有正向作用。公众满意度则是测评的目标变量，满意度较高或提升可以带来公众对政府的信任、遵守和忠诚，反之则将带来公众疏离、抵抗和背叛。

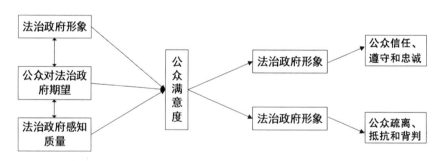

图5-6　法治政府绩效公众满意度概念模型

　　不难看出，这一模型实际是将前述瑞典 SCSB 模型、美国 ACSI 模型和

---

　　①　郑方辉，尚虎平. 中国法治政府建设进程中的政府绩效评价［J］. 中国社会科学，2016（01）：117-139，206.

欧洲 ECSI 模型经典架构进行了综合，取各自所长，并切合公共部门（法治政府）绩效满意度评价的特性以及中国特定环境条件进行了调整。比如：一是考虑到法治政府内涵整体性，保留了法治政府形象变量；二是考虑可观测性及操作成本，省略了公众感知价值，并将公众忠诚与抱怨进行了调整；三是考虑到与其他客观领域层及具体指标的互补与衔接，将模型做直观化和简单化处理。这样，每一个变量即可再衍生具体内容，形成满意度测评中直接面对被评者的指标。

（三）模型操作化与指标分层

进一步地，要将上述概念模型转化为具体可应用的评价指标，还需经过一系列的理论推导、逻辑架构和技术检验的过程，这一过程称为模型的操作化。首先，与政府整体绩效公众满意度评价相一致，法治政府绩效公众满意度模型中包含的各个关键变量面临逐层分解、延伸出具体评价内容的诉求。如表5-3所示，法治政府形象可分为整体形象和特征形象，相对应地，我们确立两个关键性评价指标，即法治政府总体表现满意度和依法行政满意度，两者已是直接可用的终端指标；公众对法治政府的期望和感知相互对应，都可分为显性和隐性两个层面，并为了产生具体内容，隐性层面通常相应于法治政府的投入和过程，显性层面则相应于其产出和保障（公众较容易接触到）；我们在投入和过程维度，依次选择了政策公平性、决策科学性、决策民主性、政府服务态度和服务效率等指标，在产出和保障维度依次选择了政府廉洁、社会治安、执法公正、政务公开和权力监督等，应该说其内涵具有逻辑上的针对性，亦具有技术上的可测量性；这样将期望和感知逐一比较，即获得满意度测量结果；而公众信任与抱怨作为结果变量，在实际中触及更为复杂的内容（如负面舆论、上访等），故不设计具体评价指标。

表5-3　法治政府绩效满意度评价内容的四个指标层级

第一层级	第二层级	第三层级	第四层级
法治政府形象	整体形象	法治政府总体表现	—
	特征形象	依法行政表现	—

续表

第一层级	第二层级	第三层级	第四层级
公众对法治政府期望	隐性公众期望	法治政府投入期望 法治政府过程期望	政策公平、决策科学、决策民主、服务态度、服务效率
	显性公众期望	法治政府产出期望 法治政府保障期望	政府廉洁、社会治安、执法公正、政务公开、权力监督
公众感知质量	隐性感知质量	法治政府投入感知 法治政府过程感知	政策公平、决策科学、决策民主、服务态度、服务效率
	显性感知质量	法治政府产出感知 法治政府保障感知	政府廉洁、社会治安、执法公正、政务公开、权力监督
公众满意度	总体满意度	—	—
	比较满意度	感知与期望的比较	
公众信任和疏离等	遵守与忠诚	社会舆论上访或信访游行	—
	抵抗与背叛	示威等	

　　在此基础上，进一步考虑法治政府绩效公众满意度评价的技术范式，法治政府绩效评价中的公众满意度即为公众对政府建设"法治政府"成效的满意程度，技术上可采用单一问题进行测量。但公众作为"法治政府"的最终评价者，未必对"法治政府"内涵有明晰的界定，因此，满意度评价内容应更为具体，指标设计尽可能贴近公众感知，并且方便操作。同时根据法治政府绩效评价的理念与导向，我们构建了主客观指标于一体的法治政府绩效评价指标体系，客观指标包含制度建设、过程保障、目标实现、法治成本4个维度。仿照政府整体绩效满意度的做法，则法治政府绩效公众满意度测量指标应与其他4个客观评价维度相对应，以实现功能上的互补与互证。

　　依据这一导向进行评价指标筛选。具体而言：针对法治政府制度建设，从公众感知的角度来看，法律规章即被视为政府公共政策，因此设计政策公平性满意度，同时政府决策依制度进行，则其决策民主性和科学性亦作为制度建设的重要反映；针对法治政府过程保障，包括过程和保障两个方面，前者从法治政府的政务实施和服务质量来讲，设置了政府服务态度满意与服务效率满意度，后者从法治政府决策和行政监督来讲，设置了政务公开满意度和权力监督满意度；针对法治目标实现，重点考虑与"法治政府"产出关联较大的社会状态，如政府部门及其官员的廉洁程度、当地治安的有序程度、执法的公正程度和依法行政情况等，因此设置政府廉洁满意度、执法公正满意度、社会治安满意度、依法行政满意度4项指标；针对总体目标实现程度，设计了公众对法治政府总体表现满意度。应该说，这样的指标设想（如图5-7所示），不仅符合概念模型的操作化进行，亦回应了法治政府建设目标的内在要求，其指向明确、简便可行，满足关键指标评价的技术准则。

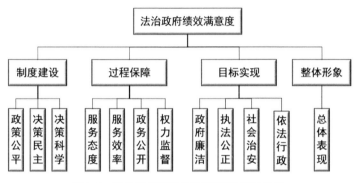

图5-7 法治政府绩效满意度评价指标体系

需要指出的是，正如前文所述，即便在主观评价的满意度范畴，针对不同指标内涵及评价所需的条件差异，亦需考虑由不同的评价主体来实施或主导评价。比如最直接的，亦是本书所采用的方案，即分为专家和公众两个层面，借此实现法治政府绩效满意度评价主体的分层。理论上，通过专业人士评议和普通公众测量来实现评价的指标应形成一定互补效应。通常需要由专家而不能由公众来进行评价的指标：一是这些指标的内涵有明确而具体的指向，或具有很强的针对性，不是具有普适性，比如对政府某个特定方面法治职能履行的满意度；二是涉及法治建设的质量、完整度、有效性、健全度或者公平性等价值性评价（而非事实性判断），必须要基于充实的专业知识和业经训练的判断力才能做到客观科学，比如对政府权力监督、政策公平的满意度评价；三是获取评价信息来源（过往经历或客观依据）的渠道受限制（而非开放性的），比如对决策科学性等满意度评价，本身即预设了评价者是掌握充分情况的"圈内人"——如果不是相应专家和主管部门工作者，其实很难直接接触到这些内部信息，若要形成确定的感知评价就更加困难。相对应地，可以通过普通公众的满意度进行测量的指标：一是针对整体性、普遍性范畴的评价，往往只要直接或间接打过交道就可以产生比较明确的感知，比如社会治安、政府总体表现满意度等；二是以比较明确清晰的客观事实或多数人共同拥有的知识经验作为判断依据，不需要受到特定渠道或有限制信息来源约束，比如政府服务态度、服务效率满意度等。不仅如此，在条件允许的情况下，专家评议和公众满意度测量亦需体现一定互证关系，比如专家评议的政府信息公开性与公众评价的政务公开满意度等，通过对这些对应指标评价结果的一致性分析，将使法治政府绩效得以在结构的层面获得更充分的体现。

表5-4 法治政府绩效满意度评价指标分层

评价维度	制度建设	过程保障	目标实现	法治成本	社会满意
专家评议指标	法律体系完整性 立法程序规范性 法规内容科学性 法规政策公平性	组织措施有效性 公务员法治意识	政府决策科学性 行政审批效率 制度落实全面性 政府信息公开性 行政监督有效性 行政救济保障性	维护社会 稳定成本	依法行政 满意度
公众满意度测量指标	立法公众参与度 决策论证充分性	公务员守法意识	公众收入满意度 市场监管满意度 环境保护满意度 社会治安满意度 执法公正满意度 政务公开满意度 政府诚信满意度 政府廉洁满意度	政府服务 效率满意度	法治政府 总体表现

表5-4 所列是在理想状态下，对应法治政府绩效评价的 5 个指标维度，可分别采用专家评议和公众满意度测量的备选指标。[1] 囿于模型操作化限制，以及评价成本约束，其中部分指标并不在本书的实证方案中被选用。事实上，本书所用的法治政府绩效满意度评价指标体系，由专家评议取得结果的指标包括政策公平性、决策科学性、政府权力监督、政府依法行政 4 项满意度，而由一般公众调查取得结果的指标有政府决策民主性、政府服

---

① 陈磊，林婧庭. 法治政府绩效评价：主客观指标的互补互证 [J]. 中国行政管理，2016 (06)：16-21.

务态度、政府服务效率、政务公开、政府廉洁、社会治安、执法公正和法治政府总体表现 8 项满意度。在指标权重方面，参照专家咨询调查结果，结合规范性做法加以确定。比如专家咨询结果显示，受访专家高度认同我们分成专家评价和公众评价两部分的做法，其重要程度的评分均值分别为专家评价（45.1 分）和公众评价（54.9 分）。

（四）满意度指标权重确定

指标体现评价因素的价值，权重则表明这些因素的重要性。满意度评价指标权重的确定和指标数据的计算是指标体系应用的重要环节，合理分配权重是量化评价的关键。在确定指标权重的基础上，可以将标准化的值直接代入绩效评价模型，就可以得出满意度绩效评价的最终结果。不同的指标在不同的满意度评价中因为考察的目标差异占不同的比重。因此，在进行满意度评价指标体系构建中需要根据评价指标重要程度的差异赋予不同的相对权重。目前，国内外关于评价指标权重系数的确定方法多样，主要分为三大类：主观赋权法、客观赋权法、主客观综合赋权法。具体包括统计平均法、变异系数法、专家咨询法、专家排序法、权值因子判断表法、层次分析法、相关系数法、主成分分析法、因子分析法等。其中，主观法主要包括德尔菲预测法、循环评分法、二项系数法、层次分析法等；客观法主要包括熵值法、主成分分析法、因子分析、聚类分析、判别分析等多元分析方法。各种方法兼具优点和局限性，在具体使用中需要根据评价目的和指标数据的情况进行选择。

1. 德尔菲法

德尔菲法就是采用函询调查，向专家提出问题，综合整理、归纳专家的意见，匿名反馈给各个专家，再次征求意见，然后再加以综合、反馈。这样经过多次循环，而后得到一个比较一致且可靠的意见。一般步骤如下：第一步，明确预测目标，提出预测项目。这里要注意所涉及的问题是可预测的，且要保证找到足够的专家参加应答。第二步，成立专门的组织机构。为了使预测工作有效地开展，需成立专业机构，负责专家的选择、调查表的设计以及结果的统计分析和整理。第三步，设计函询调查表。调查表要对调查项目和德尔菲法做出说明，向专家提供背景资料，应满足无歧义性，用概率表示预测事件的可能性、针对性、简明性、非诱导性等要求。第四步，确定专家名单。选择专家时应注意：被邀请的专家应是相关领域的专家。同时，专家小组的规模要适度，根据预测事件的性质和待解决问题的复杂程度而定，一般以 20~50 人为宜。人数太少，难以保证预测的精度；人数太多，又会出现难以组织的局面。第五步，发出和收回函询调查表。向专家们发出函询表，独立作答，将预测意见以无记名的方式反馈给调查机构。组织机构汇总专家意见，进行统计分析，并将结果反馈给专家。专家根据反馈资料，重新考虑原预测意见，可改变看法，也可坚持原意见，再以书面形式反馈给调查机构。循环往复，经过 3~4 轮反馈，意见逐渐集中，最后形成集体的预测结论。第六步，分析统计结果。在函询阶段结束后，组织者还需对预测结果的价值取向和可信度进行评价，决定是否将其作为政策依据或参考。

2. 统计平均数法

统计平均数法是根据所选择的各位专家对各项评价指标所赋予的相对重要性系数分别求其算术平均值，计算出的平均数作为各项指标的权重。其基本步骤是：首先，确定专家。一般选择本行业或本领域中有实际工作经验、理论基础、公平公正、道德高尚的专家。其次，专家初评。将待定权数的指标提交给各位专家，并请专家在不受外界干扰的前提下独立地给出各项指标的权数值。再次，回收专家意见。将各位专家的数据收回，并计算各项指标的权数均值和标准差。最后，分别计算各项指标权重的平均数。如果第一轮专家的意见比较分散，可以把第一轮的计算结果反馈给专家，并请他们重新给出自己的意见，直至各项指标的权重与其均值的离差不超过预先给定的标准为止，即达到各位专家的意见基本一致，才能将各项指标的权数的均值作为相应指标的权数。

3. 变异系数法

变异系数法是直接利用各项指标所包含的信息，通过计算得到指标的权重，是一种客观赋权的方法。此方法的基本做法是：在评价指标体系中，指标取值差异越大的指标，也就是越难以实现的指标，这样的指标更能反映被评价单位的差距。

由于评价指标体系中的各项指标的量纲不同，不宜直接比较其差别程度。为了消除各项评价指标的量纲不同的影响，需要用各项指标的变异系数来衡量各项指标取值的差异程度。各项指标的变异系数公式如下：

$$V_i = \frac{\sigma_i}{\bar{x}_i}(i = 1, 2, \cdots, n)$$

式中：V_i 是第 i 项指标的变异系数，也称为标准差系数；σ_i 是第 i 项指标的标准差；$\bar{x}_i$ 是第 i 项指标的平均数。

各项指标的权重为：

$$W_i = \frac{V_i}{\sum\limits_{i=1}^{n} V_i}$$

4. 层次分析法

层次分析法预先构建一个层级结构，由评估者逐层判断各因素的相对重要性，直至判断出各个决策方案的优先顺序为止。层次分析法，是将复杂的评价对象排列为一个有序的递阶层次结构的整体，然后在各个评价项目之间进行两两比较、判断，计算各个评价项目的相对重要性系数，即权重。层析分析法又分为单准则构权法和多准则构权法，在此介绍单准则构权法及具体步骤。

首先，确定指标量化标准。层次分析法的核心问题是建立一个构造合理且一致的判断矩阵，判断矩阵的合理性受到标度合理性的影响。标度是指评价者对各个评价指标（或者项目）重要性等级差异的量化概念。确定指标重要性的量化标准常用的方法有比例标度法和指数标度法。比例标度法是以对事物质的差别的评判标准为基础，一般以 5 种判别等级表示事物质的差别。当评价分析需要更高的精确度时，可以使用 9 种判别等级来评价。

其次，确定初始权数，常常采用定性和定量相结合的方法。先组织专家，请专家给出自己的判断数据，综合专家的意见，最终形成初始值。将分析研究的目的、已经建立的评价指标体系和初步确定的指标重要性的量化标准发给各位专家，请专家们根据上述的比例标度值表所提供的等级重要性系数，独立地对各个评价指标给出相应的权重。根据专家给出的各个指标的权重，分别计算各个指标权重的平均数和标准差。将所得出的平均数和标准差的资料反馈给各位专家，并请各位专家再次提出修改意见或者更改指标权重的建议，重新确定权重系数。重复以上操作步骤，直到各个专家对各个评价项目所确定的权数趋于一致，或者专家们对自己的意见不再有修改为止，最后的结果即初始权数。

再次，对初始权数进行处理。建立判断矩阵 A。通过专家对评价指标的评价，进行两两比较，其初始权数形成判断矩阵 A，判断矩阵 A 中第 i 行和第 j 列的元素 x_{ij} 表示指标 x_i 与 x_j 比较后所得的标度系数。计算判断矩阵 A 中的每一行各标度数据的几何平均数，记作 w_i。进行归一化处理。归一化处理是利用公式 $W_i = \dfrac{W_i}{\sum W_i}$ 计算，依据计算结果确定各个指标的权重系数。

最后，检验判断矩阵的一致性。检验判断矩阵的一致性是指需要确定权重的指标较多时，矩阵内的初始权数可能出现相互矛盾的情况，对于阶数较高的判断矩阵，难以直接判断其一致性，这时就需要进行一致性检验。

5. 因子分析

因子分析是一种寻找隐藏在可测变量中不能或不易被直接观测到，但却影响或支配可测变量的潜在因子，并估计潜在因子对可测变量的影响程度及潜在因子之间关联性的多元统计分析方法。因子分析用较少的综合指标分别整合存在于各变量中的各类信息，简化指标数量，降低绩效评价成本，同时通过保证综合变量之间的彼此不相关，实现实测信息的不重叠，保证量表的综合效率，这样提取出的代表各类信息的综合指标就称为因子。因子分析的主要任务是找出共性因子变量，估计因子模型，计算共性因子变量的取值和对共性因子变量做出合理解释。

假设从样本总体中随机抽选了 n 个样本，每个样本选取 p 个指标作为观测变量，这 p 个指标间具有一定的相关性。设所选原始变量为 X_1，X_2，$\cdots$，X_P，为了消除数据间量纲及数量级不同造成的影响，首先要对其进行标准化处理。为简化表示，我们仍用 X_1，X_2，$\cdots$，X_P 对应标准化后的评价指标数据，将其进行分组，得到公共因子变量记为 F_1，F_2，$\cdots$，$F_M(M < P)$，若：

①$x = (X_1, X_2, \cdots, X_P)'$ 是可观测随机变量，且均值向量 $E(X) = 0$，协方差阵 $\mathrm{cov}(x) = \sum$，且协方差阵与相关矩阵 R 相等；

②$F = (F_1, F_2, \cdots, F_M)'$ 是不可测的向量，其均值向量 $E(F) = 0$，协方差矩阵 $\mathrm{cov}(x) = \sum$，即向量 $\sum$ 的各分量是相互独立的；

③ $\varepsilon = (\varepsilon_1, \varepsilon_2, \cdots, \varepsilon_m)'$ 与 F 相互独立，ε 的协方差阵 $\sum_t$ 是对角阵。

则原始变量可以用各因子的线性组合来表示：

$$X_1 = a_{11}F_1 + a_{12}F_2 + \cdots + a_{1m}F_m + \varepsilon_1$$
$$X_2 = a_{21}F_1 + a_{22}F_2 + \cdots + a_{2m}F_m + \varepsilon_2$$
$$\cdots$$
$$X_p = a_{p1}F_1 + a_{p2}F_2 + \cdots + a_{pm}F_m + \varepsilon_p$$

此模型称为因子模型。也可用矩阵形式 $X = AF + \varepsilon$ 表示。其中 X 为原始变量向量矩阵，A 称为因子载荷阵。a_{ij} 表示第 i 个变量在第 j 个主因子上的负荷，或者叫作第 i 个变量在第 j 个主因子上的权，它反映了第 i 个变量在第 j 个主因子上的相对重要性，对原指标所包含信息的反映能力和信息的完整程度。a_{ij} 的绝对值越大表明相依程度越大。而 ε 则是与公共因子相对的特殊因子，又称为残差向量，表示原有变量不能被因子解释的部分，它只对相应的 X 起作用。

因子分析法既可确定绩效指标，又能确定每个指标的权重。因为因子分析法在构造综合评价值时所涉及的权数是从数学变换中生成的，具有客观性。如果不分析各种指标背后隐含的因子，以及它们与这些因子之间的关系，无论是赋予这些指标相等的权重，或人为设定不等的权重，都会有失偏颇，评价结果难以客观公正。

四、法治政府绩效公众满意度测量指标体系

（一）指标设计

基于前述理论模型的推导，借鉴华南理工大学课题组有关法治政府绩效满意度测量指标体系，并进一步考虑在 H 省抽样调查的操作实际，我们将前述构想转化为表5-5 的指标体系（初步方案）。应该说，这一体系为法治政府绩效评价总体指标体系的主观评价部分，分别对应法治政府的制度建设、过程保障、目标实现和整体形象 4 个客观评价维度，以及国务院对

法治政府建设的目标与要求。① 具体测量指标确定为12项，包括专家评议指标4项和公众调查指标8项。相对于华南理工大学课题组有关指标，这一体系增加了决策民主性和决策科学性满意度2项，调整了权力监督满意度1项。

表5-5 法治政府绩效满意度测量指标体系

一级指标	二级指标	H省调查		G省调查	
		三级指标	评价方式	三级指标	权重（%）
法治政府绩效满意度	制度建设	政策公平	专家评议	政策公平	10
		决策民主	公众评价	政务公开	10
		决策科学	专家评议	服务态度	8
	过程保障	服务态度	公众评价	服务效率	8
		服务效率	公众评价	市场监管	8
		政务公开	公众评价		
		权力监督	专家评议		
	目标实现	政府廉洁	公众评价	政府廉洁	10
		社会治安	公众评价	社会治安	10
		执法公正	公众评价	执法公正	10
		依法行政	专家评议	依法行政	10
	整体形象	总体表现	公众评价	总体表现	10

在结果获取方式上，对应这12项指标，通过设计专家和公众满意度调查问卷，分别采用李克特十级量表（Likert Scale），即"非常不满意"赋1分、"非常满意"赋10分、不清楚或无法回答赋0分。为保证测量的有效性，在预调查的基础上，采用克隆巴赫系数进行指标体系整体和结构层面的信度与效度检验，在此基础上确定指标权重。

---

① 比如对应国务院方案设计的、2013年经过修订的G省法治政府建设指标体系采用内部考核与社会评议相结合的方式。社会评议委托G省调查总队随机抽取6 146名党代表、人大代表和政协委员，以及在各地抽选的4 800户住户开展满意度测评。测评针对8个维度的客观指标设计满意度指标，分别是：社会公众对政府立法和规范性文件制定发布工作的总体满意度、对行政决策的总体满意度、对行政执法的总体满意度、对政府信息公开工作的总体满意度、对社会矛盾纠纷化解工作的总体满意度、对行政机关接受监督工作的总体满意度、对行政机关依法行政意识和能力的总体满意度、对本机关依法行政工作的总体满意度等。

（二）有效性检验

多层次评价指标筛选及权重设计常采用专家咨询法。考虑到法治政府绩效满意度指标结构与维度较为简洁，且其初步方案已是经过理论论证的（指标基本没有冗余），在实际操作过程中，我们简化了步骤：先利用规模较小的专家咨询，对指标进行相关性分析和模糊层次分析，检验其是否符合指标体系设计的独立性和鉴别力原则；然后从总体和结构层面进行信度和效度分析，考察指标体系的有效性；最后，组织面向全省各市、县的大样本调查，力求取得具有普遍意义的实证支持。

一方面，将表5-5所示的指标体系转换为"专家咨询问卷"，采用专家会议及深访等方式对来自高等院校、研究机构和政府机关的158位专家进行咨询，回收问卷运用SPSS统计软件进行分析，得到各评价指标的相关系数矩阵。给定相关系数的临界值 M 为0.80，可发现没有任何两项指标之间相关系数达到这一水平。总体上指标间相关度处于中度以下，其中相对较高的有决策民主与决策科学、服务态度与服务效率、政务公开与决策科学这几组，但都在0.70以下（见表5-6）。这一结果表明，至少在专家咨询这一层面，指标体系初稿具有较高的合理性，没有明显需要剔除的指标，也间接反映了从概念模型到操作化的推导过程是相对科学的。

表5-6 专家咨询调查12项指标相互关联度

指标	政策公平	决策民主	决策科学	服务态度	服务效率	政务公开	权力监督	政府廉洁	社会治安	执法公正	依法行政	总体表现
政策公平	1	—	—	—	—	—	—	—	—	—	—	—
决策民主	0.472	1	—	—	—	—	—	—	—	—	—	—
决策科学	0.638	0.689	1	—	—	—	—	—	—	—	—	—
服务态度	0.174	0.432	0.260	1	—	—	—	—	—	—	—	—
服务效率	0.218	0.482	0.472	0.612	1	—	—	—	—	—	—	—

续表

指标	政策公平	决策民主	决策科学	服务态度	服务效率	政务公开	权力监督	政府廉洁	社会治安	执法公正	依法行政	总体表现
政务公开	0.373	0.658	0.684	0.548	0.484	1	—	—	—	—	—	—
权力监督	0.472	0.342	0.543	0.537	0.396	0.364	1	—	—	—	—	—
政府廉洁	0.282	0.453	0.663	0.428	0.386	0.354	0.360	1	—	—	—	—
社会治安	0.492	0.362	0.497	0.308	0.412	0.584	0.444	0.593	1	—	—	—
执法公正	0.184	0.220	0.354	0.206	0.294	0.580	0.356	0.439	0.595	1	—	—
依法行政	0.204	0.479	0.328	0.262	0.166	0.387	0.456	0.459	0.519	0.558	1	—
总体表现	0.268	0.320	0.380	0.392	0.244	0.242	0.236	0.468	0.295	0.306	0.282	1

另一方面，还是利用专家咨询数据库对指标体系进行信度和效度分析。一是采用克隆巴赫系数（Cronbach's Alpha）进行信度分析，全部指标一致性 α 值为 0.769，制度建设、过程保障和目标实现维度 α 值分别为 0.774、0.723 与 0.697，说明指标体系在总体和结构上均具有较高的信度。二是进行探索性因子分析。对所有指标而言，以特征值大于 1.0 提取 3 个主成分，共可解释方差总变异的 76.8%，基本代表了指标体系的整体结构；根据最大方差正交旋转后各指标的最大负荷值（低于 0.3 舍弃）归因，其因子 1 主要包含政策公平、决策民主与决策科学 3 项指标（方差解释力 22.3%），因子 2 包含服务态度、服务效率、政务公开和权力监督 4 项指标（方差解释力 22.5%），因子 3 包含剩余的 5 项指标（方差解释力 32.0%），虽然因子 3 未能将目标实现和整体形象区分开来，但分析结果与理论构思高度一致（见表 5-7）。借此，检验结果表明指标体系具有良好的效度。

表5-7　指标体系结构效度分析

一级指标	二级指标	三级指标	探索性因子分析		
			F1	F2	F3
法治政府绩效满意度	制度建设	政策公平	−0.5033	0.3780	0.2132
		决策民主	0.4091	0.3744	0.2325
		决策科学	0.6012	0.0934	0.0900
	过程保障	服务态度	0.3248	0.4234	0.0218
		服务效率	0.1234	0.3037	0.2584
		政务公开	0.3452	0.4572	0.3123
		权力监督	0.5035	−0.7081	0.2579
	目标实现	政府廉洁	−0.2420	0.1965	0.7013
		社会治安	0.4689	0.1735	−0.6158
		执法公正	0.1439	0.4728	0.6439
		依法行政	0.3203	0.4847	−0.5304
	整体形象	总体表现	0.2187	0.2065	0.4044

（三）权重与计分

在此基础上，利用模糊层次分析法，根据前述数据，建立各指标的模糊一致判断矩阵 **R**，将12项指标重要性进行量化，见表5-8。

表5-8　专家咨询调查12项指标模糊一致矩阵

指标	政策公平	决策民主	决策科学	服务态度	服务效率	政务公开	权力监督	政府廉洁	社会治安	执法公正	依法行政	总体表现	层次排序	重要性排序
政策公平	0.5	0.227	0.236	0.762	0.431	0.750	0.662	0.656	0.791	0.860	0.810	0.823	0.580	8.1
决策民主	0.693	0.5	0.454	0.662	0.441	0.632	0.725	0.594	0.656	0.714	0.723	0.700	0.685	8.0
决策科学	0.796	0.499	0.5	0.676	0.344	0.548	0.544	0.632	0.589	0.778	0.725	0.773	0.577	8.0
服务态度	0.604	0.511	0.678	0.5	0.510	0.565	0.574	0.627	0.651	0.768	0.692	0.706	0.566	7.7
服务效率	0.315	0.310	0.508	0.585	0.5	0.545	0.518	0.574	0.510	0.714	0.762	0.616	0.508	7.5
政务公开	0.363	0.580	0.460	0.810	0.497	0.5	0.576	0.608	0.528	0.878	0.907	0.838	0.485	8.3

续表

指标	政策公平	决策民主	决策科学	服务态度	服务效率	政务公开	权力监督	政府廉洁	社会治安	执法公正	依法行政	总体表现	层次排序	重要性排序
权力监督	0.426	0.204	0.537	0.695	0.499	0.599	0.5	0.578	0.554	0.738	0.760	0.675	0.501	7.8
政府廉洁	0.493	0.426	0.501	0.972	0.502	0.618	0.644	0.5	0.456	0.854	0.818	0.762	0.503	8.5
社会治安	0.300	0.308	0.511	0.853	0.433	0.639	0.618	0.780	0.5	0.827	0.731	0.774	0.519	8.2
执法公正	0.271	0.281	0.354	1.064	0.362	0.505	0.518	0.505	0.455	0.5	0.716	0.886	0.377	7.4
依法行政	0.439	0.342	0.554	0.908	0.607	0.570	0.632	0.706	0.740	0.967	0.5	1.222	0.371	10.2
总体表现	0.418	0.393	0.469	0.925	0.583	0.826	0.777	0.790	0.674	0.750	0.672	0.5	0.365	10.1

基于这一结果，结合实际情况，得到 12 项满意度指标权重，见表5-9。其中前 8 项指标因重要性评分接近，统一赋权为 8.0 分，依法行政与法治政府总体表现满意度赋权为 10.0 分。

表5-9　H 省法治政府绩效评价指标体系

一级指标	二级指标	三级指标	评价方式	权重（%）
法治政府绩效满意度	制度建设	政策公平	专家评议	8.0
		决策民主	公众评价	8.0
		决策科学	专家评议	8.0
	过程保障	服务态度	公众评价	8.0
		服务效率	公众评价	8.0
		政务公开	公众评价	8.0
		权力监督	专家评议	8.0
	目标实现	政府廉洁	公众评价	8.0
		社会治安	公众评价	8.0
		执法公正	公众评价	8.0
		依法行政	专家评议	10.0
	整体形象	总体表现	公众评价	10.0

最后，作为主观评价领域层与指标体系导向的法治政府绩效满意度指数存在评分高低，通过引入满意度等级概念，作为总体评分的统计模型，采用一般线性回归的方式来描述。假设满意度综合指数为 H ，a 表示总项指标得分，其权重为 w_0；$b_1 - b_{12}$ 表示 12 项分项指标的得分，$w_1 - w_{12}$ 表示 12 项分量指标的权重，那么：

$$H = aw_0 + \sum_{i=1}^{12} b_i w_i$$

设满意度为 φ ，综合指数满分为 H_0，则有：

$$\varphi = \frac{H}{H_0} = \frac{aw_0 + \sum\limits_{i=1}^{12} b_i w_i}{\lambda_0 w_0 + \sum\limits_{i=1}^{12} \lambda_i w_i}$$

式中，λ 为指标度量级（本研究统一使用 10 级制）。分级是：0.8~1 为非常满意；0.6~0.7 为比较满意；0.4~0.6 为一般；0.2~0.4 为较不满意；0.2 以下为非常不满意。

第六章

实证方案

在确立概念模型与指标体系的基础上，法治政府绩效公众满意度调查方案的设计成为关键问题，满意度调查包括专家评议和公众调查。本章首先阐述了实证研究的背景与目的，分析选择 H 省作为实证案例（范围）的理由，以及 H 省区域概况和法治政府建设基本情况，之后介绍公众满意度调查对象、抽样方法、样本量设计和评议专家的构成。为确保样本选择的代表性和调查数据收集质量，本章也对调查实施控制进行了讨论分析。

一、实证评价概述

近十年来，我国法治政府建设呈现方兴未艾之势，政府规范性文件出台的合法性及系统性逐渐增强，行政救济渠道发挥作用日益凸显，政府信息公开及透明度有所增加，政府运行效率和执法公信力不断提升。衡量和评价法治政府建设成效也逐渐成为学界和实务部门探索的重要命题，通过对法治政府绩效公众满意度进行实证研究，检验概念模型和指标体系的科学性及适用性，科学评价我国特定区域法治政府绩效满意度现状，并为下一步问题原因的探究和对策的找寻提供科学基础。

（一）评价背景

2010 年，国务院在《关于加强法治政府建设的意见》中，要求进一步加强依法行政工作考核，科学设定考核指标并纳入地方各级人民政府目标考核、绩效考核评价体系。2012 年，党的十八大把法治政府基本建成确立为全面建成小康社会的重要目标之一，我国法治政府建设渐渐进入"点面结合""全面发展"的阶段。2013 年 11 月，党的十八届三中全会提出必须"坚持依法治国、依法执政、依法行政共同推进，坚持法治国家、法治政府、法治社会一体建设"。2014 年，党的十八届四中全会强调法治政府建设的重心在于用制度限制公权力，把权力关进制度的笼子。2015 年，中央政治局常委会审议并通过了《法治政府建设实施纲要（2015—2020 年）》，明确到 2020 年要基本建成职能科学、权责法定、执法严明、公开公正、廉洁高效、守法诚信的法治政府。2019 年，党的十九届四中全会通过的《中共中央关于坚持和完善中国特色社会主义制度、推进国家治理体系和治理能力现代化若干重大问题的决定》强调中国将坚持和完善中国特色社会主义行政体制，构建职责明确、依法行政的政府治理体系。伴随《法治政府建设实施纲要（2015—2020 年）》的顺利收官，中共中央、国务院于 2021 年 8 月印发《法治政府建设实施纲要（2021—2025 年）》，提出要健全依法行政制度体系，明确到 2025 年政府行为要全面纳入法治轨道。随着中央对法治政府建设布局的不断完善，我国各地法治政府建设实践也如火如荼开展，并呈现如下特点。

首先，政府规范性文件出台的合法性及系统性增强。中央政府法规规章、规范性文件清理和备案审查工作的质量、效率逐年提高，备案审查制度不断完善。2012 年国务院共收到全国报送备案的法规规章 1 393 件，国务院法制办依据立法法和法规规章备案条例，经严格审查发现问题的有 19 件，并全部进行处理，对其中 7 件不予备案登记。2015 年，国务院法制办对 4 400 多件国务院文件和规章提出初步清理意见，逐件研究提出法律审核意见，并重点清理不利于民间资本投资的政策规定，推动地方和部门组织开展完善规范性文件合法性审查机制试点工作。2020 年，国务院法制办开展与《民法典》内容相关的行政法规、规章和行政规范性文件清理工作，对报送备案的 2 071 件法规规章依法逐件审查，对 2 046 件予以备案登记、25 件暂缓备案登记。此外，地方各级政府法制建设也更加重视规范性文件的合法性审查以及备案、清理工作，出台文件的合法性得到有效保证。上海市当年共收到报送备案的规范性文件 227 件，审结 183 件。其中只对 176 件准予备案（包括在准予备案的同时附形式建议和实体建议的 65 件），中止审查 3 件，不予备案的 4 件；不予备案加上准予备案附实体性建议的共 13 件，纠错率为 7.1%。杭州市根据《行政强制法》亦对 129 件市政府规章和 1 783 件市政府规范性文件进行了清理。这些举措比较有效地解决了各级政府规范性文件冲突"打架"的问题，成为推进法治政府建设的关键一环。

其次，行政救济渠道发挥作用日益凸显。如北京市行政复议案件数量持续呈现增长态势，2012 年全市共收到行政复议申请 3 587 件，同比增长 28%，首次超过同期行政诉讼案件数量。广东省行政复议作为化解行政争议的主渠道亦进一步加强，截至 2012 年年底，全省办理行政复议案件突破 12 000 宗，较 2011 年同比增长近一成。2018 年，全国各级行政复议机关共办结行政复议案件 22.4 万件，直接纠错率 15.1%，针对办案中发现的违法共性问题，下发行政复议意见书 4 958 份；2020 年，办结行政复议案件 21.1 万件，下发行政复议意见书 4 726 份。此外，全新的行政复议应诉工作平台已投入使用，"掌上复议"功能开启，信息化手段的利用正助推行政复议成为便捷、高效、低成本的维权途径。随着法治政府建设的推进，行政关系双方当事人实际地位和心理势差都日益均衡，行政相对人对于行政争议更加积极主动采取行政复议、行政诉讼以及要求行政赔偿等行政救济手段争取和维护自身权益。

再次，政府信息公开及透明度有所增加。依据国务院办公厅印发的《当前政府信息公开重点工作安排》，2012 年重点推进财政预算决算、"三公"经费和行政经费公开、保障性住房信息公开、食品安全信息公开、环境保护信息公开、招投标信息公开、生产安全事故信息、公开征地拆迁信息公开、价格和收费信息公开。2013 年则在 2012 年的基础上增加了推进行政审批、推进以教育为重点的公共企事业公开。"财政预算"公开作为公众最为关切信息公开内容，以及满足公众知情权和法治国家的重要标志在各级政府法治建设过程中逐步深化。截至 2011 年 5 月 20 日，财政部新闻办统计报送全国人民代表大会审议预算的 98 个中央部门中，有 88 个公开了部门预算，相比 2010 年公开部门数量明显增加；2013 年，中央部门在预算公开的基础上还将部门"三公"经费预算一并公开，公开内容更加全面。2015 年，《政府信息公开工作要点》的出台进一步推动行政权力清单、财政资金、公共资源配置、重大建设项目、公共服务、国有企业、环境保护、食品药品安全、社会组织和中介机构等领域的信息公开工作。

最后，法治政府建设更加注重成本与效能。在成本方面主要表现为政府内部运行力求规范有序，合理压缩行政运作成本。如 2012 年 6 月国务院公布《机关事务管理条例》，作为我国首个专门规范机关事务管理活动的行政法规，明确提出要降低机关运行成本，建设节约型机关，促进廉政建设，严格监控诸如"三公"经费和比例超标，超豪华办公住房、公务接待工作超标，不当会议和因公出国等影响政府运营成本及公信力问题。2013 年中共中央、国务院又印发《党政机关厉行节约反对浪费条例》（以下简称《条例》），对党政机关经费管理、国内差旅、因公临时出国（境）、公务接待、公务用车、会议活动、办公用房、资源节约做出全面规范。党的十九大之后，法治政府建设迈入关键期，"放管服"改革进一步深化，政府系统党风廉政建设和反腐败工作向纵深发展。法治成本和效能（经济性与效率性）无疑是法治政府绩效评价的重要内涵，这一系列举措不仅加强了政府廉政建设，有力地遏制了贪污腐败浪费，而且有助于提高政府运行效率和执法公信力。

在大力推进法治政府建设的同时，如何衡量和评价法治政府建设成效也为学界和实务部门广泛探索。据不完全统计，目前全国已有 20 多个省、自治区或直辖市出台了法治政府建设评价的相关文件。近几年不少省、市政府相继出台名称为"依法行政考核"的相关文件，如《新疆维吾尔自治区依法行政考核暂行办法》（2011 年 11 月）。2012 年 12 月江苏省政府颁布《江苏省法治政府建设阶段性工作目标考核评价办法》及实施细则。2013 年 4 月在借鉴调研国内已有经验和专家研讨起草的基础上，广东省政府发布较为有代表性的《广东省法治政府建设指标体系（试行）》以及《依法行政考评办法》。部分政府职能部门也出台了相关指标，如国家工商总局（现为国家市场监督管理总局）于 2013 年 2 月印发了《工商行政管理机关法治工商建设评价指标体系》。在学界，作为独立第三方评价主体的华南理工大学政府绩效评价中心已连续多年发布年度《广东省法治政府绩效满意度评价报告》，受到媒体和地方政府的强烈关注，具有较大影响力。全国部分省级政府法治政府建设及评价官方文件见表 6-1。

表 6-1　全国省级政府法治政府建设及评价官方文件

省（直辖市、 自治区）	有关官方文件名称及颁布时间	考核评价内容及特点
北京	《北京市人民政府全面推进依法行政实施意见》（2004）及《关于加强法治政府建设的实施意见》（2011）	市政府每年对 16 个区、县政府依法行政情况进行考核

续表

省（直辖市、自治区）	有关官方文件名称及颁布时间	考核评价内容及特点
天津	《天津市人民政府关于全面推进依法行政的实施意见》（2004）及《关于加强法治政府建设的实施意见》（2010）	与改革发展稳定同步考核，纳入目标考核体系
河北	《河北省人民政府关于推进依法行政加强法治政府建设的意见》（2011）	年度进行考核，并向社会通报考核结果
内蒙古	《内蒙古自治区人民政府关于加强法治政府建设的实施意见》（2011）	要求县级以上人民政府要不断建立健全考核机制
辽宁	《辽宁省人民政府关于加强法治政府建设的实施意见》（2011）	与干部考核挂钩，作为奖惩任免的重要依据
江苏	《江苏省人民政府关于加快推进法治政府建设的意见》（2011）及《江苏省法治政府建设阶段性工作目标考核评价方法》（2012）	包括转变职能等7个方面
浙江	《浙江省人民政府关于推进法治政府建设的意见》（2006）	没有涉及指标内容
广东	《广东省法治政府建设指标体系（试行）》（2011）及《广东省依法行政考评办法》（2013）	2013年修改为8项一级指标，邀请人大代表等参与评估
福建	《福建省2011年推进依法行政建设法治政府工作要点》（2011）	提出依法行政绩效评估概念
湖北	《湖北省法治政府建设指标体系（试行）》（2010）	160个具体指标构成
湖南	《湖南省法治政府建设十二五规划》（2011）	要求自上而下，逐步推进
广西	《广西区政府关于加强法治政府建设的实施意见》（2011）	没有涉及指标内容
重庆	《重庆市人民政府关于加快建设法治政府的若干意见》（2010）	要求逐步开展考核评价
四川	《四川省人民政府关于加强法治政府建设的实施意见》（2011）	作为目标、绩效考核的内容
贵州	《贵州省人民政府关于加强法治政府建设的意见》（2011）	年度考核
青海	《青海省人民政府关于印发加强法治政府建设行动方案的通知》（2011）	没有涉及内容

资料来源：郑方辉，卢扬帆，卞潇.2014 中国政府绩效评价红皮书［M］.北京：新华出版社，2014：77.

但纵观这些评价方案，不难发现其内容或指标仍存在较多局限。从根本上讲，它们与严格意义的法治政府绩效及其评价内涵仍有差距：一是各地评价方案的内容和指标基本都是对国家相关文件中目标要求的进一步解读和演绎，缺少了对应政府法治职能及其实现的进一步设计，如国务院2004 年《全面推进依法行政实施纲要》中提出要"完善科学民主的政府决策机制"，则各地大都对应设立了"行政决策"方面的一级指标，2010 年发布的《关于加快法治政府建设的意见》中又增加了"全面推进政务公开"相关要求，由此各地又将"信息公开"加为一级评价指标；二是第二、第三层级指标较为庞杂，突出表现了评价过程的控制色彩，仔细地看，二、三级指标基本也是对应上述两个国务院文件的具体要求，把法治政府建设的过程要求逐步分解，再细化成为评价指标，总体上这些指标设计都偏于复杂，难以操作；三是符合科学规范定义的指标不多，更多的是些定性要求的指标，比如涉及机构设置、文件颁布、领导重视等方面，指标的内涵较为模糊，评价标准基本属于一些规范性要求，主观性较强（其结果多取决于谁来组织评价）；四是部分指标评分标准其实设置了过于刚性的目标值，类似于"政府化解社会矛盾工作的满意度"主观指标，有地方也规定必须"达到80%以上"才算合格。从某种角度看，这些指标体系虽然或多或少地把满意度评价纳入成为其中一项内容，但实际并未很好地理顺主观评价与客观评价的关系，特别是针对主观评价缺乏其内在分层的深入论述，更不存在专门进行法治政府绩效满意度的理论和技术方法等较为系统的研究。这成为我们实施本研究的出发点和原动力。

（二）实证目的

实证研究在本书中的地位，就是作为法治政府绩效公众满意度评价指标体系构建等相关规范性研究的补充。本书主要采用抽样调查的方式，目的在于从社会公众的视角洞察法治政府绩效（满意度）整体，分析结构，剖析典型并探究原因，进而提供某一地区乃至我国全局性法治政府建设（绩效水平）提升的具体建议，并进一步服务于推动法治政府绩效评价技术方法的拓展和优化。作为方法论，"不管人们愿意不愿意，不管评估结果是否令人满意，管理活动的结果都必须能够进行恰当评估"①。具体而言，对法治政府绩效公众满意度进行实证研究的功能在于：

一是检验概念模型和指标体系的科学性及适用性。实证主义所推崇的价值导向包括以客观性和普遍性作为科学研究的结论目标，他们强调必须在观察和实验等手段基础上建立相关知识，或通过其他直接接触事实的手段来揭示研究结论，并且要求这种结论在不同时空的相近条件下具有可复制性。在第四章理论论证和逻辑推导所得法治政府绩效满意度评价指标体系的基础上，进一步设计调查问卷，转化为可操作的评价方案，并选择合适的区域范围作为典型案例，开展大样本调查，取得满意度评价结果。这一过程用于验证指标体系的逻辑性、兼容度和鉴别力，是完成评价技术体系设计的必经环节。

二是科学评价我国特定区域法治政府绩效满意度现状。要想提升法治政府绩效，首先是要对法治政府绩效的现实水平进行科学测量，而基于前述讨论，满意度是其中的关键内容。本书实证研究即选择在全国范围内具有典型代表性的区域和行政层级，通过完整的调查方案设计和操作执行，获取一手的具有独特来源的数据信息，进而形成一种从个别到整体的知识归纳以及特征分析。

三是逐步导入数据库构建，积累用于进一步探究问题原因和寻求对策的科学基础。这种囊括不同人群意见且具有大样本统计价值的问卷调查结果，基于规范实证分析的方法进行整理，包括其总体与结构性特征的总结，有助于形成可供长期延续的评价数据库，从而帮助更大范围的交互分析、因果分析等，增强对问题的透视性和建议的说服力。

(三) 实证对象

以绩效评价作为对法治政府建设的评价体现了建设法治社会的内在需求，对法治政府建设的一系列举措进行绩效评价显得相当必要且有意义。一方面，H 省政府在推动法治建设方面做出了较大努力；另一方面，H 省经济社会发展状况及其对法治建设的影响在全国又具有代表性。鉴于此，以 H 省为例进行法治政府绩效公众满意度实证研究具有典型代表性。

---

① 王谦. 政府绩效评估方法及应用研究 [D]. 成都：西南交通大学，2006.

　　在党中央、国务院的统一部署下，H 省在法治建设方面也硕果累累。自国务院《全面推进依法行政实施纲要》颁布实施以来，H 省初步形成了政府统一领导、政府法制部门积极推动、各方协同配合、全社会齐抓共管推进依法行政的良好格局；法治观念在全区范围内得到进一步增强，特别是依法行政越来越成为广大行政机关工作人员自觉的行为准则；与此同时，H 省各级行政决策机制逐步完善，包含公众参与、专家论证、政府决定等多维度相结合的行政决策路径已广泛建立。2011 年 7 月，H 省政府制定了《H 省人民政府关于加强法治政府建设的实施意见》。该意见明确提出在当前和今后一个时期内，如何加快依法行政推进的相关工作重心乃至实践要求。同年，H 省人大常委会根据新形势的要求进一步加强立法工作，并针对法规案中涉及的相对重要的焦点问题，邀请专家学者、政协委员、人大代表等社会不同界别人士广泛参与论证，形成推动立法质量稳步提升的新途径、新方式。① 2015 年，H 省政府出台《深入推进依法行政加快建设法治政府的实施意见》，提出从立法、决策、执法等多方面深入推进依法行政，加快法治政府建设。

　　多年来，H 省在全面且深入推进依法行政、建设法治政府方面取得长足进展。2014 年至 2017 年，H 省内颁布实施政府规章共计 35 件，新制定的地方性法规 47 件，修改、废止地方性法规 32 件，对 2001—2013 年公布的 3 031 件规范性文件集中清理后宣告失效 784 件。仅 2017 年上半年，全省重大行政决策合法性审查 1 687 件，审查率达到 100%；对各本级政府的规范性文件进行合法性审查达 417 件，对下级政府、本级部门制定的规范性文件进行备案审查 469 件。五个全国综合行政执法体制改革试点城市完成改革工作，行政处罚裁量权基准制度在 14 个市和大部分省直部门稳步建立。② H 省地方税务局通过建立税务行政处罚裁量权制度、依法行政考核评价体系、税收执法检查工作机制，全面推进依法行政并取得显著成效；H

---

　　① 2011 年，H 省政府共审议经济、社会、生态、民生等方面的地方性法规草案 12 件，通过 7 件；审查 NN 市和县报批的地方性法规、自治条例 7 件，批准 6 件。在立法工作中，H 省人大常委会和有关专门委员会组成人员深入基层开展立法调研 36 次，召开各类立法座谈会和论证会 71 次，收集到建议和意见 1 880 多条。

　　② H 省人民政府网 . H 省依法行政驶入"快车道"工作纪实 [EB/OL]. (2017-10-17) [2021-11-20]. http：//www.gxzf.gov.cn/sydt/t1015086.shtml.

省工商行政管理局则以建设法治工商为目标，推动权责清单动态管理，严格规范公正文明执法，推行行政执法责任制，将法治建设贯穿改革始终，依法行政工作水平得到全面提升。2018 年，全省法治引领作用充分得到发挥，法治政府建设渐入佳境。首先，地方立法有序推进，《H 省物业管理条例（修订草案）（征求意见稿）》公开征求意见，《立法公开征求意见和反馈工作规则》等 5 项立法工作制度和《政府规章立法后评估办法》相继出台，共完成地方性法规、政府规章草案立法起草和审查 31 件，审议通过地方性法规 17 件、政府规章 11 件。其次，执法得到严格规范，省内率先推行区、市、县三级联动以及多部门联合执法模式；全面推开行政执法公示制度、行政裁量权基准制度、重大执法决定法制审核制度，实现省、市、县三级全覆盖；扎实开展行政执法监督有关工作，深入推进 5 个重点领域综合行政执法改革。最后，科学民主依法决策机制基本建立，全省各级政府法制部门开展重大行政决策合法性审查 3 635 次，公众、专家参与的重大行政决策合法性审查 2 172 次，所提意见建议绝大多数被采纳；此外，创新推进落实法律顾问制度，全省共聘请法律顾问 1 670 人，参与立法、规范性文件合法性审核、办理法律事务等共 9 117 件次，同比增长 33.6%。2019 年，H 省全力推进依法行政，法治政府建设迈向新高度。具体表现在：坚持"立改废释"并举，为依法行政提供制度保障；充分发挥政府法律顾问作用，聘请 2 305 名政府法律顾问参与立法 189 件，参与审核规范性文件 993 份，参与办理政府法律事务 12 002 件；全面推行行政执法公示、执法全过程记录、重大执法决定法制审核制度，公示 8 600 多项行政执法行为，录入 1 600 多件执法案件；组织开展专项整治，纠正违法或不当执法行为 2 000 多起；拓宽人民群众参与立法活动渠道，探索建立 17 个基层立法联系点，立法更加"接地气"；依法依规深化政务服务"简易办"改革，98.9%政务服务事项实现网上办理；在全国率先启动行政复议体制改革，成立三级办案组织，建立行政复议员任命制度和行政复议案件评议制度，加强行政争议解决力度；此外，还建立政务服务评价体系，实现 H 省"互联网+监管"与国家系统顺利对接。

与此并行，H 省各地市也结合当地特色开展法治政府建设工作。在普法方面，NN 市以法治文化推动普法深入开展，建立了针对不同群体的法治文化教育基地，打造了一批富有本土或民族特色的法治文化新媒体宣传品牌；GL 市则采用普法与旅游相结合的手段，由司法行政部门与旅游管理部门密切配合，在各个景区（点）重点抓依法管理、依法治理，在全市形成了"依法治旅，依法兴旅"的氛围；YL市采用普治结合的方式推行依法行政，出台了《关于深入推进依法行政加快建设法治政府的实施意见》，依法履行政府职能，严格执行重大行政决策合法性审查制度、重大行政决策集体决定制度，全面落实政府法律顾问制度，各级执法部门不断创新和改进执法；2020年，全省全面落实普法责任制，加强民族地区、边境地区特色普法，突出抓好《宪法》宣传、《民法典》宣传，共举办普法活动累计7.3万场次、法治讲座3万多场次，圆满完成"七五"普法。在依法行政方面，2014年新的《行政诉讼法》修改以来，H省各地方政府纷纷响应，推行行政机关负责人出庭应诉制度。2019年，行政诉讼案件均有行政机关负责人或者委托的合法工作人员出庭应诉。这种行政机关负责人出庭应诉制度有利于促进实质性解决诉讼纠纷，规范行政执法行为，提升依法行政的能力和水平，努力建成职能科学、权责法定、执法严明、公开公正、廉洁高效、守法诚信的法治政府。

H省在法治政府建设方面做了许多努力，成效明显，但仍存在不足，以绩效评价作为对法治政府建设的评价体现了建设法治社会的内在需求，所以对H省建设的一系列举措进行绩效评价显得相当必要且有意义。由于法治政府绩效评价具有明确的结果导向和公众满意度导向，从法治政府建设的要求来看，让公众满意本身就构成法治的重要内涵和立项标准，而了解公众是否满意的唯一有效途径也只能是通过推进公众自身的意见表达，从而避免达到对各种形形色色的"被代表""被满意"现象杜绝。法治政府的绩效评价包括评价内容和指标体系、评分标准的设计和确定，到评价全过程的实施监督、评价报告的信息公开及结果应用等，都充分体现参与的广泛性。因此，引入公众满意度评价既是对H省法治政府建设成效最有力的检验，亦是建立法治政府评价体系的现实选择。

H省位于中国中南地区西部，全省辖14个地级市，常住总人口5 012.68万人（2020年第七次全国人口普查数据）。据H省统计局数据显示，2020年H省生产总值为22 156.69亿元，人均GDP为4.4万元，全年全省居民人均可支配收入35 859元，进出口总额704.1亿美元。H省各方面的经济指标近几年均有显著增长。H省共设14个地级市、111个县（市、区），其中有9个县级市、50个县、12个民族自治县、40个市辖区。14个地级市基本情况见表6-2。

表6-2 2020年H省14个地级市的基本情况

城市	常住人口（万人）		GDP（亿元）		人均GDP（万元）		下辖县（区、市）
	2015年	2019年	2015年	2019年	2015年	2019年	
NN	698.61	874.16	3410.08	4726.34	4.90	6.44	7区4县
LZ	392.27	415.79	2298.62	3176.9	5.88	7.86	5区3县2自治县
GL	496.16	493.11	1942.9	2130.41	3.93	4.17	6区9县2自治县
WZ	299.94	282.10	1078.65	1081.34	3.61	3.51	3区3县1县级市
BH	162.57	185.32	891.94	1276.91	5.52	7.60	3区1县
FCG	91.84	104.61	620.71	732.81	6.79	7.64	2区1县1县级市
QZ	320.93	330.22	944.42	1388	2.95	4.21	2区2县
GG	429.37	431.63	865.2	1352.73	2.02	3.07	3区1县1县级市
YL	570.72	579.68	1445.91	1761.08	2.54	2.99	2区4县1县级市
BS	359.67	357.15	980.42	1333.73	2.73	3.63	2区9县2县级市
HZ	202.59	200.79	468.11	753.95	2.31	3.61	2区3县
HC	347.68	341.79	618.03	927.71	1.78	2.61	2区9县
LB	218.2	207.46	557.93	705.72	2.56	3.17	1区4县1县级市
CZ	205.45	208.87	682.82	809	3.33	3.85	1区5县1县级市

资料来源：《H省统计年鉴》。

从地理上讲，地势复杂多变，多山地和丘陵，且其喀斯特地貌分布广泛是H省的重要特征，这就从区位方面决定了该地区域发展差异大。传统意义上，H省一般划分为西部、东部、中部、南部和北部五个区域。[①] 2009年12月，国务院出台了《关于进一步促进H省经济社会发展的若干意见》这一全面支持H省发展的政策性文件，从中把H省重新划分为南部经济区、西部资源富集区和沿江经济带三个区域（简称"两区一带"）。对本书研究而言，这种按照中央政府的思路进行"两区一带"划分具有很强的实践价值，因此本书在实证结果分析时，把"两区一带"和市级同时纳入

---

① 目前对H省传统区域划分尚未有官方统一标准，通常认为：北部地区相当于GL市；中部地区相当于LZ市、LB市；东部地区包括WZ市、HZ市、YL市、GG市；南部地区则为NN市、CZ市、BH市、QZ市、FCG市；西部地区即BS市和HC市。

作为分析单元，"两区一带"的划分则以国务院 2009 年提出的边界作为标准。① 随着中国–东盟博览中心永久落户 NN，会展经济的刺激、固定资产投资的带动以及省会城市在经济发展上固有的优势等因素极大地推动了 NN 的发展。H 省的发展重心逐渐向南部城市群倾斜，南部城市群区位优势显现。另一方面，传统优势城市 LZ、GL 虽然保持相对强劲的经济发展水平，但带动作用有限，周围地级市的经济发展分值长期较低，并形成经济冷点集聚区。② 总体而言，H 省尚未形成"中心辐射、带动发展"的区域互动格局，区域经济发展不均衡，极化比较严重。

在政府质量建设方面，H 省政府在 2010 年、2011 年以及 2012 年分别进行了反腐倡廉建设主题的社会问卷调查，通过公众评议政府的方式，从政府对腐败现象的"遏制度"、对反腐斗争的"重视度"以及党政领导的"廉洁度"等维度进行综合评价。另外从 2012 年起，H 省政务服务中心的政风行风群众满意度测评活动在 NN 市连续举行，就是通过向前来办事的群众现场发放和回收问卷的形式，组织对各参与评价（被评）单位在履行职责、服务态度、服务质量、政务公开和廉洁自律等多个方面进行评价，从而帮助区委区政府进一步掌握群众对服务窗口单位的满意度情况。H 省民调中心的结果显示：仅以 2015 年度为例，14 个地市中的公众社会安全感以100% 计量，大部分都超过了 85%，其中 CZ 市及 1/4 的县（市、区）更是超过 90%，同时近九成的群众对当地政法综治工作和"平安 H 省"建设工作表示满意，其中群众满意度最高的三项分别为巡逻防范、打击罪犯、公共场所安装摄像头。从各类调查结果来看，总体而言，经济发展程度越高的地市，其公众对政府质量的满意度越高，如 NN、LZ、GL 等地市，政府质量整体高于其他地市，从区域来看，南部经济区的政府质量相对而言高于其他地区。

进一步归纳，本研究之所以选取 H 省作为法治政府绩效满意度实证研究对象，主要基于以下几方面的考虑。

---

　　① "两区一带"包括南部经济区、西部资源富集区、沿江经济带，其中，南部经济地区包括 NN、BH、QZ 和 FCG；西部资源富集区包括 BS、CZ、HC；沿江经济带包括 GL、LZ、HZ、LB、WZ、GG、YL。

　　② 张协奎，黄跃. 广西区域经济发展差异时空变化分析 [J]. 城市问题，2014（09）：65–70.

第一，近年 H 省政府在推动法治建设方面做出了较大努力。如 LZ 市制定普法责任制，推动把执法、司法的过程变为普法的过程，建立覆盖城乡的市、县、乡、村四级公共法律服务体系；YL 市出台《关于深入推进依法行政加快建设法治政府的实施意见》，依法履行政府职能，严格执行重大行政决策合法性审查制度、重大行政决策集体决定制度，全面落实政府法律顾问制度，各级执法部门不断创新和改进执法；GL 市结合旅游城市的特点和建设国际旅游胜地战略目标，创新开展"法律进景区"，让法治宣传潜移默化。

第二，H 省经济社会发展状况及其对法治建设的影响在全国具有代表性。尽管总体经济水平不算发达，H 省亦是中国现代化进程的缩影。如前所述，H 省内不同区域之间发展不平衡，产业结构面临优化布局，科技创新明显不足，生态环境污染日趋严峻，交易成本居高，贫富分化加剧。尽管 21 世纪以来，H 省面临新的发展机遇，但亦触及新的"拐点"，经济社会发展过程中的深层矛盾日益凸显。这一切强化了全社会对民主与法治改革、政府管理创新与评价政府绩效的需求。所谓"欠发达地区的大幅度经济增长可能需要在现有的物质技术，甚至在政治结构和社会结构方面作出较大的改变"[1]。而现代政体区别于传统政体的关键乃在其民众政治意识和政治介入的幅度，"如果要保持政治稳定，当政治参与提高时，社会政治制度的复杂性、自治性、适应性和内聚力也必须随之提高"[2]。

第三，毗邻 G 省，可借助其相对成熟的研究条件和社会资源。在经济发展方面，G 省相对而言占据明显优势，且 G 省民间力量在经济发展与社会发展的作用举足轻重，以媒体为载体的公民社会初露端倪，与政府构建了良好的互动关系，社会评价政府条件已相当成熟。华南理工大学政府绩效评价中心已连续十年在 G 省进行市、县两级政府整体绩效评价，取得了一定成效。本研究选取 H 省政府作为研究对象，基于事先建立的稳定关系，有助于利用这些相邻地区的外部力量对 H 省法治政府建设情况进行评价和

① SIMON KUZNETS. Modern Economic Growth: Findings and Reflections [J]. American Economic Review, American Economic Association, 1973, 63 (3): 287.

② 塞缪尔·P. 亨廷顿. 变化社会中的政治秩序 [M]. 王冠华，等译. 上海：上海人民出版社，2008：60.

指导，并对 H 省法治政府的进一步发展提出对策与建议。

综上所述，H 省内部发展不平衡，不同区域之间存在明显差异。而这些都是影响法治政府建设的重要因素。已有研究表明，满意度可能受到经济、政治和公众背景方面的显著影响。总的来看，以 H 省为例进行法治政府绩效公众满意度实证研究具有典型代表性。

（四）H 省依法行政社会评议概况

1997 年，党的十五大报告提出要实行评议考核制，评议考核成为衡量依法行政的重要依据。此后的二十多年，中共中央、国务院陆续出台相关文件，要求建立并完善依法行政考核制度，科学设定考核指标及体系，充分发挥依法行政考核评价对法治政府建设的推动作用。期间出台的规范性文件一定程度上也为社会各众参与依法行政考评提供了依据，但体系化支持尚未实现。①

2009 年，省政府出台《H 省依法行政考核办法》，提出将依法行政年度考核纳入机关绩效考评体系，并与年度机关绩效考评同步进行，实行单独考核。2011 年，H 省出台《关于加强法治政府建设的实施意见》，明确要完善依法行政考核工作，将依法行政考核作为绩效考核的重要组成部分，依法行政考核结果作为对各级行政机关领导班子和成员综合考核评价的重要内容。2021 年 8 月，中共 H 省区委员会印发《H 省法治社会建设实施方案（2021—2025 年）》，该方案提出要贯彻执行法治社会建设评价指标体系和群众满意度测评制度，建立 H 省法治社会建设的考核评价和督促落实机制，将群众满意度作为检验法治社会建设工作成效的重要参考。② H 省各市、主管部门都积极推进依法行政的公众考评工作。YL 市政府还特设"社会评议专栏"就全市社会评议情况、整改方案以及整改情况予以公示。

一是社会评议。社会评议是 H 省坚持走群众路线，心系群众、直面群众的体现，将依法行政工作置于"阳光"下，让群众进行评价，广泛接受社会监督，一方面，可以增进工作的透明度和公信度；另一方面，还有利于依法行政工作的改进和完善。H 省政府、设区市及各机关部门每年都会

---

① 谢能重 . 依法行政考评社会评议研究 [D]. 广州：华南理工大学，2018.
② 本报评论员 . H 省法治社会建设实施方案（2021—2025 年）[N]. 广西日报，2021-08-07.

进行社会评议。各上级机关主要以电话、问卷等形式开展调查，并将评议结果以及公众意见反馈给有问题的下级机关，下级机关依此制定整改方案，该方案涵盖整改项目、整改目标、整改措施、责任单位、完成时限等内容，并将整改方案和最终整改情况进行公示，供社会监督。H 省绩效管理网站"绩效展示"专栏公示了各设区市的评议结果、整改方案以及整改情况。首先，在评议内容方面，公众提出的意见建议涉及经济、教育、医疗卫生、社会保障、食品安全、城市管理、环境保护等方面，多是自身关切的问题，相关部门需要从中抽丝剥茧，找出问题所在，并据此衡量依法行政工作的推进情况。其次，从整改情况上看，各地市都公示了整改自评报告，对整改情况进行说明与阐述，汇报整改进度，将群众反馈问题落实到位。但是，网站所公示的各市整改文件存在链接错误、无法打开的情况，而且公示文件大多是近些年的，并且有些年份存在缺漏。笔者到各地市政府门户网站进行查找，许多年份信息不全，整改反馈公示工作有待加强。

行政机关进行的社会评议调查结果都与当年被调查部门的绩效相挂钩，警示被调查部门需身体力行进行整改。依法行政作为其中的一个指标被纳入绩效考核。鉴于此，对依法行政情况的解读变得尤为重要，群众所反映的问题哪些是由于依法行政工作不到位所造成的，依法行政水平的提高应具体体现在哪些方面，群众主观感受对依法行政工作推进参考程度有多少，都是行政机关进行社会评议调查后应该明确的。但是，目前各机关部门基本都是依据公众提出的意见进行合理性筛选后一一整改，对考评指标、依法行政情况分析不足。

二是满意度抽样调查。唐霄博士曾就 2014 年至 2016 年 H 省法治政府建设绩效开展满意度抽样调查，并将"依法行政满意度"作为三级指标纳入测量指标体系。[①] 此次调查主要采用自填问卷，辅以电话、结构式访问的方式在全省（地市、县域两个层级间）开展，累计发放问卷 21 505 份，回收问卷 21 498 份，有效问卷 21 385 份，合格率 99.44%。唐霄博士对 14 个地市满意度调查取得的数据进行统计分析后，得出法治政府建设绩效满意度的总体结果。单从依法行政这一维度上看，可以发现以下几方面的特点。

---

① 唐霄. 法治政府建设绩效与经济发展关系研究［D］. 广州：华南理工大学，2018.

首先，从整体情况上看，依法行政总体分数较高，2015 年依法行政分数虽比 2014 年有所下降，但与当期其他指标相较而言仍算高分，2016 年分数则达到同类型变量指标最高值。[①] 其次，纵向对比各地市的分数，发现 14 个地市均呈现逐年增长的趋势，分数增长较为突出的 NN 市、LB 市、HC 市以及 HZ 市；GL 市、WZ 市整体分数偏高，QZ、FCG、BH 三市分数偏低。最后，从横向上看，LB 市 2015、2016 两年依法行政满意度指标评分均在总体评价（整体形象）分数之上；HZ、HC、GG（2014 年持平）、QZ、BH、FCG 六市三年依法行政满意度指标评分均低于总体评价分数；除此之外，其他地市依法行政满意度分数均呈现 2014 年、2015 年低于总体评分，2016 年高于总体评分的情况。

从此次法治政府绩效满意度抽样调查中可以看出，2014—2016 年 H 省依法行政工作取得一定成效，公众满意度不断提高。GL、WA、LB 等市依法行政工作公众认可度较高；QZ、FCG、BH、HZ 等市则相对较低，依法行政工作有待加强。但是，抽样调查结果不能涵盖所有公众意见，依法行政的满意度仅作为 15 个指标之一，亦非本次调查者所要进行社会评议的最终目的，仅能作为期间依法行政工作情况的参考。

三是第三方评估。2019 年，H 省大数据发展局委托会计师事务所作为第三方对 H 省政务公开工作进行了评估，评估对象涉及 65 个单位（14 个设区市、51 个区直部门），评估依据涵盖《中华人民共和国政府信息公开条例》、国务院以及 H 省各项涉及政务公开的规范性文件。第三方通过查看评估对象网站信息、分析上报材料、实际验证、电话调查等方式对信息公开基础性指标、重点领域信息公开、政策解读、依申请公开、平台建设及政务服务公开六方面的内容进行评估。评估报告显示，近年来，H 省政府政务公开工作取得了明显成效，信息公开工作不断规范，重点领域信息公开成效较好，政策解读效能有所提升，政务服务工作以及平台建设成效明显。但是，报告同时指出当下政务公开工作存在重点领域信息公开缺乏系统性，依申请公开工作缺乏规范性，网站、基础平台建设管理不到位，办

---

① 在"目标实现"变量指标项下，可分为"政府廉洁""社会治安""执法公正""依法行政"四项具体指标，2014、2015 两年"依法行政"指标评分皆排名第二，2016 年排名第一。3 年分数依次为 57.80 分、55.78 分、59.66 分。

事服务水平有待提高等问题。报告的最后，还对现存问题提出了可行性建议。

引入第三方组织对政府工作评估考核并非常态，但作为社会评议的一种方式，对于提升公众的参与程度和参与有效性来说具有重要意义。一方面，第三方组织具备专业性和独立性，能够更加客观地参与考评当中，其专业的技术优势可以有效地发现政府工作中隐藏的问题。另一方面，基于第三方组织的超然地位，能激发社会公众参与的积极性，使其真实想法可以充分表达，评议结果更具民意。第三方评议能够弥补传统行政机关自我评估的缺陷，提高了政府绩效评估结果的公信度，但是目前第三方政府绩效评价机制还不健全，没有形成有效的法律框架和具体条文，机制建设还有待进一步探索。

二、实证方案说明

本次实证研究以 18~70 岁，具有正常判别能力并具有合法权益的当地常住居民为对象，采用自填问卷、电话访问和结构式访问的方式开展调查，将行政层级作为分层变量进行系统抽样，最终以 21 577 份有效问卷作为研究分析样本。

（一）调查对象

法治政府绩效公众满意度实证研究将 H 省地市和县域两个行政层级作为案例。基于满意度评价的个体性，理论上，调查对象可以包括广西壮族自治区范围内全部 18 岁到 70 岁之间的具有合法权益的公民，涵盖本地户籍和外地户籍常住人口。但是，考虑到本项调查的一些具体要求，比如受访者要正确回答问题，必须具备一定的知识水平，并且至少接受过当地政府相关部门的公共服务，再增加其他一些辅助条件。最终设定的有效对象（抽样框）是：年龄在 18 岁以上 70 岁以下，具有正常判别能力以及合法公民权益的当地常住人口。

在数据来源方面，本调查覆盖 H 省全部市、县两级政府管辖区域，从 H 省到市，再到县（区）进行逐级普查，县域以下则进行抽样调查。为避免样本分布不均匀或抽样地区过于集中，保证最低层级样本量的统计意义，在执行入户访问时，我们的抽样严格遵循分层多级等概率原则，也就是说将区、镇（街道）、村（居委）等不同的行政层级分别作为分层指标，每层自上而下按照相等概率的技术抽样以形成最终样本。实际操作时，对于一些特别的地区，其入户访问可能采用定点拦截的方法予以简化，就是在不同的镇（街道）分别抽取若干地点，现场随机拦截抽取受访对象，那么在这种情况下，主要就是以性别、年龄、户籍作为样本比例控制的严格条件。

（二）调查方法

问卷调查的方法是指具体采用自填式问卷或结构式访问的方式进行问卷调查，其目的在于系统地、直接地从一个取自总体的样本那里收集量化资料，并通过对这些资料的统计分析来认识社会现象及其规律的社会研究方式。针对法治政府绩效满意度调查，概括地说，研究内容的广泛性、资料获取的及时性、描述的全面性和概括性、实际应用的普遍性等是其主要特征。询问是调查中主要的资料收集方法；而抽样、问卷、统计分析则是构成整体研究的三个基本元素，同时也是从事调查或实证研究的关键环节。本研究主要采用自填问卷调查，辅以电话访问和结构式访问，通过问卷收集 H 省法治政府公众满意度数据。

在调查实地，更为具体的资料收集方式有：一是入户访谈。按照前述理论方法，根据全市 18~70 岁居民的户籍和常住人口花名册的材料，随机抽取获得最终样本，针对性地入户访谈作为获得访问结果的规范方法，就是由专业的调查人员携带问卷上门逐一进行调查。二是网络问卷调查。这种方式具有便捷简单的优点，并可借助于 CATI 系统等计算机技术手段随机生成测评样本，避免人工抽样造成的非概率性样本偏差，也能实现对抽样调查全过程的监控和追溯，保证数据的客观性。由于城乡网络普及率较高，加上问卷简洁，可控性强。由不同地市、县区的志愿者通过当地社交平台或网络渠道发送链接，受访者既可在电脑客户端进行填写，亦可通过手机进行填写，所收集到的样本则为有效样本量。三是定点拦截访问。虽然网络问卷调查操作便捷，成本也较低，但其可控制性比较差，而且实际调查的成功率偏低，对于一些特殊区域的样本结构难以实现人工干预。所以基于本项调查的特殊要求，我们在大部分地区实际采用的是定点拦截访问为主，就是由访问员现场甄别对象，进行面对面访谈和问卷填写，再通过电话访问来辅助校正样本。

（三）抽样方案

由于涉及全省地市和区县大范围以及复杂的行政层级（抽样到人），法治政府绩效满意度调查主要采用分层系统抽样的方案。分层抽样是指在抽样前，将总体分为同质性的不同群（或层），在各层内分别进行等概率抽样，其作用在于提高样本的代表性。在抽样的过程中，首先，综合考虑城市人口数、性别、年龄、户籍、受教育程度以及职业类型等因素，初步估算不同类型群体数量；其次，采用配额抽样法，根据以上各类群体的比例，测算每个群体应抽取的样本量，由此制定初步的抽样方案；最后，在调查实地，由调查员根据抽样方案，采用定点拦截和偶遇抽样的方法去选择调查对象，使样本结构在各种特征方面的构成比例尽量接近总体结构。

本研究采用的分层变量主要是按行政层级来处理，包括县（市、区）、镇（街道）、村（居委）和家庭。在理论层面，因为在地市层面属于普查，即以县（市、区）为一级单位，按照等概率原则抽出若干个镇（街），镇（街）再遵循同样原则抽出若干村（居委），村（居委）则进一步抽出若干个家庭，家庭又按照随机表的顺序抽取到具体受访者。这样一来，我们保证了在每个层级内都是采用随机的方法。但在实际操作中，因为评价资源及其他各种条件所限，也为了节约成本和节省时间，相当一部分地区采用了定点拦截访问作为逐层抽样的代替，即在抽样获取的各镇（街道）中分散设置若干个拉结地点，由访问员在现场按简单随机的方法拦截抽取实际受访对象。除此之外，还有一部分特殊的样本通过滚雪球抽样来获取，它是指先对随机选择的一些被调查者实施访问，然后再由他们推荐符合我们感兴趣目标群体特征的其他调查对象。本调查通过滚雪球抽样的方法收集到不同职业群体的样本，保证每种职业群体都具有一定代表性。

（四）样本量确定

事先确定样本量是为了得到从总体上讲更加合理的层级抽样配比，从而保证调查的准确度，也避免因为随机因素造成人力和物力的浪费，帮助更好地实现调查目的。一般情况下，样本量只设定一个最小的控制值。而这个最少样本量的确定需取决于多方面的复杂因素，大致包括不同研究对象的变异程度、研究所能允许的误差大小、推断统计的置信度要求、抽样的技术方法或步骤以及决定设计效应的值，等等。对于较大总体的抽样，一般采取简单随机不重复的方式进行，可用下列公式来表示：

$$n=\frac{t^2\mathrm{P}（1-\mathrm{P}）N}{N\Delta P^2+t^2\mathrm{P}（1-\mathrm{P}）}$$

其中：n 是样本量，N 是总体数，ΔP^2 是抽样极限误差，P 是样本变异程度，t 为置信度对应的概率值。作为法治政府绩效满意度大样本调查，受研究资源限制，在实际操作中，全区计划样本量为每年 7 500 份。2015 年计划抽样 7 500 人，实际回收问卷 7 369 份，有效问卷 7 005 份，问卷有效率为 95.06%；2016 年计划抽样 7 500 人，实际回收问卷 7 713 份，有效问卷 7 636 份，问卷有效率为 99.00%；2020 年计划抽样 7 500 人，实际回收问卷 7 288 份，有效问卷 6 936 份，问卷有效率为 95.17%。因此，可作为探索性和验证性因素分析的有效问卷为 21 577 份，见表6-3。

表6-3　H 省 14 个地级市三年抽样调查实际完成的样本量

地市	NN	LZ	GL	WZ	BH	FCG	QZ
2014 年度	739	593	533	441	588	337	494
2015 年度	848	490	632	554	425	357	559
2019 年度	576	531	503	490	487	382	504
地市	GG	YL	BS	HZ	HC	LB	CZ
2014 年度	466	577	496	292	551	522	376
2015 年度	590	807	383	267	656	484	586
2019 年度	530	705	370	321	546	523	468

（五）专家评议说明

按照理论模型推导，法治政府绩效满意度指标分为公众调查指标和专家评议指标。专家评议指标基础数据主要依靠专家评议问卷调查获得。所调查专家主要是对法治政府建设及 H 省相关情况较为了解或熟悉，并且具备相关专业知识或实务经验，做事公正的相关领域人士。相对来说，专家评议的抽样方案比较简单。主要选取在结构上具有一定的代表性，覆盖了法治政府建设所涉及的不同领域与层次，具体包括高校及研究机构从事法治政府绩效评价相关研究人员，在法院、检察院、律师事务所等组织的法律人士，政府咨询决策、行政执法和行政监督等职能部门官员以及具有相应评议能力的各界社会人士。

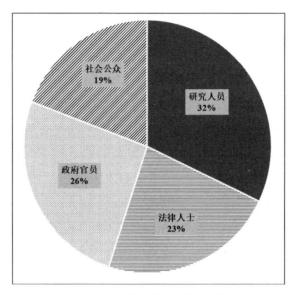

图6-1　参与满意度评议的专家结构

针对 H 省法治政府绩效满意度的专家评议调查，共抽取专家 128 人，其中完成有效调查 109 人。从结构来看，其中研究人员 35 人、法律人士 25 人、政府官员 28 人、社会公众 21 人（如图 6-1 所示）。专家群体的性别、学历和年龄结构总体比较合理。

三、问卷设计与调查执行

为保证调查的可操作性和灵活适应性，本研究将公众满意度和专家满意度调查问卷设计成结构一致、内容区别的范式，并分别于 2015 年、2016 年和 2020 年 1—3 月开展调查，在公众和专家层面采取不同的调查措施。此外，还要加强调查员队伍建设，并规范调查问卷的后续核对、整理工作。

（一）问卷设计

1. 原则与要求

借鉴国内外同类研究的成熟经验，在理论模型与指标体系建立的基础上，需要遵循以下原则进行法治政府绩效满意度调查问卷的设计：一是明确问卷设计的基本目的，突出需要调查的问题重点；二是尽可能使问卷设计的语言措辞精当，题目及选项表述通俗易懂且无歧义；三是问卷结构层次力求合理，问卷中所推出的各个问题，其顺序安排应要尽量符合人的思维逻辑，也要考虑被调查者所属群体的习惯，同时问题的安排要做到先易后难、先简后繁、先具体后抽象；四是整份问卷的题量要总体适当，一般确保调查者能在不超过 15 分钟的情况下完成问卷为宜，因为如果设计问题过多，被访问者难免产生厌恶情绪，进而影响答题质量；五是问题及答案选项的设计包括其序号标记等，应当便于数据录入、汇总、统计和分析，为后期处理提供便利。

设计一份严谨、科学的调查问卷是实施满意度调查并保证取得预想效果的关键，问卷的设计质量、调查的可操作性和灵活适应性等，同时也对调查结果的客观真实有效起着重要影响作用。针对法治政府绩效满意度评价，我们的问卷设计包括三个环节：一是设计问卷前要进行探索性研究；二是根据探索得到的信息，设计问卷初稿；三是进行试调查或专家讨论论证，并在此基础上经过多次修改，确定最终问卷。

2. 问卷构成

为方便操作，本研究中我们将公众满意度和专家满意度调查问卷设计成结构一致、内容区别的范式。在前述原则和步骤下，完成 H 省法治政府绩效满意度调查问卷。从结构来看，主要包括 4 个模块：第一部分为引导语，说明公众满意度评价的背景、目的和要求，告知调查员身份及所代表的组织；第二部分为调查对象的基本情况，包括性别、户籍、年龄、学历、职业和家庭总收入等，用于控制样本结构，以及作为评价结果交互分析变量；第三部分为满意度量表问题，采用十级量表，分别调查专家和公众对当地法治政府绩效各项满意度评价指标的评分，这部分针对专家和公众的调查问卷略有区别；第四部分为针对当地本年度的法治政府建设设置的封闭性或开放性问题，主要调查公众对法治政府建设进展、法治政府建设存在的突出问题、主要原因以及主要对策等方面的看法，作为分析的重要参考。

（二）调查实施

作为本研究数据来源，H 省法治政府绩效满意度调查分别于 2015 年、2016 年、2020 年 1—3 月实施，评价针对 2014 年度与 2015 年度。其中 2015 年 1 月 17 日—2 月 22 日收集 2014 年度数据，2016 年 1 月 28 日—3 月 4 日收集 2015 年度数据，2020 年 1 月 16 日—3 月 7 日收集 2019 年度数据。在公众层面，调查以性别、年龄、户籍、受教育程度以及职业类型等为样本选择的配额条件，针对当地政府法治表现均由当地公众进行评价。在专家层面，由于抽取的专家对 H 省法治政府建设及其绩效情况相对熟悉，他们在参考评价者预先收集和提供的客观资料基础上，需要对全省法治政府绩效满意度总体水平和各地市、县、区水平分别做出评议。

（三）质量控制

由于调查涉及范围较大，要求较高，调查组织工作十分重要。为此，首先力求选好调查员，要求调查员"诚信敬业，吃苦耐劳，机敏善言，严谨求是"；其次对调查员进行标准化调查程序的指导与培训。对敏感性问题，可以采用匿名的方式，也可以采用随机化回答技术；对参与调查的人员给予适当奖励，调动被调查者的积极性。调查完成后，对所有的问卷都进行了登记与编号，并认真进行检查，剔除无效问卷。

（四）样本结构及代表性

在本研究中，抽样框均以 H 省统计年鉴数据作为参考依据，并严格按照上述抽样方式进行科学、合理的抽样。H 省 2014 年、2015 年和 2019 年三年的样本基本情况见表6-4。

表6-4　H省三年样本基本情况

变量	2014 年度	2015 年度	2019 年度
性别	男 50.2%，女 49.8%	男 50.6%，女 49.4%	男 50.1%，女 49.9%
户籍	本市、县 63.9%，本省 26.5%，外省 9.6%	本市、县 57.8%，本省 30.1%，外省 12.1%	本市、县53.8%，本省32.1%，外省14.1%
年龄	18~20 岁 18.9%，21~30 岁 27.5%，31~40 岁 24.3%，41~50 岁 17.3%，51~60 岁 7.9%，61 岁以上 4.0%	18~20 岁 20.5%，21~30 岁 26.0%，31~40 岁 25.3%，41~50 岁 16.0%，51~60 岁 7.8%，61 岁以上 4.4%	18~20 岁 19.5%，21~30 岁 23.0%，31~40 岁 27.3%，41~50 岁 19.0%，51~60 岁 8.8%，61 岁以上 2.4%
学历	小学 7.3%，初中 19.8%，高中/中专 26.0%，大专 16.3%，本科 25.9%，研究生 4.7%	小学 8.4%，初中 17.6%，高中/中专 23.7%，大专 17.8%，本科 28.5%，研究生 3.9%	小学 7.4%，初中 13.6%，高中/中专 22.7%，大专 13.8%，本科 31.5%，研究生 11%

变量	2014 年度	2015 年度	2019 年度
职业	外企员工 1.8%，私企员工 9.6%，国企员工 8.4%，科教文卫 9.1%，公务员 4.5%，自由职业 10.0%，私营业主 10.1%，失业/下岗 5.1%，学生 25.3%，农民 8.6%，其他 7.4%	外企员工 1.9%，私企员工 10.2%，国企员工 9.1%，科教文卫 8.9%，公务员 5.5%，自由职业 10.3%，私营业主 10.9%，失业/下岗 5.5%，学生 22.2%，农民 8.6%，其他 7.0%	外企员工 2.9%，私企员工 12.2%，国企员工 10.4%，科教文卫 7.9%，公务员 6.7%，自由职业 12.6%，私营业主 13.1%，失业/下岗 3.5%，学生 20.2%，农民 4.8%，其他 5.7%
家庭年收入	2 万元以下 19.5%，2~5 万元 25.3%，5~10 万元 26.6%，10~15 万元 16.0%，15~30 万元 7.5%，30~50 万元 2.8%，50 万元以上 2.3%	2 万元以下 16.8%，2~5 万元 24.7%，5~10 万元 25.8%，10~15 万元 18.0%，15~30 万元 9.7%，30~50 万元 3.5%，50 万元以上 1.5%	2 万元以下 7.4%，2~5 万元 20.2%，5~10 万元 27.2%，10~15 万元 29.1%，15~30 万元 9.3%，30~50 万元 4.5%，50 万元以上 2.3%

为便于统计，以下分析将运用 SPSS 把三个年度数据合并成一个数据库，从整体上对样本结构特点进行探索性分析与检验性分析。

1. 性别结构

统计结果显示，样本性别结构为男性占 50.40%、女性占 49.60%。依据 H 省统计信息网公示的数据，2015 年度全区常住人口中，男性为 2 493.1 万人、女性为 2 302.9 万人，男性占 51.98%、女性占 48.02%，与样本的性别结构较为接近，样本具有代表性（如图 6-2 所示）。

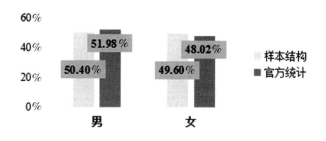

图6-2　样本性别结构

2. 户籍结构

由于本研究主要考察地方法治政府绩效情况，因此在抽样中以本市、县户籍人口为主，本省其他市、县以及外省户籍的常住人口意见亦作为评价参考。从样本户籍结构来看，本市、县户籍占 60.8%，本省户籍占

28.3%，外省户籍占 10.9%，比例相对而言较为合理。

3. 年龄结构

根据全省常住人口总体年龄分布设计 6 个年龄段。回收问卷样本年龄分布是：18~20 岁为 19.7%，21~30 岁为 26.7%，31~40 岁为 24.8%，41~50 岁为 16.6%，51~60 岁为 7.9%，61~75 岁为 4.2%，基本符合配额要求（如图6-3 所示）。

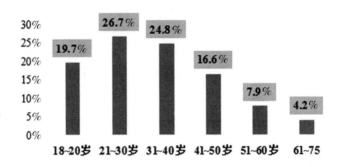

图6-3　样本年龄结构

4. 学历结构

统计结果显示，样本书化程度分布是：小学及以下占 7.9%，初中占 18.7%，高中/中专占 24.8%，大专占 17.1%，本科占 27.3%，研究生占 4.3%。

5. 职业结构

根据国家统计部门的职业分类，划分为 10 类职业，并给出开放式选项。统计结果显示，学生所占比例最高，为 23.7%；其次是私营业主，为 10.5%；自由职业者为 10.2%；私企员工为 9.9%；科教文卫工作者为 9.0%；国企员工为 8.8%；农民为 8.6%；其他为 7.2%。失业/下岗、公务员和外企员工所占比例较少，分别为 5.3%、5.0%和 1.8%。

6. 家庭年收入

统计结果显示：家庭年收入 5~10 万元的比例最大，占 26.2%；其次是 2~5 万元，占 25.0%；最后是 2 万元以下占 18.1%。四个高收入段的样本比例分别是：家庭年收入 10~15 万元占 17.0%，15~30 万元占 8.7%，30~50 万元占 3.2%以及 50 万元以上占 1.9%。

第七章

实证结果

实证方案及评价体系是实现评价的行动指南。"不论采用什么样的体系，最终都要付诸实践，接受实践的检验。"[①] 本章以 H 省为例，测量法治政府绩效公众满意度，并进行结构性分析。评价发现：全区满意度处于一般水平，14 个地市和 35 个县（市、区）差异较大。从 12 项指标得分率来看，政策公平、政府廉洁与社会治安 3 项指标得分较低，交互分析表明：法治政府绩效满意度受地区和公众背景因素影响显著，公众年龄、学历、职业、家庭年收入及地区人均 GDP 均对满意度产生影响；其中经济因素的变异量较大，家庭总收入或人均 GDP 越高，法治政府满意度越高。进一步与 G 省同类结果比较，两地差异明显，这种现象反映了经济社会发展水平对法治政府绩效满意度的影响。

一、针对 H 省实证评价结果

（一）总体评价结果及特点

以 H 省为例，开展法治政府绩效公众满意度评价。遵照指标体系的整体结构，即不考虑专家评议与公众评价指标数据来源的不同，而是统一对问卷数据进行统计计算，得出法治政府绩效公众满意度的总体评价值（见表7-1）。按李克特量表形式将十级法治政府绩效公众满意度分数划分为非常满意、比较满意、一般、比较不满意、非常不满意五个等级，从满意度综合评分（合成值）来看，评价结果主要集中在"比较满意"和"一般"两个等级（累计占比接近 50%），极端值"非常满意"或"非常不满意"的占少数。分年度来看，2019 年度公众对法治政府满意度总体高于 2014 年

---

① 廖鹏洲. 地方党政组织考评体系及其法制化研究 [D]. 广州：华南理工大学，2015.

度和 2015 年度,其中"非常满意""比较满意"和"一般"的比例均比上年有所提升,而"比较不满意"和"非常不满意"的比例明显下降。

表7-1 2014、2015、2019 年度 H 省法治政府绩效公众满意度总体评价 (单位:%)

满意度 年度	非常满意	比较满意	一般	比较不满意	非常不满意
2014	0.7	45.7	35.5	13.0	5.1
2015	2.8	47.8	41.7	6.1	1.6
2019	7.9	49.6	44.5	5.3	0.6

若将研究结果转换成百分制来体现,由于区(省)、市、县三级地方政府职能存在明显差异,因此在进行绩效评价的时候,不可简单地将各级政府的绩效满意度得分累加平均为 H 省法治政府绩效公众满意度指数。但为了便于比较分析,我们仍将 H 省 14 个地市的法治政府绩效公众满意度进行了算术平均,从而获得 H 省 2014 年度、2015 年度及 2019 年度的法治政府绩效公众满意度(百分制)总分值(作为参考),分别为 55.30 分、58.71分和 70.92 分。2014 年度和 2015 年度得分均值为 57.00,处于中等水平;2019 年度处于中等偏上水平。相对而言,2019 年度比 2015 年度高 20.8%,2015 年度比 2014 年度高 6.17%,公众满意度的提高反映了 H 省法治政府绩效有所提升。图7-1 为各维度得分年度比较。

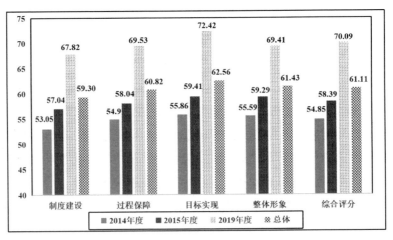

图7-1 2014、2015、2019 年度 H 省法治政府绩效评价各维度得分

上述满意度评价结果呈现以下特点：

第一，将 100 分作为参照标准，2014、2015、2019 三个年度满意度均值都超过中位数，满意度结果整体上呈现逐年提高的趋势，说明 H 省法治政府绩效水平总体趋于正面，具有正向增长的潜力。但得分绝对水平不高，按满意度五级评价，2014、2015 年度满意度相当于"一般"等级，2019 年度满意度相当于"比较满意"等级。

第二，各指标维度得分并不均衡，存在一定反差。从 2014 年度结果看，评分最高的目标实现维度为 55.86，最低的制度建设维度为 53.05，极差为 2.81，占当年综合评分值的 5.1%；从 2015 年度结果看，评分最高的目标实现维度（59.41）较评分最低的制度建设维度（57.04 分）高出 2.37，占当年综合评分值的 4.01%；从 2019 年度结果看，评分最高的目标实现维度为 72.42，评分最低的制度建设维度为 67.82，极差为 4.6，占当年综合评分值的 6.6%。尽管差值不大，亦在一定程度显示出 H 省法治政府绩效评价的"优势"和"短板"。

第三，各地各维度评分值分布在三年间保持基本一致。由上一点可见，2014 年度、2015 年度及 2019 年度的满意度评分最高和最低的指标维度具有一致性，其他几个维度评分高低分布特征亦趋于相同。不仅如此，若从地区分布来看，2014 年评分较高的地市和县区，绝大多数也在 2015 年、2019 年评价中表现更优。同时说明现有评价指标体系及实证方法具有识别评价对象与评价内容相互差异的功能，其科学性和鉴别力初步得到验证。

（二）按地市分类结果

以 14 个地级市作为支点，对 H 省法治政府满意度评分的结果进行纵向、横向分析。从满意度得分分布、得分水平以及不同年度得分比较上看，H 省各地市法治政府建设力度不断加大，其中多数地市已见成效。从制度建设、过程保障、目标实现和整体形象四个评价结果维度的分数分布及排序上看，则反映出 H 省法治政府建设不同环节工作质量的地区差异，法治政府绩效排序受制于多方面的因素影响，其建设情况差异可能与经济发展水平以及调查样本选取等复杂因素相关。

1. 各地市公众满意度得分及排序

法治政府绩效评价是为了促进法治政府建设。评价本身不是目的，目

法治政府绩效评价群众满意度研究

的在于通过评价这种方式，推动法治政府建设总体目标的实现。本研究之所以在 H 省连续进行了三年调查，其中一个重要的考虑是通过三年数据对比形成评价结果趋势，为改善绩效水平提供有力依据。在结构层面，对应 14 个地级市，通过纵向对比其三年满意度评分（见表7-2），成为展开分析的第一步。

表7-2　2014、2015、2019 年度 H 省 14 个地级市法治政府公众满意度得分及排序

年份 地市	2014	排序	2015	排序	2019	排序
NN	58.12	5	61.65	2	78.05	1
LZ	61.24	2	64.05	1	76.64	2
GL	61.17	3	61.48	3	69.58	9
WZ	65.85	1	61.44	4	75.64	3
BH	47.94	13	54.95	14	72.19	5
FCG	47.69	14	57.39	10	69.06	11
QZ	51.95	10	55.44	12	71.91	6
GG	50.85	11	58.52	7	67.35	12
YL	48.97	12	58.35	8	69.53	10
BS	55.31	7	55.31	13	71.62	7
HZ	54.81	8	55.56	11	61.11	14
HC	54.27	9	58.54	6	73.47	4
LB	56.75	6	58.29	9	66.64	13
CZ	59.26	4	60.94	5	70.08	8

　　首先，就满意度得分分布而言，如图 7-2 所示，2014 年度共有 3 个地市高于 60 分，占 21.4%；共有 8 个地市得分介于 50~60 分，占 57.1%；低于 50 分的地市也有 3 个。2015 年度各地市得分比 2014 年度普遍有所提高，其中在 60 分以上的地市达到 5 个，其余 9 个地市得分均在 50~60 分（实际仅有 1 个低于 55 分）。应该说，2014 年度各地市法治政府绩效公众满意度水平分布较为均匀，而 2015 年度则显得差距更加明显。2019 年度 6 个地市评分在 60~70，评分结果在 70 分以上的有 8 个地市，总体得分相对较高。

　　其次，就满意度得分水平而言，如图 7-3 所示，2014 年度评分较高的前三个地市依次为 WZ（65.85）、LZ（61.24）、GL（61.17），评分相对较低的有 FCG、BH、YL 等地市。2015 年度评价结果与此保持较高一致性，

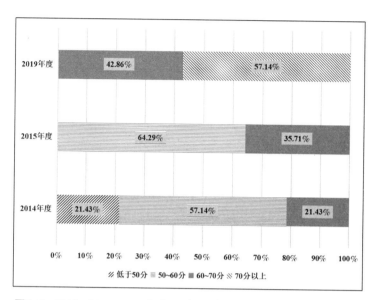

图7-2 2014、2015、2019年度H省14个地级市满意度得分分布情况

其中 LZ（64.05）超越 WZ（61.44）成为全省得分最高的地市，NN（61.65）升至第二，但上一年度评分较高的 GL、WZ 等地市依然排在前5，BH（54.95）全省得分最低。2019年度评价结果中最高的三个地市依次是 NN（78.05）、LZ（76.64）、WZ（75.64），8个地市的评分超过70分，LB（66.64）、HZ（61.11）排名靠后。

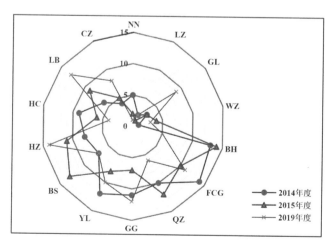

图7-3 2014、2015、2019年度H省14个地级市法治政府绩效满意度排名

再次，从三年得分比较来看，绝大部分地市均比上一年度有所提高，但 WZ 2015年度得分（61.44）比2014年度（65.85）降低6.7%，BS 与上一年度得分持平。就年度排名变化而言，表现较为稳定的是 GL、LZ、BH、CZ，其中 GL 两年排序均为全省第三，排名浮动相对较大的是 BS，尽管其满意度总分不变，但 2015 年比 2014 年排序下降 6 位。从 2014 年度到 2015 年度的 14 个地市中，排名比上一年度有进步的为 6 个，占总数的 42.9%。从 2015 年度到 2019 年度的 14 个地市中，排名有进步的也有 6 个，占总数的 42.9%。这在一定程度表明，H 省各地市法治政府建设力度不断加大，其中多数地市已见成效，且已透过专家和公众满意度评价结果体现出来，这也从侧面佐证了主观评价的效力。

2. 各地市公众满意度不同维度得分及排序

进一步地，将各地市公众满意度评价结果按照指标体系所对应的制度建设、过程保障、目标实现和整体形象 4 个维度分别进行统计，见表7-3。

表7-3　H 省 14 个地级市法治政府公众满意度各维度得分均值及排序

地市	综合评分	排序	制度建设	排序	过程保障	排序	目标实现	排序	整体形象	排序
NN	60.00	5	57.11	4	59.61	5	60.53	5	61.46	5
LZ	62.51	2	63.36	1	61.53	2	63.07	2	63.85	1
GL	61.34	3	60.50	3	60.17	4	61.81	3	63.31	3
WZ	63.39	1	61.30	2	63.46	1	63.66	1	63.73	2
BH	50.88	14	48.12	14	50.94	14	51.22	14	52.14	14
FCG	52.68	13	51.58	10	51.95	13	52.95	13	55.70	11
QZ	53.81	12	50.92	12	53.56	12	54.59	12	55.15	13
GG	55.14	10	55.00	7	55.26	9	54.81	11	56.03	9
YL	54.44	11	50.79	13	54.34	11	55.12	10	55.76	10
BS	55.31	8	51.09	11	55.39	8	55.43	9	56.92	8
HZ	55.17	9	52.43	9	55.21	10	56.08	8	55.65	12
HC	56.59	7	53.98	8	56.48	7	57.19	7	57.87	7
LB	57.49	6	56.06	6	57.15	6	57.28	6	59.19	6
CZ	60.29	4	56.41	5	60.47	3	60.53	4	62.48	4

第一，从不同维度得分高低分布来看，14 个地市法治政府绩效公众满意度评分在制度建设维度最为分散，其最高值为 63.36（LZ）、最低值仅为 48.12（BH），极差达到 15.24，占该维度全省均值比例的 27.7%。得分相对较为集中的是整体形象维度，最高值为 63.85，最低值为 52.14，极差为

11.71，占全省均值比例的20.4%。各地市在不同评价维度满意度评分的离散性，一定程度反映了H省法治政府建设不同环节工作质量的地区差异，并成为后续绩效改善的重要参考。

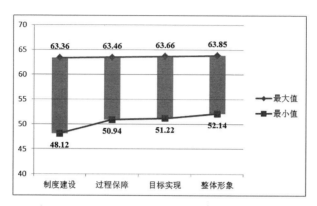

图7-4 14个地级市公众满意度在4个指标维度上的评分高低分布

第二，从各地市在不同维度的具体得分来看：制度建设方面，满意度得分排在全省前3位的依次为LZ、WZ、GL；过程保障方面，得分排在前3位的依次为WZ、LZ、CZ；目标实现方面，得分排在前3位的依次为WZ、LZ、GL；整体形象方面，得分排在前3位的依次为LZ、WZ、GL。可以看出，尽管不完全相同，但4个维度评价结果处于优等的地市相对固定。若考虑得分较低的地市，则特征更为明显。4个评价维度得分居末的都是BH，而FCG、QZ和YL基本居于次末位。这一结果反映出，H省法治政府绩效（满意度）水平已形成较明显的区域特性。其中，中部及北部地区城市处于全省较优水平，包括WZ、LZ、GL、CZ和NN等；而东南部地区城市法治政府建设普遍较为滞后，包括QZ、FCG、BH、YL等。某种程度上，法治政府绩效排序未与经济发展呈现较强相关，其结果可能受制于多方面的因素影响。

H省可分为南部地区（包含NN、BH、QZ、FCG、YL、CZ的部分区县）、西部地区（包含HC、BS、CZ的部分区县市）和沿江经济带（途径NN、WZ、BS、LB、LZ、FCG、HZ、HC、YL等市）。由于区位条件、发展水平及发展战略等差异，可能对法治政府绩效满意度评价结果造成影响。两年评价结果显示：一是西江经济带满意度总体高于西部地区与南部地区，以两年算术平均值为例，分别为沿江经济带58.56、西部地区57.39、南部地区 55.21，其中沿江经济带比南部地区高 6.1%，区域间确实存在差距；二是区域内比较，亦以两年算术平均值为例，南部地区绩效满意度极差最大（9.12），其次为沿江经济带（极差为 8.95），西部地区极差最小（4.98），相对而言，南部地区与沿江经济带内部差距更明显，如图 7-5 所示。

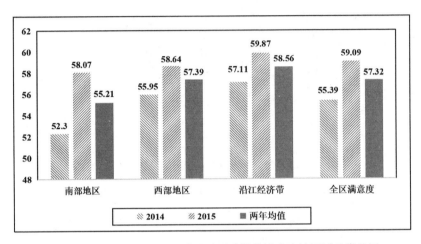

图7-5 2014—2015 年度 H 省法治政府绩效满意度按区域分类结果

第三，从不同地市在各维度得分排序来看，以满意度综合评分为参照，可见地市排序和总分排序基本保持一致。同时各维度排序差距悬殊的地市较少，仅有 HZ、GG、YL、BS 各领域层排序有较大幅度的变动，其余城市则相对稳定，如 WZ 市，3 个维度得分全省排序第一、2 个维度得分排序第二；BH 市则 4 个维度得分排序第十四、1 个维度得分排序第十三。这一结果较好地佐证了现有评价指标体系的内在一致性。

第四，各地市不同受访者（公众）对当地法治政府绩效满意评价分化程度不一。由图7-6 可知，全省 14 个地级市法治政府绩效满意度离散系数介于 0.147～0.408 之间，离散系数最小的是 WZ（0.147），其次为 CZ（0.217）、BS（0.241），离散系数较大的是 YL（0.368）、QZ（0.381）、BH（0.408），说明这些地市公众的法治政府满意度评价分化较大。满意度平均值较高的地区，其评分的内部分化程度相对较低；而满意度均值较低的地区，内部分化程度一般较高，如 BH、FCG、QZ、GG 等市。部分原因是各市法治政府建设情况差异，亦可能与其经济发展水平以及调查样本选取等复杂因素相关。

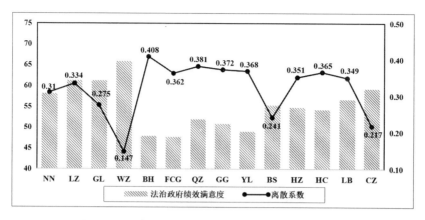

图7-6　14个地级市法治政府绩效满意度和离散系数

（三）按县（市、区）分类结果

按2016年的行政区划，H省有14个地级市，34个市辖区、7个县级市、56个县、12个民族自治县，共109个县级行政单位。受调查时间与成本所限，本研究从14个地市中选取了35个具有代表性的县（市、区），对当地公众进行法治政府满意度调查。2015年度基本参照2014年度样本量进行抽样，考虑到抽样的便利性，对少数县区进行了调整。将LZ的CZ、HZ的FC、NN的JN、QX、JX分别替换为WZ的CZ、LB的HS、WX、CZ的PX、NN的YN。2015年度的总样本量为7 638，比2014年度的样本量多633。2015年度H省35县（市、区）样本量见表7-4。

表7-4　2015年度H省35县（市、区）样本量

县区	BA	BB	CZ	DX	FC	FS	FM
样本量	267	355	196	157	200	204	201
县区	GY	GP	HP	HS	JZ	LS	LC
样本量	148	390	270	139	215	307	201
县区	LJ	MS	ND	PX	QB	QN	QZ
样本量	289	198	161	167	150	102	234
县区	QT	TX	TE	TSG	WS	WX	XL
样本量	200	198	200	155	160	198	197
县区	XXT	XB	XF	YZ	YN	YJ	YZ
样本量	400	147	250	295	250	186	251

1. 各县（市、区）满意度指数一览表

2014年度与2015年度H省35个县（市、区）的法治政府绩效满意度得分及各维度得分见表7-5和表7-6。

表7-5　2014年度H省35个县（市、区）满意度指数

维度 县区	制度建设	过程保障	目标实现	整体形象	综合评分	相对排序
BA	66.62	64.78	65.43	64.96	65.11	5
BB	51.26	56.38	57.92	57.65	56.55	16
CZ	74.22	72.42	73.53	74.81	73.33	1
DX	41.80	41.63	42.68	49.50	43.26	34
FC	51.23	49.67	52.77	54.41	51.24	25
FS	53.85	61.83	59.71	66.55	60.43	10
FM	47.33	46.46	47.67	47.63	46.71	31
FC	40.26	46.65	47.75	43.82	45.45	32
GY	77.29	60.03	69.52	70.33	67.19	3
GP	47.30	51.41	51.16	53.17	51.47	24
HP	45.32	47.84	48.65	49.65	48.19	28
QT	49.44	50.35	47.83	53.52	50.01	26
JN	57.63	54.80	53.49	60.00	55.77	18
JZ	49.72	57.12	58.98	60.57	57.94	11
JX	41.90	46.97	46.54	48.53	46.87	30
LS	48.66	49.55	49.18	49.55	49.13	27
LC	55.00	53.92	55.32	54.79	54.43	22
LJ	60.48	55.38	57.74	60.50	57.87	12
MS	60.73	62.88	65.69	63.04	63.71	7
ND	40.53	43.13	42.20	44.17	42.47	35
QB	48.03	55.83	60.36	59.22	56.98	14
QN	49.01	49.51	53.91	54.60	51.51	23
QX	55.59	56.79	57.81	58.82	57.36	13
QZ	53.10	55.86	56.53	58.51	56.13	17
TX	69.11	68.28	68.72	67.35	68.25	2
TE	61.85	64.18	66.30	61.95	64.07	6
TSG	45.12	48.60	47.79	48.87	47.69	29

续表

维度\县区	制度建设	过程保障	目标实现	整体形象	综合评分	相对排序
WX	55.67	61.27	61.60	62.80	61.18	9
XL	62.98	67.05	67.33	69.50	67.19	4
XXT	49.79	55.79	55.62	57.79	55.59	20
XB	54.42	55.93	56.56	59.29	56.75	15
XF	62.00	62.58	63.38	63.67	62.89	8
YZ	54.23	54.33	56.21	56.75	55.48	21
YJ	53.98	55.70	56.72	56.41	55.75	19
YZ	37.87	43.65	44.93	47.38	44.07	33

表7-6　2015年度35县（市、区）绩效满意度

维度\县区	制度建设	过程保障	目标实现	整体形象	综合评分	相对排序
BA	52.02	55.12	55.98	54.12	55.56	29
BB	53.68	58.42	58.29	57.59	58.12	25
CZ	60.27	62.67	62.23	62.13	62.42	8
DX	52.43	53.45	53.54	51.31	53.11	32
FC	58.57	60.66	60.44	60.53	60.75	15
FS	57.84	62.11	62.65	60.17	62.01	10
FM	51.28	57.76	58.38	57.47	57.81	27
GY	60.07	62.31	62.28	61.49	62.44	7
GP	61.90	58.59	58.44	56.94	58.19	24
HP	52.44	55.04	55.57	56.07	55.20	30
HS	60.42	60.09	59.09	56.25	59.53	18
JZ	59.47	58.97	59.50	57.27	59.09	21
LS	59.04	61.20	61.19	59.45	61.04	13
LC	62.09	63.36	64.21	61.02	63.42	5
LJ	64.25	64.94	66.00	63.32	65.31	2
MS	58.68	60.06	62.48	59.04	61.30	11
ND	45.68	48.37	48.62	47.88	48.53	34
PX	60.81	62.29	61.86	60.64	62.02	9

续表

维度 县区	制度建设	过程保障	目标实现	整体形象	综合评分	相对排序
QB	45.00	59.63	66.38	54.00	61.29	12
QN	55.63	57.94	58.13	58.12	58.00	26
QZ	65.00	63.59	65.00	66.56	64.99	3
QT	57.30	58.87	59.66	59.10	59.17	19
TX	63.67	63.02	64.41	59.98	63.18	6
TE	56.95	60.32	61.48	62.09	60.35	17
TSG	51.62	54.21	55.08	55.16	54.52	31
WS	60.50	63.86	63.92	64.25	63.69	4
WX	56.33	57.49	56.80	56.04	57.12	28
XL	42.17	46.29	46.52	45.88	45.60	35
XXT	58.28	60.36	60.76	59.71	60.72	16
XB	57.39	58.24	58.76	59.13	58.69	22
XF	58.00	60.68	61.04	60.44	60.92	14
YZ	49.08	53.01	52.85	53.67	52.89	33
YN	64.19	66.83	66.94	65.16	66.63	1
YJ	53.86	58.63	58.53	58.53	58.60	23
YZ	60.33	58.87	59.74	58.70	59.10	20

2. 各县（市、区）满意度结果分析

首先，大多数县（市、区）2015年度评分高于2014年度，反映了H省法治政府建设绩效呈现总体向好趋势。其中，2014年度数据有10个县（市、区）得分高于60分，16个县得分在50~60分，得分低于50分的有9个；2015年度数据，得分在60分以上的县（市、区）达到17个，低于50分的只有2个。综合来看，2015年度满意度综合评分比2014年度有所提高的县共有25个，考虑到有部分县区在后一年度调查中被替换，实际两年度对应的只有30个县（市、区），则这一数据已占83.3%。

其次，两个年度各县（市、区）满意度结果差异明显，如图7-7所示。其中，2014年度得分最高的为LZ的CZ（73.33），得分最低的为HC的ND（42.47），极差为30.86。2015年度得分最高的为NN的YN，得分是66.63，得分最低的是BS的XN（45.60），极差为21.03。应该说，县（市、区）2015年度满意度得分差距比2014年度有所减小，相对而言，2015年度得分更为均衡，但不同县（市、区）两年的相对排名亦有明显升降。如YL的

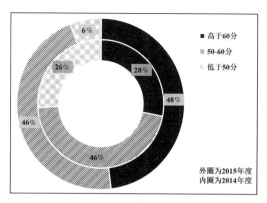

图7-7　35个县（市、区）满意度两年度得分分布情况

YZ2014年度排名为33，2015年度则变为20，整体得分亦比上一年度高
15.03；而HZ的BA2014年度排序前五，2015年度则下降为29，排名变化
幅度较大。整体上，县级法治政府绩效公众满意度呈现两极分化的态势。
图7-8为2014年度排序前五位和排序后五位的县（市、区）满意度得分的
比较。从图中可以发现两组单位具有以下特点：一是综合评分得分，前五
位明显高于后五位，并且差距较大（见图上垂直距离）；二是各维度评分趋
势大致相同，但GY在过程保障维度得分与其他维度得分有明显落差；三是
相对于排序前五的县区，排序后五的县区各维度分布趋势更为集中。

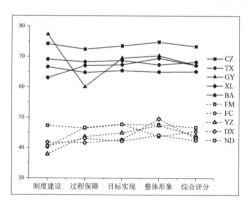

图7-8　2014年度排序前五位和后五位县（市、区）总体得分及各维度得分比较

再次，县（市、区）满意度评分亦呈现一定的区域集聚特征。排序靠
前的县（市、区）中，大部分处于北部地区。其中2014年度排序前五的为
CZ、TX、GY、XL和BA，2015年度排序前五的为YN、LJ、QZ、WX、LC。
这一分布趋势与地市相似，说明抽样选取的县区在该地市中具有较强的代
表性，亦表明H省各地市法治政府绩效分化明显。

（四）按指标及评价方式的分类结果

法治政府绩效公众满意度不同评价指标在 2014、2015 两个年度内得分情况既有所变化，又相对稳定；各项指标 2015 年度均值都比 2014 年度有所提高，但增幅不一。从不同地市各项具体指标得分情况上看，各地市 12 项具体指标得分高低水平及离散程度存在纵向差别；横向来看，80% 的地市最高分和最低分指标落在相同两项，各地市满意度评分呈现出较高程度一致性。对比专家评议和公众评价两类指标的评价结果，可见公众评价结果总体高于专家评议结果，专家的评价标准可能更为严格且理性，评分趋低。最后，将 G 省评价体系中主要的客观指标应用于 H 省区级评价，并进行比较分析，发现法治政府绩效主客观评价结果存在一定反差。

1. 公众满意度具体指标得分按年度比较

为更好地体现各地市法治政府绩效公众满意度评分的强弱项，表7-7汇总了 12 项具体评价指标两个年度均值结果。其中，两年得分最高的指标都是法治政府总体表现（两年算术均值为 59.71），两年得分最低的指标都是政策公平（两年算术均值为 55.13）。除此之外，2014 年得分较高的还有服务态度（56.70）与本地治安（56.01）等指标，2015 年得分较高的还有依法行政（59.66）与服务态度（59.59）等指标，两年得分较低的还有政府廉洁指标。可见，满意度不同评价指标在两个年度内得分情况既有所变化，又相对稳定。其中法治政府整体形象指标总体评价最好，过程保障和目标实现维度各有 1~2 项指标评价较优，而制度建设、目标实现维度也有 1~2 项指标明显有待改善。

表7-7　公众满意度具体指标两个年度得分比较

指标 ＼ 年份		2014	2015	算术平均值
制度建设	政策公平	53.05	57.04	55.13
	决策民主	55.71	59.49	57.68
	决策科学	54.90	59.35	57.22
过程保障	服务态度	56.70	59.59	58.21
	服务效率	55.81	59.02	57.48
	政务公开	54.07	58.88	56.58
	权力监督	54.65	59.52	57.19

续表

	年份 指标	2014	2015	算术平均值
目标实现	政府廉洁	53.59	58.29	56.04
	社会治安	56.01	59.58	57.87
	执法公正	55.15	58.33	56.81
	依法行政	55.78	59.66	57.80
整体形象	法治政府 总体表现	58.54	60.78	59.71
满意度综合评分		55.39	59.09	57.32

同时，各项指标 2015 年度均值都比 2014 年度有所提高，但增幅不一。其中，决策科学、政务公开、权力监督、政府廉洁 4 项指标在两年间增幅最大，达到 8% 以上；增幅相对较小的有法治政府总体表现（3.1%）、服务态度（5.1%）、服务效率（5.8%）和执法公正（5.8%）等指标。由此可大致判断 H 省法治政府建设在近两年内的着力重点及其达成效果的差异。当然，各项指标在不同区域或由不同受访者评价所表现出来的内部差异性亦有所不同。以离散系数进行测量，其中执法公正满意度离散程度最高，离散系数为 0.488；政府总体表现满意度离散程度最低，离散系数为 0.411。如图 7-9 所示。

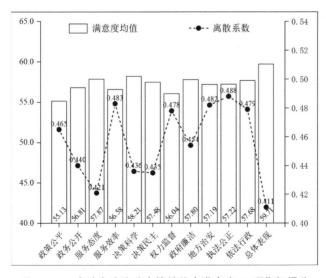

图7-9　14 个地市法治政府绩效公众满意度 12 项指标得分

2. 公众满意度指标得分按地市比较

不同地市各项具体指标得分情况汇总见表7-8。

表7-8　H省14个地市法治政府绩效公众满意度具体指标得分

指标 地市	政策 公平	决策 民主	决策 科学	服务 态度	服务 效率	政务 公开	权力 监督	政府 廉洁	社会 治安	执法 公正	依法 行政	总体 表现	综合 评分
NN	57.11	59.62	60.64	60.75	59.43	59.18	59.83	58.99	61.29	59.71	60.09	62.84	60.00
LZ	63.36	60.64	61.80	62.62	63.10	59.46	62.33	61.10	64.84	63.66	63.04	64.63	62.51
GL	60.50	61.80	58.09	63.84	62.67	59.33	58.15	60.37	62.59	61.47	61.69	64.93	61.34
WZ	61.30	63.30	63.42	64.58	63.44	63.52	63.94	63.46	63.26	63.12	63.88	63.57	63.39
BH	48.12	51.47	51.72	51.60	51.58	51.10	51.38	49.67	49.76	49.91	52.00	52.28	50.88
FCG	51.58	52.35	50.12	52.98	52.02	50.29	52.10	48.95	56.70	53.09	52.61	58.76	52.68
QZ	50.92	54.55	53.32	55.41	54.16	53.29	53.06	51.33	55.49	53.22	54.28	56.01	53.81
GG	55.00	54.59	54.46	54.85	54.11	55.49	55.07	54.89	55.76	56.02	56.24	55.82	55.14
YL	50.79	55.45	55.38	55.83	54.64	53.66	55.04	52.70	54.39	54.34	54.97	56.55	54.44
BS	51.09	56.92	55.71	55.67	55.45	55.46	55.86	55.05	54.82	53.31	55.23	58.61	55.31
HZ	52.43	56.03	56.69	56.46	56.80	55.38	54.86	52.90	54.35	54.85	55.10	56.19	55.17
HC	53.98	58.04	57.59	57.65	57.04	56.26	56.77	56.21	56.46	55.12	57.35	58.39	56.59
LB	56.06	58.10	57.08	58.04	57.55	57.06	57.55	57.12	56.60	56.93	57.98	60.39	57.49
CZ	56.40	61.56	61.25	60.46	60.04	60.61	61.34	57.01	60.36	58.35	60.90	64.06	60.29
均值	55.13	57.68	57.22	58.21	57.48	56.58	57.19	56.04	57.87	56.81	57.80	59.71	57.32

归纳其特点：一是纵向来看，各地市12项具体指标得分高低水平及离散程度有别。其中，均值最高的是服务态度（58.21）和法治政府总体表现（59.71），均值最低的是政策公平（55.13）和政府廉洁（56.04）；地市最高分相对较高的指标有服务态度（64.58）、社会治安（64.84）和法治政府总体表现（64.93）；地市最低分相对较高的指标主要是依法行政（52.00）和法治政府总体表现（52.28）2项。值得指出的是，服务态度、依法行政和总体表现3项指标，无论是得分最高值、最低值还是平均值都处于较优水平，且各地市离散程度较小，属于明显的"优势"指标；而社会治安指标尽管最高分占优，但存在异常的极端低值，得分离散度较大。12项指标最高与最低分差值占平均值的比例显示，政策公平、政府廉洁与社会治安3者得分离散度最大，而决策民主、服务效率、依法行政及总体表现4者得分则相对集中。

二是横向来看，80%的地市最高分和最低分指标落在相同两项，如图7-10所示。其中，除LZ、WZ、GG、HZ以外，剩余10个地市最高分项均为法治政府总体表现指标；除LZ、GL、FCG、GG以外，剩余10个地市最低分项均为政策公平指标。各地市满意度评分呈现出较高程度一致性，这也初步验证了法治政府总体表现和政策公平2项指标分别为评价强项和弱项的均值特征。相对特别的，如LZ的最高分和最低分分别落在社会治安与政府廉洁指标上，GG的最低分落在服务效率指标上，HZ的最高分亦落在服务效率指标上。

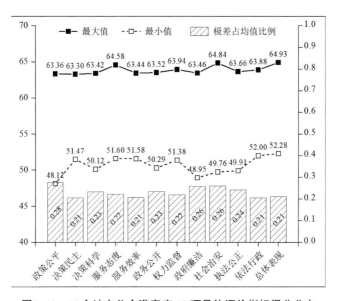

图7-10 14个地市公众满意度12项具体评价指标得分分布

3. 专家评议与公众评价结果比较

法治政府绩效满意度评价指标体系包含专家评议和公众评价两类指标，可进一步比较这两类评价结果的差异。图7-11为14个地市采用算术平均值对比专家评议指标（4项）和公众评价指标（8项）的得分。可见，红色曲线大都在蓝色曲线的上方，即公众评价结果总体高于专家评议结果。具体而言，14个地市中有12个呈现这一特征，另外2个地市专家评议结果略高。当然，由于两类评价指标内涵不同，无法进行指标间的得分对比。但这一结果毕竟说明了，从普通公众角度感知的当地政府法治建设绩效确与专家角度的判断不同，相对来讲，专家的评价标准可能更为严格且理性，评分趋低。

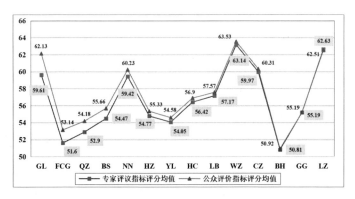

图7-11 专家评议和公众评价指标得分比较

4. 主观评价与客观评价结果比较

另一方面，如前面章节所述，法治政府绩效既可采用主观评价，也可采用客观评价。基于一系列理由，本书重点研究从主观角度进行的满意度评价。但是，主观评价方法的效度如何，究竟能在多大程度反映法治政府绩效客观水平？笔者参考 G 省法治政府绩效评价指标体系，即由法制建设、过程推进、目标实现、法治成本和公众满意 5 个领域层组成的结构体系，其中前 4 个为客观领域层。① 这样，满意度实际上是与之平行且相互印证的 1 个领域层。针对 H 省的评价设计与此基本一致，并且在满意度领域内部也划分了制度建设、过程保障、目标实现等维度，与客观评价指标对应。将 G 省评价体系中主要的客观指标，应用于 H 省区级评价，并进行比较分析。

如图7-12 所示，采用客观指标和主观满意度衡量的 H 省法治政府绩效水平尽管不同，但差距不算很大。总体上，客观评价结果要高于主观评价结果。其中，客观评分在制度建设维度最高，达到 67.04；其次是过程保障维度，达到 65.33。这与主观评价结果略有差别，后者是以目标实现维度评分最高，制度建设维度评分相对较低。整体形象和法治成本两个维度，分别只在主观评价和客观评价中设置指标，故无法进行比较。总的来看，法治政府绩效主客观评价结果存在一定反差，原因复杂，可能源于政府自认

---

① 郑方辉，邱佛梅. 法治政府绩效评价：目标定位与指标体系 [J]. 政治学研究，2016（02）：67-79.

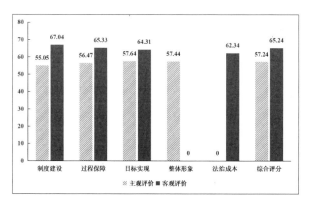

图7-12 H省法治政府绩效主客观评价结果比较

为投入较多、力度较大的环节，比如制度建设，透过客观指标（统计数据）反映出来的评分通常较高，但由于制度质量（如功能健全、政策公平等）欠缺，相应的公众感知以及专家评议结果未必理想。折射出法治政府建设及其绩效评价应以人民满意为最终标准、增强相关政策对社会需求回应性的重要价值。

（五）重要变量交互分析

首先，公众背景因素对法治政府绩效满意度评价产生了重要影响，公众背景不同会显著改变其对当地法治政府绩效的期望和感知质量，进而改变其满意度评分。其次，经济发展所带来的资源可利用性成为驱动法治政府建设的重要因素，而城镇居民人均可支配收入、固定资产投资等其他经济指标以及区域分化程度也与法治政府满意度显著相关。最后，政府治理本身的质量和效能也构成影响公众满意度评价的重要方面，提高政府廉洁程度、监督决策能力以及服务质量成为提高法治政府满意度的应然追求。

1. 公众背景因素

已有研究显示，法治政府绩效满意度与公众背景因素息息相关。基于H省实证研究结果，以2014年度数据为例，从量化角度进一步分析这种关系。为使分析结果更具有代表性，笔者对部分变量进行处理，将年龄变量按老、中、青划分为三个年龄层，学历划分为四个层级，将初、高中合并归类为中学，大专、本科归类为大学；职业则根据就业状态划分为公职人员（包括公务员、科教文卫工作者、国企员工）、其他全职（外企员工、私企员工、其他职业）、自我雇佣（私营业主、农民）、自由职业与未就业

(失业/下岗、学生）五类；家庭年收入则合并为低、中低、中高、高四个区间。在此基础上，将性别、年龄、职业、户籍、学历、家庭年收入6个公众背景因素与法治政府满意度进行交叉表分析，发现这些因素均与法治政府满意度显著相关（P 值均为 0.000)，表明公众背景是影响法治政府绩效满意度的重要因素。具体结果见表7-9。

表7-9 公众背景因素与满意度交互分析（2014年度）

变量	分组	满意度	变量	分组	满意度
性别	男	54.62	户籍	本省	55.14
	女	56.16		外省	57.76
年龄	青年（30岁以下）	54.47	学历	小学及以下	51.01
	中年（30~50岁）	55.97		中学（含初、高中）	53.78
	老年（50岁以上）	56.98		大学	57.62
职业	公职人员	59.10		研究生	57.93
	其他全职	54.05	家庭年收入	低（2万元以下）	46.36
	自我雇佣	53.57		中低（2~10万元）	56.10
	自由职业	54.43		中高（10~30万元）	61.20
	未就业	54.97		高（30万元以上）	55.94

　　首先，从性别分群来看，男性群体对法治政府绩效满意度的评价略低于女性；从户籍情况来看，本省公众满意度相对于外省而言较低；从年龄结构来看，各年龄阶段对法治政府绩效满意度评价差距较小，相对而言，老年群体对法治政府绩效满意度评价更高。其次，对于学历因素而言，法治政府绩效满意度随着学历的提高而提高，高学历群体满意度明显高于低学历群体。其中，研究生学历群体满意度（57.93）最高，其次是大学学历（57.62），小学及以下学历满意度（51.01）较低。再次，从样本职业来看，职业待遇对满意度评价有重要影响，满意度最低的自我雇佣者（53.57）与满意度最高的公职人员（59.10）相差10.32%。相对而言，待遇稳定、薪酬较高的职业比待遇不稳定的职业满意度高。最后，从收入上看，年收入2万元以下群体满意度（46.36）最低，满意度随着收入的增加先升高后下降，年收入10~15万元群体满意度最高（61.20）并形成"拐点"，当收入超过30万元，满意度随着收入的增加呈逐渐下降趋势。

　　更为具体的，如按具体职业分类看，满意度最高的为公务员群体

(62.45)，最低的为农民（52.14），两者相差 10.31 分，占均值比例 19.77%。科教文卫工作者和国企员工等满意度明显优于失业/下岗者、自由职业者等，如图7-13 所示。整体看来，公众背景因素对法治政府绩效满意度评价产生了重要影响，这符合在"概念模型"一章的预判，即公众背景不同会显著改变其对当地法治政府绩效的期望和感知质量，进而改变其满意度评分。

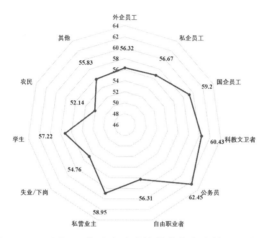

图7-13　不同职业者法治政府绩效满意度比较（百分制）

2. 地区经济因素

理论上，满意度为主观心理体验，经济条件变化将带来人们主导性心理诉求（即其所关注与看重社会生活领域）的显著变化，进而导致其不同评价内容（具体指标）得分的增减。郑方辉和周礼仙针对 2015 年度 G 省的实证研究表明：地区 GDP 和人均 GDP 跟法治政府建设绩效存在较强的正相关，且区域所处的不同经济发展阶段与区内公众收入的分化程度对两者的相关系数影响明显。① 经济因素是指对法治政府的发展具有重要影响的各种经济因素的总和，包括生产力的性质、生产力结构、生产资料所有制的形式、经济结构、经济制度、经济体制、经济总量等。实证研究中，基于数据的可得性考虑，只能将地区生产总值、人均 GDP、城镇居民人均可支配收入、固定资产投资 4 项作为经济因素的代理变量，其数源取自受访者样本所在地区。

――――――――――

① 郑方辉，周礼仙. 经济发展能提升法治政府建设绩效吗――基于 2016 年广东省的抽样调查 [J]. 南方经济, 2016（11）：113-124.

（1）地区发展水平

从经济发展水平来看，14个地市的发展程度差异明显。2014年，14个地市人均GDP及排名依次是：FCG（6.55万元，单位下同，人口以2013年末数据为基数）、LZ（5.50）、BH（5.38）、NN（4.59）、GL（3.66）、WZ（3.40）、CZ（3.20）、QZ（2.70）、BS（2.58）、LB（2.56）、YL（2.38）、HZ（2.20）、GG（1.90）、HZ（1.75）。将各地市人均GDP与其法治政府绩效满意度的均值进行关联分析，如图7-14所示，发现除个别例外，人均GDP较低的地市公众满意度通常亦较低，如GG、YL、HC；人均GDP居中的地市公众满意度相对较高，如LZ、NN、GL、WZ、CZ等；但人均GDP最高的FCG市，其满意度反而偏低。这一现象可能说明：法治政府绩效受制于比经济发展更复杂的因素，单纯经济增长并不必然导致法治政府绩效满意度的提升，二者不是简单的线性相关。

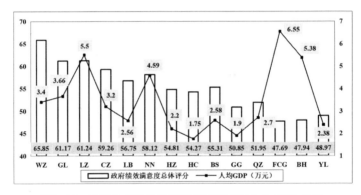

图7-14　H省各市法治政府绩效满意度与人均GDP关系

运用SPSS统计14个地市法治政府绩效满意度与人均生产总值的相关关系，得二者Pearson相关系数为$R=0.532$，$P=0.012$，表明法治政府绩效满意度与地区经济发展水平存在明显正相关关系。人均地区生产总值（GDP）高的地市法治政府绩效满意度越高，说明相对于H省这样一个经济欠发达且结构不均衡的省份，经济发展所带来的资源可利用性是驱动法治政府建设的重要因素。

（2）其他经济指标

法治政府绩效满意度还受到其他经济指标的显著影响。均值比较结果显示，满意度评价结果与城镇居民人均可支配收入、固定资产投资等存在较明显的相关关系影响。如前者相关系数$R=0.075$（$P=0.000$，$F=$

47.053），后者相关系数 $R=0.124$（$P=0.000$，$F=41.068$），见表7-10。由于影响法治政府绩效满意度评价的因素来自多个方面，每个经济变量既能单独作用也能交叉作用，而当其他因素存在的时候，又未必会产生同样的影响，故在分析和应用时需要进行综合考量。

表7-10　其他经济指标与法治政府绩效满意度相关性

预测变量	R	R^2	F
城镇居民可支配收入	0.075	0.006	47.053
固定资产投资	0.124	0.015	41.068

注：$P<0.001$。

（3）区域分化程度

法治政府绩效满意度随地区发展水平改善而提升的结论存在例外，如 FCG 市人均 GDP 最高，但公众对法治政府绩效满意度评价排名十二位，为倒数第三；而 WZ 人均 GDP 位居第六，但公众对法治政府绩效满意度评价排名第一。推而广之，H 省不同区域之间法治政府绩效满意度得分也较为分散，如图 7-15 所示，以北部地区满意度最高，西部、东部相继居于其次，南部地区满意度最低。但南部地区经济发展水平并不差，可能在于除经济以外的其他方面存在严重的地区差距。

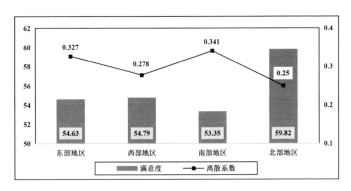

图7-15　H省四个区域内部差异与法治政府绩效满意度关系

具体而言，H 省部分地区并未提供与当地经济发展相对的法治政府服务。第一，与地理位置有关，QZ、FCG、BH 及 YL 等，交通便利，高铁、港口码头、水路、高速公路甚至是机场，路路畅通，开发相对早，开放程度高。但这里的人们，感觉竞争压力大，与自己的期望值存在差距、有怨天尤人的情绪，内心幸福指数低，因而表现出对法治政府绩效满意度评价最低。而相对边远、交通不便的 WZ、HZ，当地老百姓民风淳朴、知足常乐，公众对法治政府绩效满意度评价相当高。第二，与人口分布及人口密度有关，H 省 14 个地市人口基数存在很大差别，这种人口基数和人口密度的不同，必然会对政府的行政行为和管理的难度产生影响，进而影响到公众对政府行政行为的不同评价。如 YL 的年生产总值排名第四，人均却排名倒数第四，法治政府绩效满意度倒数第一就比较典型地体现了这一特点。第三，与新兴城市的兴起和外来人口有一定关联，排名最后的 QZ、FCG 和 BH 都位于 H 省经济区，由于国家利好政策，当地经济增长迅速和外来人口大量涌入，但作为新兴的发展城市，管理经验，特别是应对外来人口的管理经验不足，外来常住人口对政府满意度评价不高。

3. 政府质量因素

法治为政府治理的理想状态，则政府治理本身的质量或效能亦构成影响公众满意度评价的重要方面。为探究政府因素对法治政府满意度的作用，本章采用主成分分析法，通过降维从 8 个公众评价指标中析出服务质量、监督决策以及廉政建设三个因子，将其重新编码，并加上公众年龄、学历、人均 GDP 等控制变量，代入法治政府满意度影响因素回归分析。由表7-11 可知，以上 3 个变量共同解释了 89% 的变异量，它们在统计上都是显著的，且相对应的回归系数都是正值。其中，服务质量、监督决策与廉政建设对法治政府满意度的影响比年龄、学历等变量更大，说明人均 GDP 的增长、服务质量的提高、监督决策能力的增强、廉政建设水平的提高能在一定程度提高公众对法治政府绩效的满意度。以廉政建设水平变量为例，在所有其他变量都受到控制后，当廉政建设水平每提高一个单位，法治政府满意度将增加 4.987 个单位。

表7-11　政府质量因素对法治政府满意度影响分析

自变量	多元回归系数	回归系数的标准误	标准回归系数
年龄	0.043 *	0.020	0.003
学历	0.054 * *	0.021	0.004
人均 GDP	1.218E-5 * *	0.147	0.010
服务质量	1.881 * *	0.192	0.233
监督决策	2.853 * *	0.207	0.333
廉政建设	4.987 * *	0.258	0.535

注：＊＊＊p<0.01，＊＊p<0.05，＊p<0.1

对应这一分析结果，不难发现：第一，提高政府廉洁程度既是公众对政府的呼唤，也是法治政府建设的内在要求。在现实中，政府的许多决策在公众看来都是"黑匣子"，导致公众无法判断政府的廉洁程度。研究表明，政府信息公开与公众生活息息相关，也是贯彻落实以人为本行政理念的良好切入点。① 因此，政府应提高政务公开程度，做到依法行政、廉洁行政、执法公正。第二，要提高监督决策能力，落实政策措施。监督决策能力对法治政府绩效满意度的影响为 2.853 倍。政府在制定政策时不仅应做到科学决策、民主决策，还应提高行政监督能力，强化内部监督机制，同时完善外部监督机制，自觉接受社会舆论的监督，落实政策措施。第三，提高政府服务质量，保障公民权益。法治政府应规范各级行政服务中心的服务流程，改善服务态度，提高服务效率，积极落实便民服务工作，不断提高服务质量，保障公民的基本权益。

二、G 省法治政府绩效公众满意度评价结果

(一) 评价说明

H 省和 G 省是地缘相邻的省份，但两地社会经济发展差异明显，比较两地的评价结果有着重要意义。同时，在 H 省的实证源于 2014 年、2015 年的调查数据。过去几年来，我国法治政府建设已有长足的进步，G 省在此方面的工作领先全国，对 G 省的实证研究更具前瞻性和引领性。

2013 年，G 省公布了《G 省法治政府建设考核指标体系（试行）（征求意见稿）》，包括 7 个维度 151 项指标，其中 7 个维度对应了 7 项公众满意度指标，分别是对政府及其部门依法行政意识和能力满意度、对政府服务能力满意度、对行政决策科学性与民主性满意度、对制度建设总体评价满意度、对行政执法状况满意度、对政府信息公开工作满意度和对社会矛盾纠纷化解工作满意度。

理论上，法治政府绩效评价中的公众满意度即为公众对政府建设"法治政府"成效的满意程度，技术上可采用单一问题进行测量。但公众作为法治政府的最终评价者，未必对"法治政府"内涵有明晰的界定，因此，

---

① 马怀德，王翔. 法治政府评估中的公众满意度调查——以 53 个较大城市为例 [J]. 宏观质量研究，2014，2 (03)：4-10.

满意度评价内容应更为具体，指标设计尽可能贴近公众感知，并且方便操作。为此，根据法治政府绩效评价的理念与导向，我们构建了主客观指标于一体的法治政府绩效评价指标体系，客观指标包含制度建设、过程保障（依法行政、民主决策、政务公开、权力监督）、目标实现和法治成本等4个维度。主观指标为公众满意，指向公众对政府建设"法治政府"成效的满意度，进一步分解为三个层面的具体指标：一是与"法治政府"直接关联的政府作为，如政策公平、执法公正、政务公开满意度等；二是对"法治政府"要求的政府具体表现满意度，如政府服务态度、政府服务效率、政府廉洁、市场监管满意度等；三是与"法治政府"产出关联较大的社会状态及政府总体表现满意度，如社会治安、政府总体表现满意度等。

（二）指标体系

在指标权重方面，借鉴层次分析法，在预研究的基础上，我们以咨询调查的形式对36位专家进行了问卷调查，参考统计结果，确定了具体指标的权重系数，见表7-12。调查以"搭车"方式进行（中国政府整体绩效满意度调查，每年2—3月实施），最终采用的是9项主观指标。满意度评价指标及权重，见表7-12。

表7-12 法治政府绩效满意度测量指标及权重

一级指标	二级指标	三级指标	权重（%）
公众满意	法律规章建设	B_1政策公平满意度	10
	法治过程保障	B_2政务公开满意度	10
		B_3政府服务态度满意度	10
		B_4政府服务效率满意度	10
		B_5市场监管满意度	10
	法治目标实现	B_6政府廉洁满意度	10
		B_7社会治安满意度	10
		B_8执法公正满意度	10
	总体目标实现	B_9政府总体表现满意度	20

（三）数据来源

在数据来源方面，调查覆盖全省市、县两级政府管辖的所有区域，自省→地市→县（市、区）为普查，县域以下则进行抽样。调查对象为18~

70 岁常住人口；调查时间为 2020 年 2 月 1 日至 3 月 30 日；针对时段为 2018—2019 年度（考虑到中国人的年度概念，以春节为限）；调查主要采用定点拦截方式，以性别、年龄、户籍为配额条件，并以电话为辅助。问卷使用 10 级量表。实际操作中，全省计划样本量 8 500 份，回收问卷预计量：6 123 份，有效问卷 5 850 份，合格率 95.54%。21 个地级以有效样本量见表7-13。问卷采用 SPSS 软件录入统计，之后针对样本结构，如年龄、性别、收入、职业与当地常住人口总体结构进行对照，检验样本的代表性[①]。

表7-13　2019 年度法治政府绩效满意度调查 21 个地级市有效样本量

地市	GZ	SG	SZ	ZH	ST	FS	JM	ZJ	MM	ZQ	HZ
样本量	703	300	632	126	225	237	122	191	357	300	298
地市	MZ	SW	HY	YJ	QY	DG	ZS	CZ	JY	YF	合计
样本量	272	200	271	170	403	148	105	200	358	232	5 850

（四）评价结果及特点

按照指标体系的 9 项满意度指标值，计算 2019 年度 G 省 21 个地级市法治政府绩效满意度，见表7-14。

表7-14　2019 年度 G 省 21 个地级市法治政府绩效满意度

地市	2019 年度		2014 年度		2013 年度		9 项满意度指标评价值								
	得分	排序	得分	排序	得分	排序	政策公平	执法公正	政务公开	服务态度	服务效率	政府廉洁	市场监管	社会治安	总体表现
SZ	82.20	1	58.18	5	58.41	4	81.62	82.38	81.78	79.53	80.94	82.81	82.25	83.18	83.74
GZ	77.99	2	59.78	3	58.39	5	78.36	78.28	77.25	76.02	76.97	78.28	77.65	79.66	78.72
FS	77.85	3	60.78	1	60.04	2	75.86	77.83	77.76	76.29	76.03	78.19	77.89	79.79	79.41

---

①　样本结构基本情况：性别结构：男士占 55.91%，女士占 44.09%；户籍结构：本市县占 66.77%，本省占 24.68%，外省占 8.22%，其他占 0.32%；年龄结构：18~20 岁占 20.97%，21~30 岁占 26.74%，31~40 岁占 25.68%，41~50 岁占 16.77%，51~60 岁占 6.65%，61~75 岁占 3.2%；学历结构：小学及以下占 5.01%，初中占 11.66%，高中/中专占 21.95%，大专占 22.24%，本科生占 37.11%，研究生占 2.03%；职业结构：外企员工占 1.79%，私企员工占 14.44%，国企员工占 7.95%，科教文卫者占 10.27%，公务员占 6.48%，自由职业者占 7.04%，私营业主占 6.82%，失业下岗占 2.27%，学生占 29.81%，农民占 3.9%，其他 9.21%；收入结构：2 万元以下占 4.99%，2~5 万元占 11.73%，6~10 万元占 27.97%，11~15 万元占 27.9%，16~30 万元占 19.06%，31~50 万元占 6.65%，50 万元以上占 1.71%。

续表

地市	2019 年度		2014 年度		2013 年度		9 项满意度指标评价值								
	得分	排序	得分	排序	得分	排序	政策公平	执法公正	政务公开	服务态度	服务效率	政府廉洁	市场监管	社会治安	总体表现
ST	77.65	4	52.6	12	51.05	14	77.64	77.96	77.29	76.58	76.04	77.60	75.73	79.82	78.93
DG	77.32	5	57.19	7	56.42	8	78.51	78.45	77.03	77.03	76.49	77.16	77.77	74.05	78.38
ZH	76.53	6	60.45	2	59.26	3	75.32	75.91	76.35	75.71	74.84	75.48	76.03	80.24	77.70
HY	76.21	7	49/93	17	47.67	20	77.51	76.18	76.05	75.68	75.13	76.90	76.05	72.88	77.86
HZ	75.27	8	57.19	6	56.46	7	75.17	76.79	74.56	73.89	73.72	75.91	75.10	75.69	75.91
JM	74.49	9	56.8	8	55.97	9	76.48	76.64	73.28	72.79	73.28	75.00	74.34	72.46	75.33
ZQ	74.49	10	52.99	10	51.81	12	74.57	73.53	74.73	72.43	73.27	74.93	75.27	76.23	74.97
SG	74.34	11	54.99	9	57.37	6	74.97	76.15	72.53	73.13	73.47	74.90	73.03	73.70	75.77
ZJ	74.29	12	52.08	15	51.93	11	72.98	73.77	74.76	72.98	72.51	73.09	75.08	74.66	76.54
QY	73.27	13	52.24	14	50.31	16	73.56	72.36	72.95	72.80	72.53	72.66	72.80	73.65	74.69
MZ	73.26	14	52.3	13	54.42	10	73.90	72.46	73.42	73.01	72.10	72.61	73.86	68.79	76.21
MM	72.27	15	49.23	16	48.61	17	71.62	71.82	70.76	71.23	70.20	70.92	71.48	72.47	76.10
SW	71.50	16	49.77	18	46.4	21	72.20	70.52	71.60	71.10	69.60	71.05	72.20	72.28	72.25
ZS	71.37	17	59.3	4	60.65	1	70.76	70.38	69.24	71.65	71.14	68.86	70.67	76.43	72.29
CZ	68.57	18	49.23	19	48.3	18	69.00	69.05	68.15	69.20	67.25	66.80	68.90	69.15	69.10
JY	68.53	19	49.15	21	48.28	19	69.25	68.43	67.85	68.70	67.74	67.23	69.11	68.76	69.11
YJ	68.31	20	52.84	11	51.76	13	68.29	66.94	68.12	68.43	67.06	67.41	69.76	67.68	69.71
YF	67.28	21	50.84	16	50.6	15	67.54	67.09	66.38	67.30	66.25	67.28	67.97	69.77	66.59
均值	73.95	–	54.40	–	53.53	–	74.05	73.95	73.42	73.12	72.69	73.57	73.95	74.35	75.20

表7-14 中结果呈现以下特点：

一是全省满意度均值过中位数，21 个地级市离散程度较低。2019 年度全省 21 个地级市法治政府绩效满意度均值为 73.95，较 2013 年度（53.53）提高 38.15%。SZ（82.2）超越 GZ（77.99）排名第一，FS（77.85）超越 ST（77.65）排名第三，DG（77.32）、ZH（76.53）排名第四和第五。与 2013 年比较，全省 21 个地市法治政府绩效满意度得分整体提高，均达到 60 分以上。其中，17 个地市法治政府绩效满意度得分达到 70 分以上。如图 7-16 所示，全省 21 个地市离散系数在 0.11 之内，说明 21 个地市法治政府绩效满意度离散程度较低。

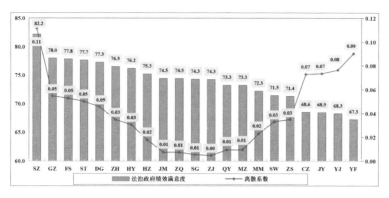

图7-16　21个地级市法治政府绩效满意度和离散系数

二是全省区域之间差异显著。如图7-17所示，从全省四个区域来看，中南部地区（76.39）满意度最高，其次是北部（74.27）和东翼（71.56），西翼（70.54）满意度最低，极差为5.85。从离散系数来看，北部（0.0043）的满意度评价较为均衡，中南部地区（0.0330）和东翼（0.0323）次之，西翼地区（0.0462）满意度评价低且不均衡。

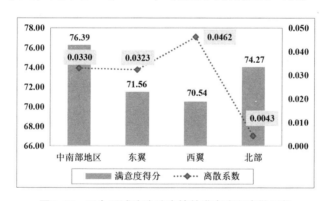

图7-17　四个区域法治政府绩效满意度和离散系数

三是全省2019年度评价结果与2013年度差异较大，满意度水平整体提升明显。2019年度较2013年度全省均值提高38.15%。全省21个地市的法治政府绩效满意度水平提升显著，幅度在17.68%～59.87%之间。其中，HY（59.87%）、ST（52.11%）、SW（54.11%）三市升幅最大。此外，2019年全省21个地市离散系数（0.2017）低于2013年全省21个地市离散系数（0.2662），说明2019各市之间满意度差距相对缩小，如图7-18所示。

四是9项指标评分趋近，但离散程度不尽相同。如图7-19所示，政府总体表现满意度（83.74）最高，其次是社会治安（83.18）、政府廉洁

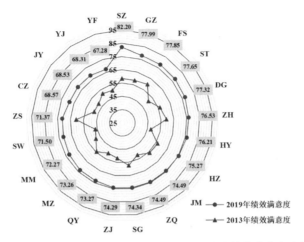

图7-18　2013、2019 年度 21 个地级市法治政府绩效满意度比较

（82.81）、执法公正（82.38），得分最低的指标是政府服务态度（79.53）。
同时，政府总体表现满意度离散程度最高（0.2280），政府服务态度满意度
离散程度较低，极差为 12.22。

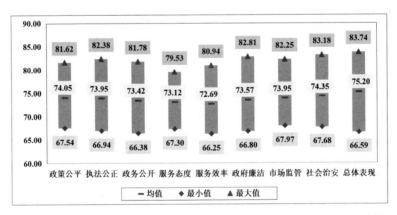

图7-19　21 个地级市法治政府绩效满意度 9 项指标最大值、最小值及均值

（五）法治政府绩效满意度影响因素分析

作为主观评价，公众对法治政府绩效满意度评价受制于复杂因素，大
体可分为三种情况：一是外部环境因素，如地区社会经济发展水平、文化
传统；二是公众背景因素，如自然背景、社会背景因素；三是技术性因素，
如调查手段、公众对评价内容可接受性、社会开放程度、信息对称性等。
考虑到针对性，我们选择若干关键因素加以分析。

1. 地区经济发展水平

如图7-20所示，2019年全省21个地级市人均生产总值介于2~15万元之间，最高为 SZ（20.35万元），其次为 GZ（15.64万元），最低为 MZ（2.71万元）。运用 SPSS 统计21个地级市法治政府绩效满意度与人均生产总值的相关关系，得二者 Pearson 相关系数为0.692，表明法治政府绩效满意度与地区经济发展水平呈中度正线性相关关系。

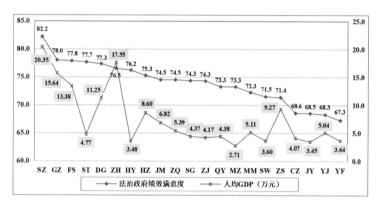

图7-20　21个地级市法治政府绩效满意度与人均 GDP 的关系

2. 公众背景对法治政府绩效满意度的影响

（1）公众性别和户籍。从性别上看，全省男性满意度为74.7，略高于女性（74.44）；从户籍上看，外省户籍人口满意度最高（75.07），其次是本市县户籍人口满意度（74.88），本省户籍人口满意度较低（73.68）。

（2）公众年龄。不同年龄段群体对法治政府绩效满意度评价相差较小，介于71.75~76.5之间。其中，31~40岁中年群体满意度（76.5）最高，其次为51~60岁中青年群体（76.00），再次为21~30岁青年群体（75.3），41~50岁老年群体和61~75岁老年群体满意度评价较低，分别为74.75和72.72。

（3）公众学历。总体来看，满意度随着学历的提高而提高，高学历群体满意度明显高于低学历群体。其中，研究生学历（79.92）群体满意度最高，其次是大专学历（76.46），再次是本科学历（74.75）、高中/中专（75.27）、初中（70.84）、小学（68.6）学历满意度较低。

（4）公众职业。满意度最高的公务员（82.87）与满意度最低的失业下岗（67.95）相差21.96%。总体来看，职业待遇优劣对满意度评价有重要

影响，一般而言，公务员、科教文卫工作者、国企员工职业待遇及稳定性
明显优于自由职业者、农民、私企员工、失业下岗者，相应地，前者满意
度亦明显高于后者，如图7-21所示。

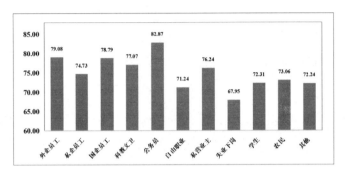

图7-21　不同职业群体的法治政府绩效满意度

（5）公众收入。年收入2~5万元群体（69.19）满意度最低，满意度
随着收入的增加而逐步提高，年收入31~50万元群体满意度（78.8）相较
于年收入16~30万元的满意度（79.00）略微下降，当收入超过50万元时，
满意度最高，如图7-22所示。

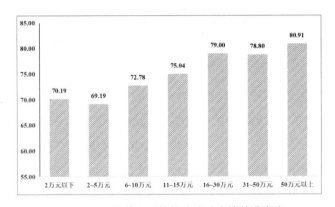

图7-22　不同收入群体的法治政府绩效满意度

基于由9项满意度指标合成的法治政府绩效满意度指标体系，在G省大
样本量的抽样调查表明：2019年度G省法治政府绩效满意度均值为73.95，21
个地市极差为14.92，差距较大。研究发现：法治政府绩效满意度与经济发展
程度存在较强正相关，一般而言，经济越发达地区法治政府绩效满意度越高；
同时，法治政府绩效满意度受公众背景因素影响明显，其中男性、中年、职
业待遇及稳定性好、收入高等因素对满意度产生正向作用。

第八章

结果诠释

法治政府绩效评价满意度研究在于提升公众满意度。对实证结果的归纳分析和科学诠释有助于总结经验、聚焦与发现问题、剖析成因，提出绩效改进的思路对策。本章对前述实证研究结果进行成因分析。首先，探究影响满意度各项因素的作用方向和作用效力，其中："政府质量因素"对法治政府绩效满意度产生正向影响，"地区经济因素"对满意度产生负向影响，"公众背景因素"对满意度影响比较复杂。其次，分别从学理、现实和技术层面对评价结果做出解释，其中，地方经济发展与法治建设不匹配、地方政府法治职能履行不到位等因素构成公众满意度总体评分偏低及主客观反差的重要原因。最后，引入多元回归分析方法，从定量角度进一步甄别与检验公众背景、地区经济条件以及政府质量对评价结果的影响，探究满意度评价低于客观指标评价可能带来的负面影响。

一、实证研究的主要发现

对 H 省实证研究结果进行成因分析，可以发现：第一，政策公平及廉洁是制约 H 省法治政府绩效提升的关键"弱项"，是不同地区、不同人群评价最低的选项。第二，满意度评价结果略低于总体绩效结果，专家或大众的满意度呈现出与客观结果相背离的现象，满意度评价构成法治政府绩效评价中的短板。第三，经济因素对法治政府绩效满意度产生重要影响，政府服务质量本身则是其客观来源，而公众社会背景因素成为制约满意度提升的"不可控"因素。

（一）政策公平与政府廉洁是制约法治政府绩效提升的"短板"

整体而言，2014 年度 H 省法治政府绩效公众满意度均值（百分制）为 55.39，2015 年度提升至 59.09，增幅 6.8%。尽管如此，相对于 100 分的标准而言，两年结果仅略高于其中位值，处于"中等"水平，远未达到理想状态。从城市来看，14个地市有60%的满意度评分在60分以下，高分与最低分之间极差超过10分，差异较大。从地域来看，不同区域之间满意度得分较为分散，沿江经济带明显高于其他地区。从公众满意度结果来看，H省法治政府建设仍处于初级阶段，总体水平不高，区域发展并不均衡。

公众满意度评价本身的结构性分析亦表明，H省法治政府绩效主观评价存在明显的弱项。政策公平和政府廉洁是人们最关注的法治与政府绩效相关的两项内容。在满意度调查中，12项满意度评价得分比较接近，但各市的结果有异。得分最高的为法治政府总体表现（两年算术均值为59.71），最低为政策公平、政府廉洁和政务公开3项，均低于57分，与最高分指标相差近3分，占满意度总平均值的5.2%。满意度各项指标得分离散系数介于0.42~0.49之间，表明其内部差距较大，这一特点对全部12项评价得分趋同。但各市情况有别，尤其表现在决策民主、决策科学、服务态度等内容的评价上。总体上讲，政策公平及政府廉洁是不同地区、不同人群评价最低的选项，也是制约H省法治政府绩效提升的关键"弱项"。

表8-1　满意度弱项指标在不同人群中的表现（以2014年度为例）

变量	分组	满意度总分	政策公平满意度	政府廉洁满意度
性别	男	54.62	54.93	51.79
	女	56.16	55.40	55.97
年龄	青年（30岁以下）	54.47	54.26	54.81
	中年（30~50岁）	55.97	55.21	54.69
	老年（50岁以上）	56.98	53.48	54.03
职业	公职人员	59.10	59.43	56.04
	其他全职	54.05	53.84	51.77
	自我雇佣	53.57	51.31	54.42
	自由职业	54.43	51.09	55.29
	未就业	54.97	52.65	54.78
户籍	本省	55.14	54.92	53.88
	外省	57.76	57.53	56.44

续表

变量	分组	满意度总分	政策公平满意度	政府廉洁满意度
学历	小学及以下	51.01	48.37	50.83
	中学（含初、高中）	53.78	52.54	51.51
	大学	57.62	57.39	56.31
	研究生	57.93	57.70	58.85
家庭年收入	低（2万元以下）	46.36	46.62	44.40
	中低（2~10万元）	56.10	54.27	54.82
	中高（10~30万元）	61.20	58.03	59.21
	高（30万元以上）	55.94	53.04	54.66

（二）主观评价及客观评价

从法治政府绩效客观评价结果与满意度调查结果的对照情况来看，主观评分略低于客观评分，也就是说，满意度评价结果略低于总体绩效结果。尽管差值不大，但基于客观数源及评分标准的分值高于主观判断评分，当中折射出我国法治政府绩效评价特殊的民意环境、公众理性和技术条件等更加深刻的问题，亦为 H 省乃至我国进一步推动法治政府绩效评价的现实障碍。同时，专家满意度评价结果明显低于公众满意度评价结果，亦低于满意度总体分值，差值较大。相对而言，基于主观体验和一般性评价的分值高于专家的专业判断评分，从中更反映了我国法治政府绩效评价面临评价技术和专业条件的约束。总的来讲，即使整体绩效评价结果不错，但专家或大众的满意度仍然与客观结果有不一致的地方，满意度评价构成法治政府绩效评价中的短板。这种"主观"背离"客观"的现象虽是发达国家或地区的常态，但对于欠发达地区的 H 省大部分地区，尤其值得深思。

（三）经济水平、政府质量和公众社会背景对满意度影响明显

首先，经济因素对法治政府绩效满意度产生重要影响。比较研究发现：一是法治政府绩效满意度与区域人均 GDP 密切相关，而与人口规模弱相关。一方面，在 14 个地市中，人均 GDP 排在前列的，满意度排名也靠前；人均 GDP 较落后的，绩效排名相对靠后，显然，公众满意度与辖区人均 GDP 密切相关。另一方面，法治政府绩效满意度与辖区人口规模不具有相关性。在地级以上市中，NN、YL 人口规模庞大，但满意度指数并不处于最高行列，WZ 市常住人口不多，其满意度评分却跃居首位。在 35 个县中，

人口规模位居前于前列的县，其法治政府绩效满意度排序分布没有明显规律特征，居于后列的满意度排序分布亦缺乏某种规律性。二是法治政府绩效满意度与家庭年收入密切相关。H省处于相对"欠发达"的阶段，收入仍是驱动公众满意度提升的基础因素和主要动力，不论对法治政府绩效满意度还是其他方面满意度而言，总体趋势为收入越高，其满意度越高。其中，年收入10~15万元群体满意度最高，形成"拐点"，但当收入超过30万元，满意度随着收入的增加反而逐渐下降。这一事实表明，H省仍处在相对明显的"发展中"阶段，社会分层已成为不争的现实，除了受家庭年收入影响，其满意度的提升还面对一系列深层次的矛盾。

其次，政府服务质量本身是法治政府绩效及其满意度的客观来源。现代民主政体下，本质上，政府由纳税人供养，捍卫人权和竞争为两大基本功能，前者体现社会公正，后者提供自由交易的平台，而政策公平、社会治安、政府廉洁等构成其内在要素，这些要素亦成为"政府信心"的标志和社会经济特征的标记，以及从总体上体现的政府服务态度及服务效率满意度，构成法治政府绩效主观评价的关键内容。调查结果表明，随收入增加，上述满意度亦相应增加，一直到个人及家庭年收入30~50万元的高收入段才出现掉头的转折。并且法治政府绩效满意度评价对这些因素十分敏感，包括在不同的收入区间，尽管各地情况略有不同，但是政策公平和政府廉洁是不同地区、不同人群评价最低的选项，构成公众对政府信心的决定性因素。需要特别指出的是，随着收入的增长，满意度提升逐渐从单纯地依赖收入因素转向包含政府服务质量、法治政府产出等在内的其他方面。即当收入到达一定层次以后，倘若地方政府的管理和服务法治化水平未能相应改善，公众期望得不到满足，对应领域的满意度将转而逆向走低。

最后，公众社会背景因素成为制约满意度提升的"不可控"因素。从性别分群来看，男性群体对当地法治政府绩效满意度的评价略低于女性。从年龄结构来看，各年龄阶段满意度评价差距较小，相对而言，年龄越小满意度越低。对学历而言，满意度随着学历的高低差别较大，高学历群体满意度明显高于低学历群体。从职业类型来看，职业专业性对满意度评价有重要影响，专家学者满意度较低，而公务员满意度较高，且满意度最低的专家学者与满意度最高的公务员相差较大。根据上述分析，满意度与公众社会背景因素息息相关。

二、对实证研究发现的成因诠释

2014 年和 2015 年市、县两级的实证测量表明，公众对当地法治政府绩效满意度不高（低于客观指标评价结果）作为一个基本事实，指标总量如此，体现区域、人群的结构值亦如此。基于 H 省区域、人群等结构环境的相对稳定发展，近年来这一"事实"仅在程度上有所差异，公众对当地法治政府绩效满意度不高的现象仍然持续显著。为此，对这一"事实"或现象产生的原因探究和解释就成为本章的重要内容。从研究结果看，法治政府绩效满意度受经济、政府质量以及公众社会背景三个方面的因素共同影响。其中，满意度与地区生产总值呈反向相关，且公众社会背景因素在满意度影响因素模型中贡献较小，与学界已有研究结果有一定偏差。对此，笔者认为可从学理、现实以及技术三个方面进行解释。

（一）从学理角度解释

理论上，满意度为主观评价，但主观评价总是基于特定的客观现实，并呈耗散的趋势。法治政府绩效公众满意度涉及更加具体的内容，如政策公平、政务公开、政府廉洁等，既为公众切身体验和理性判断的范围，亦构成法治政府的组成部分。公众满意度成为法治政府绩效评价的短板，折射了 H 省乃至我国社会经济转型背景下公众理想与现实的落差。四十多年改革开放，我国经济总量增长了几百倍，已为全球第二大经济体和最大的对外贸易国，但经济与社会建设并不同步，甚至逆行。社会建设的目标在于维护和促进社会公平，法治无疑是通往该目标的重要保证。法治建设滞后或者法治不彰最终又将反馈为经济进一步发展的阻力。厘清其中的逻辑并非易事。但就其表象，与近几年学界所关注的"中等收入陷阱"不无相近性。[①]

关于这一现象的成因已有不同学科的多方面探讨。国内主流学者从制度经济学出发，借助于其中的经济增长理论，将问题的本质归结为一种

---

① 2010 年 7 月，《人民论坛》杂志通过咨询国内 50 位知名专家意见，罗列出"中等收入陷阱"国家的若干典型特征，包括民主乱象、贫富分化、腐败多发、社会公共服务短缺、社会动荡、信仰缺失、金融体系脆弱等。不难看出，这些都是政府乃至社会法治水平缺失的重要体现。

"从经济利益与 GDP 导向的固化，到社会与经济发展总体不相匹配，再到经济增长方式升级转变发生困难，最后演变成为'中等收入陷阱'"的逻辑关系。① 当然，亦有其他学者提出，法治政府建设不是一个单纯的经济领域问题，因为它也是一种社会发展进步的历史任务。特别是从社会学视角来看，阻碍这一经济社会转型升级（向"善治"迈进）的力量或根植于我国传统的社会结构中。也就是说，专制的等级化社会、长期不平等的财富分配，甚至民族主义情绪激化以及传统文化中缺少对自由精神的崇尚、反倒容许政治权力对社会经济过度干预，等等，这些原因都已经延续了几千年，早已根深蒂固地存在于人们的潜意识中，要将其破除着实不易。② 从 20 世纪初开始，国内外就有相当多的学者一直关心和探讨中国的法制现代化进程，但至今似乎仍未达成共识。尤其在经济转型与社会转型的联动性方面，表现为社会尤其是法治发展严重滞后于经济发展。还有学者认为，破除中国传统政治文化中约定俗称的五种观念：一是等级身份观念，二是信奉人治观念，三是家族至上观念，四是权力本位观念，五是臣民分级观念，则是进一步推动中国现代法治观念养成以及国家（政府）法治水平快速提升的一个关键。③ 应该说，这些分析对于透视法治政府绩效主观评价的客观成因不无帮助。

针对满意度评价本身，公共服务的公民满意度测评的理论预设是：公民对（法治）政府各部门开展公共服务的绩效感知或评价，与政府公共服务的实际绩效是能够保持大体一致的，但是这种一致蕴含了方向和数量（等级）两个层次。在个体享有和接受公共服务程度（经验）充满不确定性的现实条件下，现代社会调查方法在公民满意度测评实践中，尤其针对（法治）政府公共服务绩效的评估必然存在着系统误差，也就是会导致不同地区、不同行业之间的满意度测评结果具有不可比性。④ 由于调查对象的总

---

① 田春生，孙盼，郝玉彪. 关于"中等收入陷阱"的文献研究 [J]. 国外社会科学，2012（06）：85-93.

② 黄亚慧. 社会学视角下的中等收入陷阱 [J]. 理论界，2013（11）：51-53.

③ 葛荃. 教育精英与现代化意识：当代中国避免"中等收入陷阱"的一个思路 [J]. 社会科学研究，2014（06）：34-41.

④ 赵鹏. 从评估数据析法治政府建设中形式主义表现及其根源 [J]. 中国政法大学学报，2014（04）：56-62，158.

体难以确定，导致满意度调查抽样框架难以准确建立，可能存在以下误差：一是社会的流动性难以解决跨区域公共服务绩效测评难题；二是被试测试样本可能未享受过特定服务，其根据自我假设和刻板印象做出的评价有现实偏差；三是公共服务存在价值偏好，导致不同群体之间的利益冲突。同时，主观评价受公众背景身份、受教育程度、职业、年龄等影响，可能未必与客观事实相符。例如，经验性的研究表明，法治政府建设情况的满意度评价受到户籍身份、年龄、文化教育程度、职业等方面的影响。[①] 但不同的研究对象存在地区差异，样本个体之间也有不同特性，由于样本的结构差异，导致研究结果存在差异。

（二）从现实角度解释

根据一般理解，经济越发达的地区，地方政府法治建设越完善，公民的满意度评价也越高。在现实中，公众对法治政府绩效的评价部分源于他们对法治政府的认知与感受程度，另一部分则来自他们对法治政府绩效的期望。尽管由于技术条件限制，本研究并未将公众期望直接纳入讨论模型，但公众背景是通过影响公众期望来实现公众满意度改变的。已有研究表明，公众对政府提供的产品的实际感觉与期望在变化方向是一致的。一些法治政府建设水平较高的城市，由于经济社会基础等原因，当地群众可能权利意识更强，对政府法治化水平的预期更高，因此，评分反而较低。[②] 这也可以理解为：经济发展水平越高的地区，公众对法治政府绩效表现及提供的公共产品与服务的期望越高，一旦该地区的法治建设"软件"跟不上经济建设的"硬件"时，公众便会产生心理落差。例如 YL 市 2014 年度与 2015 年度地区生产总值为 1 402.52 亿元，排全区第四，但该市两年的满意度均值仅 54.44，位列倒数第四。因此，如果法治政府建设水平提升的速度低于公众预期上升的程度，就可能会导致满意度下降。

同时，公众是社会人。社会因素对满意度评价结果的影响具有直接性。而如前所述，经济增长与社会公正背离是社会因素的核心范畴，亦是所谓

---

① 郑方辉，周雨. 法治政府绩效满意度实证研究——以 2012 年广东省为例 [J]. 广东行政学院学报，2013，25（06）：16-21.

② 赵鹏. 从评估数据析法治政府建设中形式主义表现及其根源 [J]. 中国政法大学学报，2014（04）：56-62，158.

法治政府乃至法治社会缺失的重要呈现。这方面对于经济欠发达地区的 H 省乃至其他经济状况下的省份具有一致性。H 省毗邻改革开放的前沿阵地，但近年来亦面临许多深层次的改革发展问题。一是地区经济持续快速增长，与不同区域、阶层之间利益分化同步而生。H 省 GDP 在近 10 年内年均增速达到两位数，但所有 14 个地市中，人均 GDP 最高与最低者差距已接近或超过 5 倍，通过可支配收入反映的城乡居民差距也在不断扩张之中。① 阶层之间生存状况、利益和诉求分化亦十分明显，其中基尼系数的不断扩大提供了这方面的明显证据。二是针对日益增加的老龄人口与弱势群体的社会保障体系不健全。H 省现有的城乡最低生活保障、农村五保供养及医疗救助、残疾人补助等多个方面民生扶助标准长期低于全国平均水平，且近年增加的幅度十分有限，在这种情况下，弱势人群对政府不满意势成必然。三是税负所带来的政府收入增加与基本公共服务缺失形成悖论。与全国其他地方一致，H 省地方财政收入连续多年高速增长是不争的事实，总量已比十年前翻了几倍，但就教育、医疗、公共卫生等基本公共服务方面的指标项目而言，通过各地每百名学生拥有的教师数量、每百名居民拥有医生/病床数等指标测量的结果却在一段时间内无明显提升（2013 年与 2000 年相比，其增幅不超过 20%，从绝对水平看与国内发达省份相距甚远）。四是城市生活便捷与交通拥挤、环境污染加剧。在 H 省的若干大城市（如 NN、LZ 等），服务业聚集度越来越高，特别是区域极化效应导致这些城市跟毗邻的农村地区相比，人口流动性增长过快，而城市基础设施建设普遍难以跟上，由此造成城市生活空间日益拥挤，居民所感知的环境质量与生活舒适度降低。按照法治政府绩效评价的理念，如果测量所得的绩效指数愈高，意味着政府在其不同方面（比如经济、社会建设和环保等领域）职能的履行力度及其实现公众满意的平衡更好。当然，这些问题不局限于 H 省，但在 H 省及 H 省各地具有典型性。

改善人民生活质量应是公共政策的最终目标，实现公众满意成为现代政府不容推卸的职责，也是政府善治的必然要求。而所谓政府善治，即"好的政府"：一是廉洁政府，二是有效政府，三是法治政府。理论上，政府廉洁是政权合法性的根基，政府效率被视为政府竞争力的标志，而法治

---

① 数据来源于历年 H 省统计年鉴。

政府是国家与社会法治的关键。评价显示，公众对政府在这三个方面表现都不尽满意，成为法治政府绩效中的垫底指标，其中必有深刻的现实根源。例如，近期 H 省纪委通报了查处的 17 起发生在群众身边的"四风"和腐败问题典型案例，其中包括：一是吃拿卡要、雁过拔毛，二是弄虚作假、优亲厚友，三是贪占克扣、截留私分，四是庸政懒政、失职渎职。显然，这些都是严重败坏了党风政风，影响了党和政府的法治形象以及相应群众满意度的因素，且其发生在党的十八大以后全国反腐败高压态势之下，足见问题之深。此外，如前所述，H 省是个少数民族聚集的省份，各族人民生活习惯、社会诉求差别较大；不少民族地区经济基础薄弱、社会发展滞后，其政策公平性的尺度很难把握。这些均成为法治政府绩效及其主观评价中最容易丢分的项目。

（三）从技术角度解释

法治政府绩效公众满意度评价结果成为总体评价结果中的短板这一结论，是建立在所构建的满意度测量指标体系正确性基础之上的。事实上，任何主观评价只是一家之言，本书亦不例外。我们充分考虑到我国的现实状况，包括作为评价主体的公众理性程度有限，政府信息公开不足、民意调查的体制环境不成熟等，所以在法治政府绩效满意度单一问题的基础上再增加了不同维度若干具体问题。然而正是因为上述原因，这种增加问题来弥补偏差的做法也可能带来新的系统性误差或失真。与此同时，满意度测量涉及多个不同学科领域，目前国内外用来测量个体主观满意度的普遍技术手段则是采用认知和情感双因素模型，或是认知、积极情感和消极情感三因素模型。这些模型的难点都在于情感测度，迁移到法治政府绩效公众满意度中，问题也是很明显。[①] 目前所用的法治政府绩效公众满意度指标体系就相对忽略了个体的情感因子，主要是其中的期望、价值等变量。但是从技术上讲，若加入结构化的情感量表（往往十分复杂），又势必大大增加调查内容，进而增大调查成本，或将导致整体研究变得无法操作。此外，国内外经验表明，即便在同一测量中，采用不同的评分尺度（如百分制与十分制）也将带来不同的结果。这种现象说明，技术体系对满意度测量结

---

① 张进，马月婷．主观幸福感概念、测量及其与工作效能变量的关系 [J]．中国软科学，2007（05）：60-68.

果存在重大影响，或成为法治政府绩效公众满意度总体不高的部分原因。

此外，公众满意度调查抽样可能存在一定的误差。从样本结构来看，本项调查与 H 省人口总特征基本相近，但由于问卷采用的是偶遇抽样，由调查人员到火车站、超市、市场、小区等人口集散地进行街头派发，一些不可观测的公众背景因素诸如户籍、学历、职业等处于不可控状态，可能会导致抽取的样本仅在数据层面符合调查要求，而没有经过科学的随机抽样，不能保证样本的随机性与代表性。

三、影响公众满意度因素的进一步分析

如前所述，法治政府绩效公众满意度可能受到来自地区经济条件、政府质量以及调查公众背景等多重因素的影响，已为描述统计所初步揭示。但是鉴于满意度内涵结构的复合性，从逻辑上讲，这些因素将在现实环境中相互叠加，导致其作用方向和作用效力上的加强或抵消。特别是针对法治政府绩效评价的复杂研究范畴，公众对当地法治政府建设投入、过程以及产出等不同维度的预期和感知质量并不容易区分（在技术层面存在多重共线性），借此可能使单纯描述统计的结果发生偏差。为解决这一问题，我们在前述分析的基础上，利用既有数据库，引入多元回归分析方法，从定量角度提供满意度影响因素的综合分析。这一做法有助于甄别和控制变量之间的交互作用，获得更为精确的认识及判断。

（一）变量选择

从法治政府绩效公众满意度的概念模型来看，由于感知价值是介于感知质量、公众期望和公众满意度的中间变量，在实际操作中难以观察，公众抱怨与公众忠诚则属于公众满意度的后置变量，故不纳入讨论范围。也即是说，在以满意度为因变量的影响因素分析中，公众期望和感知质量构成两个关键的原因或自变量。然而，相对于法治政府绩效内涵而言，两者仍是比较抽象，存在进一步操作化的必要。加上调查成本和数据库规模等限制，不可能将其转变为过于复杂的观测指标。我们以为，在现有可用资源中，感知质量应为公众对法治政府建设投入、过程及结果等不同环节的感受及评价，则这些环节的实际客观绩效为其生成的源泉，体现客观对主观的物质决定性。在既有指标体系中，制度建设、过程保障和目标实现 3

个评价维度，恰好对应法治政府绩效的投入、过程、产出及成效，符合经济性、效率性、效果性的"3E"测量框架（加上满意度为"4E"），我们将之统一归纳为政府质量因素（而且描述统计结果已经显示，政府质量是影响法治政府绩效公众满意度的潜在因素），对应感知质量变量。逻辑上，政府质量因素与满意度为不同内涵范畴，亦基于不同的数据来源，符合分析模型层次性要求，有助于检验法治政府绩效评价指标体系不同领域层之间的确切关系。

已有研究表明，受访者的自然及社会背景与公众期望变量存在一定对应关系。因为满意度期望主要是公众利用过去经验或非经验性的信息对法治政府所提供的产品或服务进行的预判，不同公众因其背景不同，会产生截然不同的期望值。人口统计学特征又是影响公众满意度评价的重要变量，[①] 在此我们依托现有数据，将公众背景界定为性别、户籍、年龄、学历、职业 5 项具体指标，一并纳入成为公众期望的对应变量之一。

进一步地，无论在主观或客观层面，法治政府绩效及其满意度都与经济发展程度存在关联。[②] 实证研究中，由于被调查公众处在经济发展水平不同地区，他们对法治政府提供的产品与服务产生不同的期望，而在接受法治政府服务后也会对其质量形成不同的感知。经济因素与公众背景因素互相作用，构成公众期望的另一个结构变量。如前所述，基于数据的可得性考虑，我们将家庭总收入、地区生产总值、城镇居民人均可支配收入、固定资产投资 4 项作为经济因素的代理变量，其数源取自受访者样本所在地区。

（二）模型与假设

将理论模型与实证经验联系起来，形成法治政府绩效公众满意度影响因素模型，如图8-1 所示，亦为本章进行实证分析的逻辑框架。同时依据前述讨论，对模型中各变量影响关系的向度做出以下假设。

假设 1（H1）：政府质量因素对法治政府绩效公众满意度产生正向影

---

① 曾莉. 公众主观评价的影响因素研究述评——兼谈参与式政府绩效评价的进路 [J]. 华东理工大学学报（社会科学版），2013, 28（01）：96-103.

② 郑方辉，何志强. 法治政府绩效评价：满意度测量及其实证研究——以 2014 年度广东省为例 [J]. 北京行政学院学报，2016（02）：41-48.

响。主要因为政府质量是法治政府建设投入、过程和产出等维度的综合概括（这里采用其加权合成指数），在测量技术有效的情况下，法治政府绩效水平越高，相应的公众满意度也越高。这符合本书"以提升法治政府绩效来提升公众满意度"的价值取向。

假设2（H2）：地区经济因素对法治政府绩效公众满意度产生负向影响。经济因素主要影响公众期望。如前所述，期望值越高，相应的法治政府服务越难达到要求。而公众对物质以外的其他方面（如政府质量、法治水平）的期望值将随地区经济发展程度或是家庭经济状况改善而提高，形成所谓的"享乐水车"效应。① 故经济越好的地区，受访者越难对法治政府绩效感到满意。

假设3（H3）：法治政府绩效公众满意度受公众背景因素影响显著。受制于本书所选变量，公众背景由性别、年龄、户籍、学历和职业5项组成，它们对公众期望和满意度影响具有复杂性，可能存在非线性关系，故要依据实证结果具体分析。

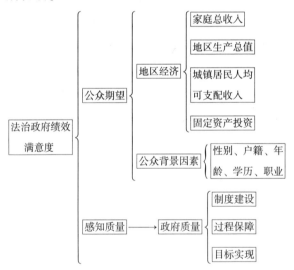

图8-1 法治政府绩效公众满意度影响因素模型

---

① EASTERLIN R. Does Economic Growth Improve the Human Lot？ ［M］// PAUL A, et al. Nations and Households in Economic Growth：Essays in Honor of Moses Abramovitz. New York：Academic Press，1974：89-125.

（三）分析结果

以2014—2015年度为例，其中政府质量因素和地区经济因素以H省统计网公布的统计年鉴以及各市统计公报作为数据来源，法治政府绩效公众满意度通过问卷调查方式收集数据。代入上述模型的回归分析结果见表8-2。

表8-2　计量模型的回归结果

因变量	法治政府总体表现满意度				依法行政满意度
自变量	模型1	模型2	模型3	模型4	模型5
制度建设	0.113***	0.109***	0.102***	0.105***	0.104***
	(72.271)	(71.687)	(70.113)	(70.368)	(70.271)
过程保障	0.430***	0.428***	0.423***	0.425***	0.431***
	(197.228)	(190.232)	(187.271)	(189.386)	(198.236)
目标实现	0.413***	0.412***	0.410***	0.411***	0.407***
	(193.602)	(192.320)	(189.624)	(191.107)	(183.458)
性别		-0.006	-0.005		
		(-1.701)	(-1.507)		
户籍		0.011**	0.008*	0.007*	0.009*
		(3.165)	(2.289)	(2.196)	(2.978)
年龄		0.005	0.001		
		(1.363)	(0.226)		
学历		0.010**	-0.003		
		(2.839)	(-0.802)		
职业		-0.015***	-0.012***	-0.011***	-0.018**
		(-4.545)	(-3.642)	(-3.454)	(-4.947)
家庭总收入			0.006		
			(1.569)		
地区生产总值（亿元）			-0.151***	-0.152***	-0.149***
			(-6.695)	(-6.766)	(-5.879)
城镇居民人均可支配收入（元）			-0.011**	-0.011**	-0.012*
			(2.320)	(2.343)	(2.452)
固定资产投资（亿元）			0.106*	0.106*	0.109*
			(7.078)	(7.129)	(7.228)

注：表中括号内数值为该回归系数的 t 统计值；***、**、* 分别表示该系数在1%、5%、10%的水平上显著。

其中：在模型1中，将政府质量因素的3个因子纳入分析；模型2加入公众预期作为控制变量，包括公众背景因素的5项指标；模型3在模型2的基础上加入地区经济因素；模型4将模型3中没有通过显著性检验的变量予以剔除，得出对应的优化模型；模型5则将法治政府总体表现满意度因变量替换成依法行政满意度，用于检验模型的稳健性。结果显示，模型1至模型5都较好地通过了异方差、方程显著性等基本计量经济学检验。回归结果见表8-2，具体结果如下。

第一，在5个模型中，制度建设、过程保障与目标实现3个政府质量因素均通过了显著性检验，且与法治政府总体表现满意度呈显著的正相关。其中过程保障对满意度的影响较大，其次为目标实现，制度建设影响相对较小。这说明法治政府绩效表现与满意度息息相关，也反映受访者对这些因素有一定的认识和理解，他们能通过实际感知给出相对客观的判断和评分，由此验证了假设1。

第二，模型2中，公众背景因素中的户籍、学历、职业通过了回归方程的显著性检验。其中，就户籍因素而言，本市县户籍的受访者对法治政府绩效满意度评价较低，其次为本省户籍，满意度较高的为外省户籍人士。这可能是由于不同户籍人士对当地法治政府绩效信息掌握程度不一，故对其服务期望不同，相对而言，非本地户籍者期望一般较低。模型3、4加入地区经济因素之后，户籍因素影响减弱。进一步对学历与法治政府绩效满意度进行分析，总体而言，学历越高，法治政府绩效满意度亦越高。但是在加入地区经济因素变量之后，学历与法治政府绩效满意度不存在显著相关性。这或由于二者产生共线性所致，但也在一定程度表明，置于法治政府绩效影响因素分析框架下，学历和地区经济因素的影响力存在交互性。例如，在被调查的样本中，高中/中专学历群体的法治政府绩效满意度评价随着家庭总收入的增加不断提高，在家庭总收入超过50万元的"拐点"递减。此外，不同职业对法治政府绩效也有不同的满意度评价，公共部门或事业单位工作的群体法治政府绩效满意度更高，这可能与工作单位属性以及职业认同感有关。这一结果显示：尽管法治政府绩效满意度受公众背景因素显著影响，但其影响方向具有复杂性。

第三，从地区经济因素来看，地区生产总值、城镇居民人均可支配收入、固定资产投资三个变量均显著，表明经济发展水平是影响公众对法治政府绩效评价的重要因素。具体来看，地区生产总值和城镇居民人均可支配收入越高，法治政府绩效满意度越低；这与前述经济收入影响受访者预期的逻辑一致。然而，家庭总收入变量却不显著，且地区固定资产投资与法治政府绩效满意度呈正相关（尽管显著程度不高），当中存在更为深刻的原因，故假设 3 仅得到部分验证。

第四，从优化后的模型 4 回归结果可知，满意度影响因素包括政府质量因素、公众背景因素与地区经济因素。一是政府质量因素与法治政府绩效满意度呈显著正相关，且过程保障对满意度影响最大。二是公众背景因素中对满意度影响较大的是职业变量，其次为户籍。三是在地区经济因素中，地区生产总值对法治政府绩效满意度影响最大，二者为显著负相关；城镇居民人均可支配收入也对法治政府绩效满意度产生负向影响，即经济水平越发达，法治政府绩效满意度相对越低，这一分析结果将在后文予以进一步解释。

第五，模型 5 将同为领域层的依法行政满意度作为替代因变量法治政府满意度，与模型 4 的变量进行回归分析，发现三个模型总体结果的趋势基本一致，说明本研究的计量模型具有一定的合理性与稳健性。

四、公众满意度低于客观指标评价的负面影响

如前所述，公众对当地政府法治建设绩效的满意度低于客观指标评价的结果，是近年来 H 省法治政府建设中持续呈现的稳定"事实"，这一"事实"受地区经济条件、政府质量以及公众社会背景等多重因素影响，并已得到定性和定量双重方法的证实。基于主观指标在决策中的作用，主要体现为对决策的影响，它们虽然没有直接应用于决策，但是，却为决策提供了宝贵的信息，它们对决策起着信号和警告的作用。[①] 因而，面对公众满意度这一主观指标低于客观指标评价的"事实"，需要进一步反思和警惕的就是，这一"事实"会带来何种负面影响？下面分别从法治、政府和公众三个层面展开负面影响分析。

---

① 李强. 论主观社会指标及其在我国的应用 [J]. 社会学研究，1986（06）：83-94.

（一）模糊法治的价值导向

基于价值本身具有复合性，而价值导向的选取又带有主观性，价值导向的确定中可能存在若干相互区别甚至矛盾的价值冲突，从而为价值导向的确定带来困扰。就法治而言，作为社会调控方式，法治在我国体现为依法治国，作为行为方式，法治体现为依法行政。① 法治的目的在于防止滥用国家权力，保障人民权利，包含效率、公平、正义等多元价值。"理想的法治，制度上的法治如何在一个特定的或具体的社会或者国家中运作起来及其实现的程序，是分析和评价法治存在的实证标准。"② 因而，如何从多元复合的价值中选取决定法治方向的价值标准，就成为关键。习近平总书记在中央全面依法治国工作会议上，提出全面依法治国必须坚持"以人民为中心"，强调全面依法治国最广泛、最深厚的基础是人民，必须坚持为了人民、依靠人民。因而，现代法治建设均将人民满意作为重要价值导向之一。然而，法治政府建设中，公众满意度低于客观指标评价的事实，可能带来法治的价值导向选取问题。即，为提升公众满意度而将公众满意作为法治的唯一价值导向。但必须注意的是，公众满意并非也不能作为法治建设的唯一价值导向和标准，因为公众是由诸多不同利益需求的个体组成，公众满意标准呈现多元化。例如对执法公正性满意度的测量，因测量的公众经历和利益立场不同，往往会得到不同甚至截然相反的结果。因此，若将公众满意作为唯一价值导向和标准，以多元的公众满意标准指引同一法治建设行为，最终将会模糊法治建设的方向，甚至导致多元公众满意标准冲突下的无价值导向。面对公众满意度低于客观指标评价的"事实"，必须确定并处理好价值导向之间的关系，避免将公众满意作为唯一价值导向，过度关注公众满意，而忽视法治建设客观实效。

（二）弱化法治建设内驱动力

2021 年 8 月中共中央、国务院印发了《法治政府建设实施纲要（2021—2025 年）》，明确提出"坚持以人民为中心，一切行政机关必须为

---

① 郑方辉，邱佛梅．法治政府绩效评价：目标定位与指标体系 [J]．政治学研究，2016（02）：67-79，127.

② 李林．法治的理念、制度和运作 [J]．法律科学（西北政法学院学报），1996，73（04）：3-12.

人民服务、对人民负责、受人民监督"的主要原则。公众既是法治政府建设的服务对象，又是法治政府建设成效的重要感受者和评价者。实践证明，公众对政府的期望是激发政府绩效评价的部分原因。^① 正如有学者所言："公民对开展政府绩效评价的需求，以及他们的代议机构组织实施的政府绩效评价活动都给政府以压力，构成了政府绩效评价发展的强大动力。"^② 事实上，民众质疑政府的心态使得他们自然具有监督、控制政府的冲动。虽然他们各自怀有不同的目的，但都是政府绩效评价的重要推动力量。^③ 可见，公众参与是推动法治政府绩效评价发展的重大动因。而公众满意度低于客观指标评价的事实，将影响公众对法治政府绩效评价的需求和参与积极性，弱化法治政府建设的内驱动力。具体而言，一方面，公众满意度低于客观指标评价，将削弱公众对法治政府绩效评价的需求和参与积极性。基于"发展中国家的知识分子和民众容易形成较高的法治预期，也容易由于法治预期较高而对法治实践产生挫折"^④。公众满意度低于客观指标评价的事实，表明公众对法治政府建设绩效的预期没有被实践所满足，可能引发公众对法治政府绩效评价功能的质疑，进而降低公众对法治政府绩效评价的实际需求，削弱公众参与的积极性、主动性和创造性。另一方面，公众参与缺失，将弱化法治政府建设绩效评价的内驱动力。从主观上看，公众满意度低于客观指标评价的"事实"将削弱公众参与的积极性，导致公众怠于行使监督权，无法形成倒逼效应，从而削减法治政府建设的社会动力；就客观层面而言，法治政府绩效评价中公众参与渠道不畅、参与平台不够等问题，危害了公众作为评价主体的驱动功能实现，从而弱化法治政府绩效评价的内驱动力。

（三）影响地方政府法治供给的有效性

公众满意度低于客观指标评价表明：法治政府建设取得了一定客观实效，但公众对法治政府的实际运行状况并不满意。基于以评促建的工具理

① PATRA DE LANCER JULNES. Lessons Learned about Performance Measurement [J]. International Review of Public Administration, 1999 (02)：45-55.
② 周云飞. 中国政府绩效评价发展的动因 [J]. 云南社会科学，2010 (02)：10-14.
③ 刘长木. 论美国政府绩效评估制度 [D]. 长春：吉林大学，2004：62.
④ 蒋立山. 中国法治指数设计的理论问题 [J]. 法学家，2014 (01)：1-18, 175.

性，这一评价结果将导致政府集中关注公众不满意的层面，加大改进和建设力度，以期提升该层面的公众满意度。但是，必须思考的是，公众满意在多大程度上反映真实的法治政府建设水平？一方面，满意度测量的是公众对法治政府建设成效的主观感觉，基于部分法治政府建设活动，公众无法直接参与，也就无法获得有效的公众主观感知，因而公众满意度只能评价一部分法治政府绩效。例如对决策科学的主观评价中，由于缺乏参与和了解，公众满意度往往无法测量。另一方面，公众作为法治政府建设成效的最终感受者，其对法治政府建设成效的评价大多取决于自身的经历、体验甚至是某一次应景性认识，这种片面的感受无法完全反映法治政府建设绩效。例如，有过败诉经历的公众，往往在服务效率的主观评价中给出不满意的结果。虽然法治政府建设整体效果的提升能够有效改善并提升公众满意度，但是基于影响公众满意的因素众多，而这些因素并不必然都属于政府的职责范畴，因而公众满意度在多大程度、多大范畴上能够归属于政府责任，仍无法确定。事实上，法治建构模式下，由于区域经济、政治、文化等条件差异导致公众不满意的现象常有。因而公众满意度低于客观指标评价情形下，即使政府加大法治供给，积极改进和建设公众"不满意"的层面，但往往由于公众不满意的原因并非政府责任，导致政府法治供给效率不高，无法有效提升公众满意度。

(四) 弱化地方政府公信力

政府公信力指向政府与公众的关系，是公众及社会组织对政府行为所持的信任态度，及对政府信誉的价值判断，也是社会性秩序和权威被自觉认可和服从的性质和状态，体现政治合法性。[1] 基于对政府满意程度越高的公众，其对政府的信任程度也越高。[2] 在"政府-公众"的双向关系中，法治政府建设让公众满意，才会赢得公众信任，基于信任公众才会认可并支持法治政府建设。反之，法治政府建设无法使公众满意，就会弱化政府公信力，危害公众的认可和支持，进而影响法治政府建设绩效。而公众满意

---

① 郑方辉，廖鹏洲. 政府绩效管理：目标、定位与顶层设计 [J]. 中国行政管理，2013 (05)：15-20.

② 李春梅，杨姣. 满意度在公众廉洁预期和政府信任中的作用 [J]. 西南交通大学学报 (社会科学版)，2018, 19 (04)：1-10.

度低于客观指标评价的"事实"，正表明法治政府的建设成效并没有得到公众认可，反映公众对法治政府建设缺乏信任，将弱化政府公信力。具体而言，从公众满意度评价层面来看，满意度作为评价指标引入法治政府绩效评价，可能产生为了绩效而选择性收集数据的人为干扰，导致评价出来的只是某一部分人的满意，此类"被满意"问题无疑影响政府公信力；就客观指标评价而言，由于信息不对称，这一结果可能引发公众对法治政府绩效评价客观指标评价结果失真、数据不实、"政绩工程"等质疑，影响法治政府建设的公信力甚至合法性，弱化法治政府建设的社会信任。

（五）加剧基层社会矛盾

政府绩效评价指向政府职能的实现程度。在"全能型政府"向"有限政府"的过渡中，政府的权能有所减弱，而社会负担并未减轻。与此同时，社会成员参与政治的热情有所降低，但对政治生活乃至政治决策仍有新的挑战。[1] 这一背景下，公众满意度低于客观指标评价的"事实"，反映并将加剧基层社会矛盾。具体而言，从政府层面来看，政府权能有限、资源有限，公众的多元化满意无法全部实现，即使实现也可能要以总体高昂的政府绩效损失为代价。公众满意与政府客观绩效之间本身就可能形成冲突，各级政府需要通过宏观政策实现所谓的"帕累托改善"，如何用有限的物质资源实现人民满意又不耽误政府绩效成为关键。然而，公众满意度低于客观指标评价的事实表明，实践中部分地区政府忽视了公众满意的"隐性成绩"，盲目追求客观绩效的"显性成绩"。这一情形下，有限的物质资源被用于实现客观绩效的提升，但公众的法治需求仍得不到满足，可能引发公众对物质资源的争夺，长期下去将激化基层社会矛盾。从公众层面来看，随着"三位一体"法治化进程的推进，公众的法治意识、民主意识、参与意识提升，逐渐形成不迷信权威的心理习惯，这与建立在权利本位、程序正义基础上的法治权威可能发生冲突，表现为对法律专家、法律程序、法治系统的不信任。[2] 因而，当公众满意度低于客观指标评价，表明法治政府

---

① 陈柏峰.中国法治社会的结构及其运行机制 [J].中国社会科学，2019（01）：65-88，205-206.

② 陈柏峰.中国法治社会的结构及其运行机制 [J].中国社会科学，2019（01）：65-88，205-206.

建设成效不符合公众预期，此时公众往往会想方设法寻求个人满意的实现，衍生"信访不信法"等现象，这无疑与强调法定权利和程序正义的形式法治相冲突，甚至可能引发大规模群体性事件，激化基层社会矛盾。

（六）延滞法治建设进程

2012年12月，习近平总书记首次提出"法治国家、法治政府和法治社会一体建设"的命题；随后，党的十八届三中、四中和五中全会也一再强调坚持"三位一体"法治建设；党的十九大进一步明确提出了"三位一体"法治建设的阶段性目标。"三位一体"法治建设要求法治国家、法治政府与法治社会相向而行，"不能使之相互冲突，或者互不关联，或者一方过强，另一方过弱，导致法治体系缺乏活力，从而阻碍社会主义法治国家的进程"①。然而，法治政府建设中，公众满意度低于客观指标评价的事实，正凸显了法治政府建设的不足，并将进一步影响"三位一体"法治建设进程。具体而言，一是表明法治政府建设失于片面，与法治国家建设总体要求不相契合，将影响法治国家建设整体成效。法治国家是法治建设的总目标，是整个国家公权力的法治化，而法治政府则是国家公权力中的行政权力法治化，构成法治国家的核心。事实上，法治政府建设是法治国家建设的关键阵地。但是，法治政府并非法治国家建设的唯一环节，而应当与法治社会建设一起，成为法治国家建设的"两翼"。"三位一体"法治建设要求，政府治理跳脱出传统自治的闭合体系，投入整个国家治理体系之"怀抱"，带动整个国家治理体系法治化发展。② 然而，公众满意度低于客观指标评价的"事实"，表明法治政府建设中片面追求政府治理的客观绩效、追求法治GDP，而无法有效回应由多元主体、多元手段共同推进的国家治理的现实问题。片面的法治政府建设无疑无法支撑法治国家建设全局，公众满意与客观指标评价同向提升的法治政府建设局面、法治政府与法治社会并重的国家治理体系亟待呈现。二是导致法治政府建设走弯路，与社会法治建设不适应、不配套，缺乏整体效果。法治政府建设是社会建设的保障，法治

---

① 王军. 论法治国家、法治政府与法治社会一体建设 [J]. 理论建设，2018（06）：56-61.

② 陆涵之. 治权视域下的法治国家、法治政府、法治社会一体建设——法治全场域全流程的联动集成 [J]. 四川行政学院学报，2021（03）：72-82.

社会亦需要政府的管理与限定，但是，政府过度管理反而会影响法治社会建设。基于"以评促建"的工具理性，公众满意度低于客观指标评价的"事实"，将促进政府进一步"自审"并加强社会管理。虽然，政府加强管理的思路，本身并不一定不当，但是，该行为可能会增加政府的力量，扩张政府的权力，在政府权力已经过大的情况下，在有些市场、社会可以自行管理的领域，就会产生权力过剩和社会自理能力不足的问题，不利于法治政府和法治社会的形成。①

五、其他因素对评价的影响

（一）技术体系影响评价效度和效力

分析至此，就本书而言，通过满意度实证测量的系统研究，达到从主观角度进行法治政府绩效评价的尝试可谓取得了成功，不仅验证了主客观评价互补与互证的技术设想，也获得了特定区域（以 H 省市、县为单位）评价实践结果，其总体和结构性特征为推进当地法治政府建设、提升公众满意度提供了重要参考。但是，我们并不想立即止步。因为正如前述发现，法治政府绩效满意度评价受制于经济、政治、社会、文化以及公众背景等复杂因素的影响，这些因素与我国转型期的现实条件关联密切。更为重要的，导入满意度作为法治政府绩效评价的关键机制是一种新的技术尝试，不可避免地仍然存在技术和组织层面的诸多问题。

第一，满意度调查的对象不够全面。调查对象一般指调查项目的受益者或受害者及其利益关联群体，但由于法治政府绩效评价的特性及其产出的多元性，其对象大多也体现为多样性，而且这些对象会有部分利益方面的冲突，而就现实情况来看，在抽样调查的过程中，没有过多地考虑利益群体的因素。首先，在满意评价中，尽管调查问卷设置了由受访者背景组成的甄别题目，可进行筛选，但确实有一小部分被调查者对该评价领域不够了解。此外，部分公众的参与意识不强。对大部分公众来说，法治政府绩效满意度评价很可能都是首次听说，对其并不了解，更不要说能有深

① 王军. 论法治国家、法治政府与法治社会一体建设 [J]. 理论建设，2018（06）：56-61.

入了解，所以会因此而拒绝参与评价。另外，出于对参与评价的成本考虑，部分公众认为参与评价的成本会大于由此而获得的收益，进而减弱了参与欲望，表现为对评价活动不闻不问或不愿参与。其次，公众参与满意度评价的知识和能力水平有限。一方面，由于受教育程度的限制，不同群体的知识文化水平差异较大，如农民群体中半文盲或文盲仍占据较大的比例，文化水平低导致该类群体很难参与政府绩效评价活动；另一方面表现在公众信息不对称，由于目前我国政府信息公开程度仍不足，公众难以全面了解到被评价项目的具体信息，对当地政府进行法治建设的投入、过程、产出、效果等实际情况都不掌握，难以理解评价的指标体系，在评价时容易产生较大的偏差。

第二，满意度测量指标体系科学性及适应性不足，难以形成社会共识。针对法治政府建设（绩效）满意度评价，目前亦有部分地区从自身实际和工作需要出发，建立了相应的测量指标。这些指标体系立足于现实需要，借鉴成功的经验，旨在以考评推动工作，但存在明显的缺陷。一方面，指标体系结构简单，评价内容及维度存在局限，指标内涵不甚清晰，包含不少难以界定的定性指标，强化过程控制，并非关键指标考评；另一方面，指标及权重设计存在较强的主观性，如指标遴选缺乏科学依据，最终采用的指标关联性较强，权重及评分标准设定主要源自经验，未能经过严格的科学论证，社会共识不足。

第三，满意度调查的结果应用仍不充分。对政府法治建设绩效进行满意度评价是为了从社会需求和反馈的角度了解相关工作成效，对政府法治职能履行形成监督和倒逼机制，促进工作的改进和提升。但对于我国而言，大多数公众并没有形成监督政府工作的意识，对（法治）政府绩效评价重视程度不高。他们往往会把参与评价认为是与自身利益无明显相关，并未表现出主动行使自己权利的意愿，甚至将开展评价或表达意见当作一种任务。这样所带来的，他们更不会在评价之后主动去关心评价结果，从社会整体角度看，没有一种强有力的机制来跟进评价的问责应用。总体上，我国现实的对法治政府绩效满意度评价，多数社会公众都倾向于保持一种所谓"理性的无知"，但凡有调查者来要求填写问卷，他们能做到的最多就是配合完成，也不会进一步关心调查的内容是否完善及有何作用。另外，现有法治政府绩效评价方案中，无论指标体系还是评分构成对满意度的涉及面都仍欠广泛，满意度评价所占的比重较少，其评价结果在实用层面，更多只是作为相关工作的参考，没有得到充分应用，从而使得评价发生"雷声大，雨点小"的问题。

（二）政府信息不透明等因素阻碍评价可持续性

除了满意度评价操作本身的问题之外，将其置身于法治政府建设绩效整体评价范畴当中，尤其结合我国实施相应考评的经济社会环境来考虑，可进一步发现：

第一，满意度调查受重视的程度不高。在法治政府绩效评价中，满意度调查的工作没有得到事实上的重视。在实际操作过程中，政府部门几乎都只是关注客观指标的统计结果和评分，而对从公众与专家立场的主观满意度测量往往重视不够。具体在于以下几点：一是公共部门的决策与管理对公众参与绩效评价的意识不足，在传统观念下，还没能真正实现从"自上而下"到"自下而上"的转变，没有给公众提供相应的参与机会；二是公众本身参与公共管理的意识有待提高，在满意度调查过程中，发现公众有种"事不关己"的感觉，导致参与意识与维权意识严重不足。

第二，满意度评价所需政府信息公开程度有限。理论上，公众是"满意"的主体，公众满意是法治政府建设及其绩效评价的目标指向，这样，公众参与评价过程为客观要求。但从现实来看，各地法治政府评价在此方面存在或多或少的问题，主要是过程开放度不足，表现在两个方面：首先，评价过程中涉及的评价信息不透明，包括考评主体及对象、考评方式、考评内容及评分方法、数据收集渠道等信息公众知晓不多，即使从公开报道中了解评价结果，亦较为庞统单一，一般只有简单的结果罗列，并无深度分析，普通公众无法对评价过程的质量及结果的客观真实程度进行有效监督。其次，公众的参与度有限，包括来自公众调查的主观评价在整个评价体系中所占权重偏小（一般不超过20%），并且多由政府统计部门执行调查，以及缺少由新闻媒体、社会组织及一般公众对评价结果的监督质询机制，等等。

第三，传统法治政府评价主体单一，公信力不足。目前各地推行的法治政府评价本质上是体制内自上而下地对法治政府建设成效的目标考评，评价主体是上级党委政府，或者说，现行体制下，考评权一般在上级党委与政府，通常成立以党委书记或行政首长为组长的领导小组，下设办公室拥有评价组织权。但基于体制内的惯性做法与此项考评的专业性和导向性，办公室通常设于某一牵头单位（如法制部门），换言之，牵头单位拥有考评工作的实际组织权。这一模式可充分利用体制内的各种资源，具有较高的工作效率及较强的动员能力，亦是目前体制下可操作的方案，但毕竟组织者和评价对象存在各种牵制关系，即充当"运动员"兼"裁判员"的角色冲突。体制内单一的评价主体具有强制性与权威性，但缺失公信力。既然公信力不是评价的终极目标，甚至不能成为其中的重要考量，那么以公信力和回应性为取向的满意度测量在整体评价方案中的地位自然不高。导入满意度评价范围有限，致使从总体上看，评价主体显得颇为单一，民主化以及多元化程度不足。

第四，法治政府绩效评价持续性不足，缺乏长效机制。评价工作是否落实，很大程度取决于主要领导的态度。由于法律和制度的缺失，尚未形成一套科学的长效机制，领导人的变动往往导致考评工作的改变。目前的各地法治政府绩效评价基本上处于一种半自发状态，更多是一种领导推动型而不是制度推进型的改革创新，一些地方随着领导人变化，此项工作也偃旗息鼓。造成这些问题的原因是多方面的，其中最为关键的或可归纳为法治政府绩效评价及其满意度调查的目标导向与功能定位不清晰。受制于传统的思维惯性及体制内各种约束条件，冠以政府绩效评价的我国地方政府的各项考评本质上是目标考核（包括法治政府评价），假定了目标本身是正确的，旨在提升执行力。但从政府绩效内涵及发展趋向看，政府绩效评价针对政府"应该干什么"，并非"正在干什么"，追求政府公信力，首先要检验目标的民主性与科学性，考评定位的差异决定了路径、方法、内容与结果的不同。同时，政府绩效评价的前提是界定政府职能，但目前我国正处于体制转型的过程中，政府重新定位和职能转换是这个过程的重要内容，换言之，政府职能是一个动态"变量"，从而带来界定法治化的政府职能（理想标准）的困难性。从现实出发，笔者以为，法治政府绩效评价的目标导向应该是绩效导向的目标考评，力求实现政府执行力与公信力的统一，为此应当引入满意度测评作为整体评价方案的一个重要维度，与客观评价指标相互补充和印证。

第九章

对策建议

在 H 省法治政府绩效公众满意度调查分析基础上,本章回应所提出的问题,即如何提高满意度水平。包括:充分认识满意度的重要价值,建立以满意度为导向的法治政府绩效评价体系,有针对性地加以改善"短项指标"和"关键指标",以绩效评价推动政府职能优化,平衡政府工作重点,关注不同群体利益诉求,扩大公众参与的广度和深度等;针对满意度评价技术与组织,改进满意度测量问卷设计,科学确定指标权重,合理选择调查对象,强化评价结果应用等;培育公民法律信仰与社会法治文化,优化区域民意调查环境条件,推进政府信息公开、培育第三方服务市场、完善评价法制保障和提升公众评价理性、降低系统误差。

一、关注民生提升政府服务质量

(一)提升法治政府绩效公众满意度短板

一是充分认识公众满意度在法治政府绩效评价中的重要意义。第一,公众满意度测量是进行中国特色法治政府绩效评价的必由之路。一切为了人民、一切依靠人民,是中国特色社会主义国家制度的重要优势。"人民群众满不满意"理应成为各项工作的评价标准。法治政府绩效评价的根本目的也是为了更好地实现公众满意,因而公众满意度测量成为衡量和推进法治政府绩效的重要工具和必经路径。第二,公众满意是法治政府绩效评价的价值导向和终极目标。习近平总书记在党的十九大报告中强调"必须坚持以人民为中心的发展思想"。因而,"群众满不满意、高不高兴、答不答应"始终应成为法治政府绩效评价的出发点和落脚点。法治政府绩效评价为中国特色法治政府建设提供了充足的理论依据和明确的价值导向,目的在于促进法治政府建设正向积极发展,最终推进公众满意的法治政府建设目标实现。第三，H省乃至我国法治政府建设所处的阶段需要评价公众的满意程度。公众是法治政府建设成效的最直接感受者，公众满不满意能够及时反映法治政府建设效果好不好。随着法治政府建设进程的推进，当前阶段的H省乃至我国法治政府建设成效如何，应以公众的满意程度来衡量，及时反映并推动法治政府建设。第四，不同区域法治水平不均等、公众法治意识不强以及法治政府主客观绩效之间发生背离等不足均需要满意度评价来逐步贯通。当前，我国不同区域法治水平存在较大差异，特别是西部边远地区的公众法治意识仍有待加强，同时法治政府建设公众满意度与客观指标评价相背离等问题。基于"以评促建"的工具理性，满意度评价能够及时发现此类问题并形成倒逼机制，促进问题解决，实现公众满意的最终目标。第五，应对公众对满意度指标纳入我国法治政府绩效建设及其绩效考评赋予高度期许，有利于提升公众对政府的信任感，提升政府公信力。满意度评价需要公众参与，公众参与贯穿法治政府建设全过程，能够有效提升公众作为法治政府建设主体的主人翁精神和自信，增进公众对法治政府绩效建设及其绩效考评的期许，提升政府公信力。

二是明确法治政府绩效评价中公众满意度测量的实践价值。第一，有助于纠正我国传统的法治政府建设考评导向。目前我国各地法治政府建设考评过多依赖于目标考核，几乎所有的考评体系都以法律法规数量、案件办结率等客观指标为主，忽视了公众满意等"软性"内容，这种狭隘的绩效观背离了法治政府的初衷内涵，在当前时期下迫切需要将公众满意度纳入评价，使之得到纠正与调和。第二，有助于贯彻落实为民执政的科学政绩观。无论对法治政府还是政府整体绩效评价而言，将公众满意因子纳入评价体系，可以从价值观的角度使得各地政府施政和建设法治政府的努力最终服务于人民满意程度的提升。第三，有助于解决公众最关切的政府治理问题。近年来，诸如决策民主、决策科学、政务公开、权力监督、腐败治理等政府治理问题日益突出，形成了法治政府建设的关键障碍，而这些问题亦难以透过客观指标进行度量。法治政府绩效评价体系纳入公众满意度这一重要指标，有利于政府通过科学途径关注和回应这些问题，从而增进其公众满意度。第四，促进地方政府治理模式转变。公民的满意度深刻地影响着政府治理模式，将公众满意度纳入法治政府绩效评价中，有助于政府在施政过程中保障和实现公民的各项合法权益，确保地方政府坚持以人为本的服务理念，加快治理理念及模式的转型，实现从人治型政府向法治政府、责任政府、服务政府、回应政府的转变，体现执政为民的终极目标。

三是完善法治政府绩效公众满意度评价指向。在我国法治政府绩效评价实践中，由上级政府发起和组织，通过目标层层分解的传统法治评价模式已愈发显现出其弊端，并造成一定程度的负面影响，主要表现为近年来尽管各地法治建设投入和法治成本不断增加，但政府法治化水平乃至社会满意程度却并未得到显著改善。对此，我们应正确认识到，法治政府构建方向是正确且有效的，其建设成效需要一定的时间逐步呈现。为此，应在继续坚持法治政府建设的基础上，转变考评方式，特别是要摒弃目标责任制的考评导向，进一步完善法治政府建设绩效评价体系，切实发挥"以评促建"的实效。具体而言：首先，要淡化过程控制色彩，强化法治政府建设的过程导向，通过主观与客观评价相结合的技术手段来综合考核法治政府建设成果，坚决杜绝将法治政府建设作为"政绩工程""形象工程""面子工程"。其次，实施满意度测量与客观性评价相结合的考评方法，对难以科学测量或精确量化的内容引入主观性评价。由于与私营组织单一的经济目标导向相比，政府等公共部门的目标导向更加多元，在兼顾效率、效益的同时，还应兼顾社会公平、正义等，因此，以往对政府权力监督、廉洁程度等往往不易做出客观性评价。然而，公众满意度测量能够较好地实现对难以科学测量或精确量化内容的主观性评价。通过公众满意度与客观性评价相结合则可以兼顾法治政府绩效评价的多元化目标导向。例如，将客观指标集中用于法规数量、服务效率与成本控制等方面评价，而将主观指标集中用于体现社会公共价值等方面的评价之上。再次，强调法治建设与政府经济、社会、环保等方面职能相协调，实现经济建设、政治建设、文化建设、社会建设、生态文明建设在内的"五位一体"中国特色社会主义事业总体布局。通过满意度评价引导政府科学权衡和配置其法治投入与资源成本，努力实现法治建设效益的最大化，统筹协调法治与其他各领域的关系，实现中国特色社会主义事业的全面均衡发展。最后，优化法治政府评价指标，建立主客观指标互补互证的法治政府绩效考评体系。从本质上讲，在法治指数的设计中，主观指标与客观指标的关系是重要的基础性问题。① 两者各有利弊，因而一般认为，法治评价应遵循主观评价与客观评价相结合的原则，在综合考虑评价目的、评价主体、评议主体等因素的基础上，实现主客观指标的互补及互证，体现"可量化的正义"以及不可量化的价值。通过公众满意和结果导向的法治政府绩效评价体系将主客观评价指标落实应用，"作为各级政府领导班子调整和干部选拔任用、奖励惩戒的重要依据"②；同时"要从制度安排入手，完善并用好绩效评价抓手，增强政府治理方式法治化转变的自觉性和主动性"③。

四是明确法治政府绩效公众满意度影响因素，重点改善短板指标。政府绩效公众满意度评价是市场营销学的舶来品，指向政府行为对公众心理体验的影响，受制于多个方面因素。基于 H 省实证结果表明，经济水平、政府质量和公众社会背景对满意度影响明显。其中政府质量因素对法治政府绩效公众满意度产生正向影响，地区经济因素对法治政府绩效公众满意度产生负向影响，公众背景因素对法治政府绩效公众满意度影响比较复杂。为此，结合法治政府绩效公众满意度影响因素，提出改善路径：第一，在政府质量方面，应明确并重点改善短板。基于 H 省实证结果，当前公众普遍对法治政府建设中的政策公平、政府廉洁、政务公开等几项指标最不满意，是影响政府质量的短板。首先，改善政策公平短板。从具体指标看，两个年度得分最低的指标都是政策公平（两年算术均值为 55.13），其中，2014 年度评分最低的为政策公平（53.05），2015 年度亦如此（57.04）。因此，为了重点改善政策公平这一公众满意度短板，必须要完善公共决策机制，通过引入多元主体决策咨询，应扩大公众参与公共决策的广度和深度，提升决策民主化程度，强化决策科学论证，最大限度保证公共政策输出的公平性。其次，提升政府廉洁短板。要培育政府及其工作人员廉政意识，以制度化手段加强权力监督，运用信息技术等创新工具不断完善腐败防治

---

① 蒋立山. 中国法治指数设计的理论问题 [J]. 法学家，2014 (01)：1-18，175.

② 汪青松. 当代中国从"速度发展"向"科学发展"转型的历史性意义 [J]. 当代世界与社会主义，2011 (04)：86-90.

③ 祝福恩. 完善政绩考核评价机制是转变经济发展方式的抓手 [A]. 中国行政体制改革研究会. 科学发展与行政改革——首届中国行政改革论坛论文集 [C]. 中国行政体制改革研究会，2010：98-104.

体系，提升政府廉洁满意度；加强公众参与，以公众监督保障政府廉洁。再次，改进政务公开短板。加快政府信息公开，包括提高公开信息的完整度和透明度，保证公民知情权，畅通公众参与的渠道和平台。最后，以制度公平为保障。应凸显公平正义，完善公共服务，实施必要的政策干预，正确处理公平与效率的关系，形成以机会公平为基础、分配公平为主要内容、制度公平为基本保障的制度体系。第二，在经济水平方面，应保障市场经济的健康运行与发展，切实增加公众收入，提高群众生活水平和生活质量。发展地方经济，应转变过去为了追求 GDP 和收入增长而过度竞争、牺牲环境为代价的发展模式；保障市场经济的健康运行与发展，提升公众收入水平，改善区域经济发展的不平衡性，缩小贫富差距，不断满足公众需求，夯实公众高质量生活的基础。第三，在公众社会背景方面，应聚焦公众多元化背景及法治需求，重点关注低收入阶层、低学历阶层及弱势群体，将资源更多地投向民生领域；关注社会不同利益群体的满意度状况，特别针对不满意的短板，提高政府管理能力，优化政府管理水平，规范各级行政服务的服务流程，改善服务态度，提高服务效能，积极创新便民利民的服务方式，提升公众获得感。

五是重视和加强民生保障，推进基本公共服务均等化。保障民生是现代政府的基本职能，也是贯彻以人为本的法治思想，还是实现人的自由全面发展的必然要求。对各级地方政府及官员来说，真正重要的不仅是 GDP 有多少，而是给老百姓实现一个真实的"中国梦"。通过引入满意度导向的绩效评价机制，增加普通民众对（法治）政府绩效评价的话语权和参与权，以此推进法治政府为民负责，实现职能转变和观念转变，这是维护和促进公民生存发展权利的一条必经之路。具体而言：第一，针对当前在社会管理中存在的政府错位、缺位、越位等问题，推进政府公共服务与社会管理制度机制改革。构建社会治理区域协作机制，建立和完善区域交通联网、城乡医疗救助制度、城镇农村医保制度、就业扶持制度等公共服务体系，加大基层放权赋能，提升基层公共服务能力和水平。第二，针对公共服务法律制度缺失等问题，推进社会民生保障法制化进程。建立和完善基本公共服务方面的法律法规体系，优化民生保障的法治环境，在民生执法和司法方面从严把关，提供良好的法律环境，以此促进社会保障基本服务均等化、公开化和透明化。第三，基于共享发展理念，进一步推进基本公共服务均等化。"资源分配越均衡、公共性越强、提供的数量越充足，居民的满意度越高"①，但共享性不是平均主义，它体现于过程公正与"底线保障"。因此，应秉持共享发展理念，将社会资源更多倾斜于民生，尤其是底线民生，推进基本公共服务均等化。

（二） 以公众满意度评价驱动政府职能优化转变

作为一种重塑政府发展模式的理性工具，政府绩效评价对于构建法治政府和优化公共政策品质发挥着重要的推动作用。基于评价结果及理论分析，我们以实现公众满意为导向，针对法治政府绩效评价改善提出若干对策建议。

一是推进以公众满意为导向的第三方评价，规范统一评价组织权。尽管短时间内我们仍无法摆脱长期以来实行的自上而下的体制内考评，以避免引起因评价组织缺乏权威效力而导致评价难以推行的问题，但是仍然可以探索将法治政府绩效评价定位于绩效导向下的目标考评。即在目标管理基础上，强调结果导向及公众满意导向，或者说，追求有公信力的执行力评价。同时，扩大公众参与，推进评价主体多元化，引入第三方评价。构建由各级人大为评价主体，政府法制部门及党政部门协同合作，独立第三方实施操作的评价体系及机制是推进法治政府建设的客观要求和有效手段。② 为此，应努力创造独立第三方评价的环境条件，以确保第三方法治评价服务市场健康发展。另外，体制内考评本质上是权力分配及制约。目前各地五花八门、并不规范的法治政府建设考评的源头在于评价权和组织权的关系不明确，甚至异化为不同部门之间利益的分割与对立，进一步削弱了评价结果的权威性，也使得公众满意度进一步降低。公众满意导向的法治政府绩效评价体系应是统一的体系，关键是统一形成科学权威的考评组织权，以法治政府绩效评价统筹有关法治考评，取消其他相同相近的各项考评，减少考评项目组织实施的成本及被评对象迎考迎评成本，降低内耗，提升考评效率。

---

① 祝仲坤．公众满意度视角下中国住房保障政策评价 [J]．人口与发展，2018，24 (01)：43-53.

② 郑方辉，何志强．法治政府绩效评价：满意度测量及其实证研究——以 2014 年度广东省为例 [J]．北京行政学院学报，2016 (01)：41-48.

　　二是以绩效评价推动政府职能优化，建设法治型政府。过去长期以经济增长为中心的地方政绩考核模式的整体环境下，在创造经济增长奇迹的同时，也给我国的健康可持续发展带来了许多负面问题，如将政府权力边界扩展到竞争层领域，严重削弱了政府施政行为和行政过程的合法性与合规性。近年来，将社会治理、生态治理等指标纳入政府绩效评价体系，在一定程度上使得过去的负面问题已得到缓解。然而问题要得到根治，仍必须通过全面深化体制改革才能够改变这种现状，进一步厘清地方政府的考核导向——将法治绩效作为成绩单，取代原有的 GDP 单一导向。在实际操作层面，需要设定科学的法治政府建设目标，明确政府行为的法律边界，从而对政府职能实现的投入、产出、结果及所反映的经济、效率、效果、公平以及合法性等做出衡量。通过科学的政府绩效评价，改变原有的 GDP 单一导向考核模式，从而解决政府职能错位、缺位的问题，使政府职能回归到掌舵者、仲裁者和服务者的角色中。在这种导向下，公众对法治政府建设成效的满意度评价，形成监督机制，倒逼政府优化职能，提升法治政府建设水平；而地方政府建设受到法律制度及公众监督的约束，必须落实执政为民的理念，提高政府法治水平，提升政府法治服务的质量和效率，保障公民权益。

　　三是平衡政府工作重点，关注不同群体利益诉求。均衡发展是社会经济规律的内在要求，基于政府绩效不同领域层之间的复杂关系，地方政府更应保持政策制度的连续性和协调性，注重经济、社会、环保等方面的均衡发展，避免出现"单科"或"短腿"现象。"社会不公与生态环境破坏对社会福利的负面影响甚至超过经济发展的正面影响"[1]，所以政府职能初衷就必须以公众满意为导向，完善沟通机制，强化协调机制，健全问责机制，促进经济发展、维护社会公正和保护生态环境三者达到有效平衡。从本质上讲，这正是实现政府行为合理化，建设法治政府的必然要求和关键要旨。此外，还要对短板指标加以改进，尤其是法治政府绩效评价中处于劣势的指标，应当成为工作的重点抓手，确保其增量相对稳定的正向变化。

　　站在宏观政策系统视角，单一以收入或收入满意度最大化为目标的政

---

　　①　郑方辉，李燕. 经济发展、社会公正与环境保护：基于政府整体绩效的视野——以 2008—2010 年广东省为例 [J]. 公共管理学报，2013，10（01）：51-62，140.

策导向越发显得无能为力，唯有降低对经济收入的单一追求，关注不同群体利益诉求，关注和提升影响公众满意度或幸福感的因素才是当前满足人民群众对美好生活向往的可行选择。换言之，为迎接资源、环境、公共服务等挑战，设计制度和制定政策应以"GDP+公众满意度"为导向，实现政府绩效评价的效率价值和公平价值。具体体现在两个方面：一方面，公共政策供给应满足不同收入群体的需求。如对高收入群体，通过非收入的政策供给来提高满意度，包括提倡消费道德观、环保道德观、公益价值观等；对中等收入群体，可通过改善生活质量，从公共服务提供数量转到个性化公共服务需求满足上来；而针对低收入群体，应更加注重提供基本的生活保障，包括基本教育、医疗保障等，通过就业、税收等优惠政策，并且高度重视这些政策在制定、实施、评估时的公平和公正，从而提高全体民众对法治政府绩效的满意度。另一方面，完善关键性政策，并纳入政府绩效考评。针对可能影响公众对政府政绩感知提升的现实问题，包括物价与房价上涨过快、教育医疗保障不够完善、基础设施建设滞后、收入分配制度不合理、社会信仰和道德价值体系缺失等，要充分研究和落实完善相关政策，逐步转化为政府绩效考评的重要内容。从某种程度上讲，对不同群体权益的政策重视和回应亦是法治政府建设的重要内涵。

四是深化行政体制改革，提高公众参与度。深化行政体制改革是推进国家治理体系和治理能力现代化的必然要求。党的十九届六中全会指出，当前我国在全面依法治国上，中国特色社会主义法治体系不断健全，法治中国建设迈出坚实步伐，党运用法治方式领导和治理国家的能力显著增强。在当前新时期下继续加快转变政府职能，优化政府组织结构，创新行政管理方式，增强政府公信力和执行力，建设法治政府和服务型政府等举措深刻契合了从法治政府绩效满意度实证研究中获得的结论，更加彰显构建公众满意度导向的法治政府绩效评价体系的必要性和紧迫性。在具体对策上：第一，改革行政机构，坚持以便民利民为原则，精简审批事项，简化办事程序；第二，优化行政服务，坚持以公众满意为导向，通过向基层简政赋能放权，进一步优化公共服务环境，使民众获得更为便捷高效优质的公共服务；第三，强化监督考核，进一步加大督查工作力度，强化内部监督机制，同时引入绩效评价的外部监督，提高公众参与，加强效能监督，落实决策执行，让督查考核在抓落实中发挥"标尺"和"指航灯"作用；第四，改进工作作风，坚持以作风建设为抓手，领导干部率先垂范，发挥好示范作用，严处违纪行为，维护机关形象，提高政府依法行政能力和水平，增强政府公信力；第五，加快推进党领导下的社会治理主体多元化。基于我国社会第三方主体发育仍相对落后，针对社会第三方主体在法治政府绩效评价中发力不足的现实，应进一步加强对社会组织和公民意识的自觉培养，包括加大宣传教育力度，降低参与治理准入门槛，加强相关管理和服务评价平台建设，加大专业化人才培养力度，努力扩大第三方参与法治政府绩效评价的广度和深度。

二、进一步完善满意度评价体系与机制

法治政府绩效公众满意度评价的推进必须注重技术体系与组织机制的完善和优化。从顶层设计原则与思路入手，一是推进法治政府绩效评价制度化建设，二是培育公众满意度评价的社会氛围，三是强化公众满意度调查执行的科学性与合理性，四是强化公众满意度评价结果的实际应用。落于实处，首先，要完善公众满意度问卷设计内容，使之更合理可行；其次，科学界定满意度调查对象，将不同评价指标分置于能够更有针对性做出准确评价的群体中；再者，使抽样调查执行更具操作性，多方法、多途径降低调查基础工作的难度；最后，建设公众满意度评价的信息化平台，据以增强评价的公信力。

（一）原则与思路

一是推进法治政府绩效评价制度化建设。完善的制度体系是法治政府绩效公众满意度评价工作稳步推进的有效保障。当前，我国的法治政府建设考核呈现出"一把手说了算""拍板决策"的行政主导倾向。这种具有较浓重的人治特征和"人身依附"色彩的行政主导模式尽管有利于高效率、集中权威、动态推动绩效管理工作开展，但却有悖于法治政府建设的初衷。法治政府建设应以人民群众"说了算"，群众满不满意应该是法治政府建设考核的最终指标，而要切实保障公众的评价考核话语权，必须依靠健全完善的制度体系。推进法治政府绩效公众满意度评价的制度化和法治化需从顶层设计理念入手，推进由行政主导体制转向人民代表大会主导的立法体制，加强中央层面的立法以及制度建设。因此，需要重点关注三个方面：

首先，制定法治政府绩效评价的法律制度需考虑不同地区的实际情况差异，既保证立法立规的普适性和可操作性，又能保证有针对性地满足地方法治政府绩效评价的不同实际需求；其次，明确规定法治评价中的公众参与权和参与程序等内容，提高公众参与法治政府绩效满意度评价的主体性地位；最后，注重评价结果应用方面的指导性规定，加强评价结果在法治政府建设中的实际行动转化。在进行顶层设计之余，加强相关的规章制度建设，对法治政府绩效评价的具体操作流程进行细化和完善是地方政府的重要责任之一。为更好地促进法治政府绩效的改善，应对满意度评价在法治政府绩效评价体系中的子项指标、指标权重、评价具体流程、评价结果应用、责任追究机制等问题以及公众法治满意度评价的启动条件、参与主体、参与方式、权利保障等内容进行明确规定，确保满意度评价能切实地发挥作用，实现法治政府绩效评价的科学化、合理化。

二是培育公众满意度评价的社会氛围。自封建社会起，封建王朝的政府历来就推行"官在上、民在下"的管理模式，长期以来，社会公众在"臣民"意识支配下习惯于对政府被动地服从。随着我国对外开放程度的提高以及法治进程的推进，公众权利意识悄然觉醒，法治意识和参与需求均得到了极大提升。事实上，正确引导和积极鼓励公众参与法治政府绩效评价，既是实现公众主体地位的重要途径，也是改进政府绩效的有力推手。为此，应充分重视政府权力行使过程中的公众参与问题。同时，为确保政府决策的科学性、民主性、合理性，应积极培育公众的法律意识，树立法治观念。由于满意度评价是一项系统性工程，并且法治政府建设涉及社会个体和组织，因此，需要培育公众法律信仰与法治文化，在整个社会营造积极参与的良好氛围。具体而言：第一，要加强绩效评价的法治宣传，培育关注法治意识和参与意识。可通过媒体的正确引导、学校机构的强化教育、社会组织的参与协同、政府的适当宣传等线上线下途径，增强社会公众的参与的主动性与政治责任感，提升公众法治素养，在全社会营造积极参与法治建设与评价的良好氛围。第二，培育公众法治行为习惯。由于通过法治规范行为活动的效益远远大于其成本，因而培育公众法治行为习惯实现"源头治理"，无疑是缩减法治成本的最优路径。事实上，政府及公众在其职能工作或日常活动中尊重和遵守法律不仅事关个体利益，更事关社会利益和国家整体利益。目前与法治政府建设相适应的法治行为习惯主要包括：法律权威意识、权利法治行为、平等法治行为、诚信法治行为和责任法治行为。[①] 因而培育公众法治行为习惯也必须围绕这五个层面，通过量化教育和规范的积累，提升公众法律尊崇感，引导公众逐步形成法治行为习惯。第三，积极引导公众参与法治政府建设，形成理性的法治预期。通过群众切身参与、了解法治政府建设进程，形成对法治政府建设成效的合理信任，实现对法治政府建设实践的合理预期，避免缺乏参与状态下形成的盲目的过高法治预期。

三是强化公众满意度调查执行的科学性与合理性。公众满意度评价应更加注重程序的合理性，以保障评价效果，规避评价过程中的负面影响。理论上，满意度评价应尽可能覆盖相关的利益群体，参与评价的公众应充分体现其代表性。例如，随着当前信息化时代的来临，我国社会网络化的普及，网上评议、网上论证会、网络化民意调查问卷等线上形式均是我国加强公众满意度可采用的新兴工具。就现有的统计数据来看，截至 2021 年 6 月，我国网民规模达 10.11 亿，较 2020 年 12 月增长 2 175 万人，互联网普及率达 71.6%。然而当前在我国网民群体构成中，15～30 岁的年轻人占九成以上，仍存在相当部分的中老年群体无法通过网络方式参与法治政府绩效评价。显而易见，网络评议代表性有限，难能完全覆盖全体公众的意见。因此，为确保在开展公众满意度评价过程中不仅注重数量也能追求质量，应将传统调查方式与新型网络方式相结合。既通过传统调查方式，采用统计学分层随机抽样保证调查对象的代表性，使得调查样本覆盖不同利益群体，保证相对科学合理的同时，又基于现今互联网相对普及的情况下，充分利用网络的便捷性和广泛性开展网络问卷调查。同时注意开展问卷调查需要对参与对象进行界定和筛选，从而节约成本，保障调查结果的有效性，以此形成传统调查方式和新型网络调查方式的相互补充。而依靠不同的评价方法获取的数据结果可进行类比分析和横向纵向比较，以检验评价方式的科学性。

四是强化公众满意度评价结果的实际应用。就目前来看，由于法治政府绩效评价欠缺相应的制度机制的指导和约束，导致评价结果并没有发挥

[①] 蔡宝刚. 求解当代中国法治经济建设的路线图 [J]. 江海学刊, 2016 (01)：137-142.

其应有的作用，更没有与政府部门的奖惩制度相结合。如此一来，评价结果的虚置，使得整个评价工作发挥不了实质性的作用，从而影响评价工作的权威性。事实上，公众更关心的是在评价过程中发现的问题是否得到改进，而非政府或政府部门间的简单排名结果。公众愿意参与满意度评价的最大动力是其结果能够在实际工作中加以使用，能对政府工作人员今后的管理行政形成有效约束，促进政府更加规范有效地实施管理行政。如若评价结果的使用问题不能得以改进，公众参与的积极性也会大大减弱，从而影响法治政府绩效评价的后续工作开展。因此，不管是政府内部的评价，还是第三方机构评价，都应高度关注评价结果的应用性及其社会效应，对于内部评价结果，应采取有效手段监督相关部门改进评价发现的问题，让社会能感受到评价的作用。对于外部评价结果，应给予充分的重视，认真研判分析结果的准确性，并基于有效结果进一步改进政府日后的工作。

（二）具体建议

一是完善公众满意度问卷设计内容。满意度调查是本项研究的重要组成部分。在法治政府绩效评价中导入公众满意度，既体现政府执政为民的理念以及政府绩效的结果导向，又强化了评价的可行性，尤其从技术层面解决第三方调查遇到的数据信息缺失、失真或走样等问题。斯蒂帕克认为，"含义不清楚的满意度指标不能准确地反映政府的服务"[1]。这在本书涉及的满意度指标设计中，主要表现为满意度指标内涵过于宽泛，指代不明确，如政策公平性满意度、政府廉洁满意度等，可能导致公众难以做出准确的判断。同时，由于主观性评价结果没法量化，所以导致单纯以公众满意度作为评价指标，在实际操作中会较为困难，因此需要将主客观指标相结合，平衡好两者之间的关系，形成互补互证。此外，法治政府绩效评价中的公众满意度内容只包括政策公平、政务公开等10个问题，不仅问题数量极其有限，内容设计是否足够合理也是需要深入思考的。调查问卷的内容设计，不仅要体现价值理性，更应充分考虑客观指标难以表达的一些内容，比如说社会效益、社会公平与正义等。然而，如若增强问卷设计内容的专业性，则问卷访问的难度亦会相应地增加，这就降低了问卷调查的可操作性，例

---

① BRIAN STIPAK. Citizen satisfaction with urban services: potential misuse as a performance indicator [J]. Public Administration Review, 1979, 39 (01): 46-52.

如对于文化知识程度较低的民众群体，在参与问卷，评价时就会存在障碍，第一，部分不识字群体无法阅读问卷，导致问卷评价不可操作；第二，部分群体无法准确理解问卷内容，导致问卷结果产生偏差。

二是科学界定满意度调查对象。理论上，法治政府绩效公众满意度调查对象应覆盖不同的利益群体，但调查和评价涉及法治政府这样专业性很强的内容，难以确保每位普通公众均能准确无误地理解法治内容。因此，为保障评价结果的合理性和有效性，在法治政府绩效评价实施中还需要增加专家评议作为满意度评价的补充。在实际操作中，部分专业性较强的指标，如权力监督满意度等指标，可采用专家评议方式，由具有法律专业知识的人士来做出专业性的评价。而与公众生活体验关联度较高的，如社会治安满意度、法治政府总体表现满意度等指标，则可由普通公众进行评议，也即是将不同评价指标分置于能够更有针对性做出准确评价的群体中。由此可知，相对专业的问题，专业人士的评价显得至关重要，直接影响评价结果的准确性，因此，专家评议成为满意度评价中的重要组成部分。所谓专家，应囊括社会公众的"意见领袖"，法治政府绩效评价的决策部门、组织部门、实施部门，以及作为第三方的专家学者、媒体编辑、记者等。可以考虑建立专家库，并定期向社会全体公众公开专家资质信息，避免被评价的组织自行根据熟人关系选取专家影响评价结果的公正性现象。

三是抽样调查执行应方便操作。理论上，抽样调查应按照一定比例进行抽样，以确保抽样调查的对象覆盖不同区域、不同类别、不同背景。因此，为了控制系统误差，一般情况下，我们要对问卷设计及核查有效问卷、抽样方案设计、调查方法选择和有效样本控制等方面进行反复论证和试验。但实际操作中，需要考虑调查成本等问题，因而在保证有效样本量的覆盖区域及拦截点相对合理的情况下，强化调查的可操作性。由于理想的抽样方案在多数情况下难以实现，因此我们应在现有条件约束前提下选择尽可能满意的抽样调查执行方案，并采用专家会议、德尔菲法、模型推演等方式将执行方案误差降至最低。此外，还可以依靠信息技术手段，在政府部门中联动搭建法治数据共享平台，给予有研究资质的专业机构查询权限，最大限度降低调查基础工作的难度。

四是建设公众满意度评价的信息化平台。政府应不断地丰富公众参与评价的形式和途径，以此鼓励公众参与法治政府绩效公众满意度评价。在实际调查中，应灵活变通，不拘泥于单一固定的形式，针对不同公众群体的特点采用多元化形式。调查的方式也应多样化，例如，听证会、座谈会等集体访谈方式，实地调研、网络咨询意见、电话收集意见等问卷调查方式，深度访谈、电话访谈等一对一访谈方式。同时，借助当前互联网的技术，建立更加科学的信息发布平台，让公众更加快捷、便利地了解政府工作信息，增加政府工作的透明度。绩效信息、评价结果等也可以在信息平台实时同步发布。除此之外，在信息发布平台的基础上可以建立申诉投诉平台，公众可以通过这一平台提出对政府的不满以及提出相关的意见建议，政府也可以通过这一平台及时了解公众的诉求和动向，并及时做出诉求回应。另外，该平台中还可以专门设置法治政府绩效评价的公众参与栏目，让公众可以随时进行网上评议，但是也需进行相应的设置，如验证评议者身份，限制同一人的评议次数，避免作假评价和重复评价，以确保评价数据信息收集的准确、客观和公正。

三、强化满意度评价的保障条件

法治政府绩效公众满意度评价的向好推进绝非一日之功，政府与社会各众应积极创造条件，使之科学有序地开展。具体而言，要推进政府信息公开工作，培育第三方评价服务市场，完善评价法制保障，提升公众理性表达意见的自觉性及能力，降低抽样调查的系统误差。

（一）推进政府信息公开

政府应秉承"公开为原则、不公开为例外"理念，加快推进信息公开工作进程。一方面，要扩大信息公开范围，从公众日常身边的公共事务着手，集中关注公众需求，对公众关心的热点领域情况予以全面及时的回应；另一方面，要提升信息公开的质量，保障政府信息公开的及时性、准确性和一致性。从公开方式上看，不但需要在公共场所建立政府信息公开查阅点，也应在偏远的行政村和基层社区设立信息公开点，还应优化政府网站的建设，完善政府网站相关栏目的设置，如访问、检索、下载等相关功能，同时通过各类媒体，如新闻广播、报纸杂志、网络以及其他各种信息化手段推进政府信息公开，形成及时且多元化的信息公开方式，避免政府信息网站出现信息陈旧等"僵尸网站"现象。此外，其他公共服务部门，如红十字会、青年志愿者协会、水电企业等也应当增强信息公开意识，主动公开与服务对象紧密相关的信息，政府则应对这些公共服务部门加强信息公开工作的监督管理。

为更有效地推进法治政府绩效评价及其公众满意度调查实施，政府信息公开工作应不断加以完善，并根据实际情况有所调整。第一，在工作考核制度方面，应将细化的工作考核制度规范和详细的工作考核项目予以公开，将考核结果予以通报和公布；第二，在社会评议制度方面，应进一步细化评议制度细则，开展系统性的社会评议工作，并及时将政府信息公开考核情况向社会公开，以便群众监督与了解评价的结果；第三，在问责制度方面，应将信息公开工作考核、个案救济情况等内容纳入责任追究体系中，推进实质性问责。

（二）培育第三方评价服务市场

在评价的主体体系中，目前法治政府绩效评价引入体制外主体的实践不多。然而针对公众满意度调查，鉴于其涉及面广、组织要求高，由具有专业能力的第三方机构实施优势更为明显。基于此，应当进一步完善引入第三方评价的管理机制，为体制外主体参与评价提供规范的制度机制支撑。以H省为例，现实条件下仍以委托第三方评价模式为宜，评价权在本级政府，组织权在本级法制部门，实施权在第三方。应有效界定组织权与实施权的关系，优化评价流程，减少第三方对主管部门的依赖与牵制，构建党委政府、主管部门和第三方社会主体的无缝对接体系，确保第三方主体评价的充分性、独立性和公正性。更为重要的是，目前市场上能提供此类服务的第三方机构不多，应通过政府购买服务的方式，扩大政府与中介组织及科研机构的合作广度与深度，以市场力量培育壮大第三方评价机构，发展完善第三方评价市场；建设法治政府绩效评价专家库，从高校和科研机构中科学选取专业知识强、实践经验丰富的专家团队实施评价。加强第三方评价的理论研究和技术方案检验的同时，采取有效措施，加强对第三方评价机构的服务选购、规范管理与必要的引导培训，强化对第三方评价的监督，确保第三方评价依法依规进行。

在此基础上，不断探索由第三方实施法治政府绩效满意度评价的新机制和新方法。充分发挥信息网络系统在信息收集、处理和分析方面的作用，实现绩效信息数据提交和绩效信息分析中历史分析、趋势分析、统计分析的网络化、动态化；综合运用评审会、答辩会和实地调研等定性分析方法，提高评价的深度。同时，创新评价方法，充分利用第三方评价主体的专业优势，在评价理论方法方面争取有所突破，认真研究满意度调查的对象、范围、方法与样本量，降低系统误差，确保公众满意度导向与满意度调查。此外，要进一步优化第三方实施满意度调查的工作流程，抓紧完善第三方评价管理办法。一方面，引入外部主体实施法治政府绩效的公众满意度评价工作具有探索性，需要具有扎实专业资质、前沿理论功底和丰富实务经验的优质第三方主体共同合作进行，并保持这一过程的相对延续性。因此，要进一步优化对第三方的选聘程序，在法律允许的范围内尽量简化流程，择优委托。另一方面，既要保持第三方工作过程的相对独立性，也要实现对其工作质量的有效监管，包括对其实施关键业务指导，加强评价过程的信息沟通，并在评价完成后进行质量评审，实行优胜劣汰。

（三）完善评价法制保障

管理办法作为制度依据与工作指南，其核心功能在于规范评价有关责任主体之间的权责关系，厘清部门职责与建立问责机制。应在现有工作要求与暂行规定的基础上，进一步出台更有法律效力的法治政府绩效评价及其满意度调查工作管理文件，主要内容涉及法治评价主管部门与第三方（委托方与被委托方）之间的权责关系、政府相应职能部门配合第三方评价的要求、第三方机构工作纪律和有关成果质量要求、第三方评价工作所需资源的保障等，以此提高各单位重视并配合与第三方评价工作的总体规范度。目前，"第三方评价的实施大多数以主管部门的文件或通知为依据，缺乏具有法律约束力的法规或条例进行指导、规范和保障，同时也难以完全消除第三方评价的委托-代理关系的道德风险以及可能滋生腐败的隐患，以及协调信息公开与保密之间的矛盾"①。基于此，要加快完善具有法律权威效力的评价保障制度。对委托机关的法定权限、委托的法定程序、委托对象的相关资质与合法条件等内容进行明确规定，清晰界定和确保第三方评价的独立性，以保障法治政府绩效满意度第三方评价权的实现。

---

① 卢扬帆，卞潇，颜海娜. 财政支出绩效第三方评价：现状、矛盾及方向 [J]. 华南理工大学学报（社会科学版），2015，17（01）：87-93.

（四）促使公众理性表达意见

应从多个方面、采用不同方式增强我国公民与社会的发育程度，提升公众理性表达意见的自觉性。首先，通过发挥媒体的"主体性"，进行评价议题的科学规范设置。马克思、恩格斯认为独立的媒介"按其使命来说，是社会的捍卫者，是无处不在的耳目，是热情维护自己自由的人民精神的千呼万应的喉舌"①。在现代民主国家中，大众传媒有义务遵循公共良知，担当社会的发声机构。因此，大众传媒应在法治政府绩效评价议题设置上进行主动选择，充分运用筛选、过滤与鼓励功能，让更多公众参与到能够帮助政府有效改进绩效的评价议题当中。媒体议程的设置必须有公共关怀和公共良知，搭建一个传播理性民意的公共导向，引导社会理性声音的表达。其次，充分发挥知识分子的榜样示范作用，传播以知识分子为主导的公共理性。中国自古以来是士大夫责任意识底蕴丰厚的社会，唤起知识分子的责任意识，引导全社会公众共同建构公共理性空间是引导公众理性表达意见的有效途径。应培养知识分子的主体意识和公民意识，使其认清自身肩负的社会应尽责任，协同促进社会理性评判精神的培育，从而使普通公众以知识分子的行为、选择、话语为示范榜样，特别是在评价政府的议题上，要让他们成为冷静批判的智者，以纠正脱离主轨的社会舆论。②

（五）降低系统误差

从理论上说，抽样调查不可避免存在误差，包括系统内部误差和外部误差。基于我国国情，法治政府绩效公众满意度调查外部误差值得关注，造成这一个误差的重要原因在于公民社会不成熟，受访者理性表达意见自觉性不高。事实上，满意度虽为个人的体验，但具有整体性和群体性特点，受制于传统文化、舆论导向、社会转型价值重构等一系列环境因素的影响。以目前民意调查的环境，由于满意（调查结果）往往与集体甚至国家相联系，相当部分的公众更乐意放大自身的满意度以降低可能带来的风险，从而导致调查结果的外部误差。而系统内部误差则更多是由于调查设计的不

---

①　马克思，恩格斯.《新莱茵报》审判案 [A]. 马克思恩格斯全集（第6卷）[C]. 北京：人民出版社，1961：1-824.

②　万珊. 理性公共空间的建构——从媒体、公众与政府角度讨论 [J]. 新闻世界，2010（12）：128-129.

完善所造成，例如在调查前所设计的抽样方法不够科学、抽样对象数量过少、抽样范围过窄等，均会导致系统内部误差。因此，应当加强公众满意度调查抽样的事前预测验证和事后准确性检验，还可以通过先在小范围进行试点抽样调查，验证抽样调查方法的科学性和准确性后再进行大规模实施，尽可能避免系统内部误差的出现。

结论与展望

　　法治评价可视为"可量化的正义"，但如何评价一直以来备受争议。1968 年，美国学者伊万建立了包括 70 项具体指标的法律指标体系。之后，产生了诸如世界银行全球治理指标、"世界正义工程"指数，我国香港地区"法治指数"和台湾地区"公共治理指标体系"等实证性指标。有学者认为，这类评价的主体为独立第三方，评价结果（指数）可视为一国或地区治理或营商环境的重要参数。同时，评价一般不以政府为直接对象，但体系中涵盖了相当部分的政府及其作为。因为在西方的语境中，现代政府本身是法治的产物，也无所谓法治政府。① 本书主要取得以下结论：

　　一是为平衡科学性、公信力和可操作性的关系，在评价主体独立的前提下，应采用主观评价为主的指标体系，而在主观评价中，公众满意度应居于评价指标体系的核心地位。因为"法治政府绩效评价强调公众满意度导向，是民主范畴的技术工具，涉及政府与公众的本质关系，旨在提升政府的公信力，体现法治政府的固有内涵"。② 或者说，法治政府建设绩效的最终标准是公众满意；从技术层面看，在客观指标值不易获取、专业人士评议对象不易甄别的条件下，公众满意度测量具有独立操作的可行性。

　　二是针对法治政府绩效公众满意度评价的必要性。法治政府绩效评价兼有评价的技术功能与民主、法治的价值目标；评价指标体系的科学性与可行性决定评价结果的公信力。理论上，政府的一切权力来自人民，即人民满意构成评价（法治）政府施政绩效的终极标准。但作为主观评价的满意度测量需依赖一系列的前提条件，若不满足则可能导致评价结果失真。同时法治政府绩效信息具有专业性，满意度评价因其指向内容不同，需分别采用专家评价和公众评议。总体上，遵循主观与客观评价相结合的技术原则，实现主客观指标的互补及互证，既有理论和逻辑依据，也是同类研

---

　　① 郑方辉，周礼仙. 经济发展能提升法治政府建设绩效吗——基于 2016 年广东省的抽样调查 [J]. 南方经济，2016（11）：113-124.

　　② 郑方辉，周礼仙. 经济发展能提升法治政府建设绩效吗——基于 2016 年广东省的抽样调查 [J]. 南方经济，2016（11）：113-124.

究实践中的主流做法。在这一框架下，公众满意度成为法治政府绩效评价的核心内容理所应当。构建科学合理的测量体系并开展实证研究即是亟待涉足的重大课题。

三是针对法治政府绩效公众满意度评价体系设计，源自西方市场营销领域顾客满意度模型分析和国内相对成熟的政府绩效公众满意度模型借鉴，符合中国国情和现实条件的法治政府绩效公众满意度测量在理论上应由法治政府整体形象、公众对法治政府期望、法治政府感知质量、公众满意度、公众信任和公众抱怨6个关键变量构成。进一步将其转化为指标体系（亦为实际测量中面对公众的问卷问题），则由制度建设、过程保障、目标实现、整体形象4个维度共12项具体指标组成，均采用10级量表，分别针对专家和公众进行测量。

四是在H省开展法治政府绩效满意度评价结果表明，全省满意度处于一般水平，与2020年基本实现法治政府仍存在一定的距离，14个地市和35个县（市、区）实现法治政府的程度差异较大；同时法治政府建设的公众满意度存在明显短板，政策公平、政府廉洁与社会治安3项指标得分较低；并且满意度受地区经济、政府质量和公众背景等复杂因素影响，不同因素对于满意度的影响各有差异。其中政府质量因素对法治政府绩效满意度产生正向影响，地区经济因素对法治政府绩效满意度产生负向影响，公众背景因素则对法治政府绩效公众满意度影响较为复杂。

五是实证研究进一步显示，经济发展与社会（法治）建设不匹配、政府在促进社会公平方面职能履行缺失、政府廉洁与政策公平性不佳以及满意度评价技术和组织体系不成熟，是造成法治政府绩效满意度总体评分偏低及主客观反差的重要原因。为此，应对症下药提升公众满意度，并以公众满意度为导向进一步加快推进法治政府绩效的改善，同时还要进一步完善满意度评价技术体系与组织机制，培育公民法律信仰与社会法治文化，优化民意调查环境条件。

在上述分析结果的基础上，为提高法治政府绩效满意度，笔者建议：

首先，地方政府应更注重法治政府的过程推进工作，制定重大法治政策应更加重视及尊重民主决策过程，兼顾不同利益群体，通过质询会、听证会等形式，畅通公众对政策回应的渠道。同时，执法过程应严格遵照有关法律程序，减少人为因素干预，增强执法公正性。在行政监督上，应建立有效的体制内部权力约束机制，同时积极开辟体制外监督路径，使内部监督与包括媒体舆论在内的外部监督相结合，形成有效的行政监督机制。

其次，应更加重视经济发展成果的共享性与可持续性。在促进经济平稳持续发展的同时，更多兼顾与之相应的人口承载力、资源支撑力、生态环境和社会承受力。提高居民人均收入水平，促进城镇化发展，缩小城乡居民收入差距。在提供公共产品与公共服务数量供给的同时，更加注重提升政府的公共服务质量与服务效率，保障公民的基本权利，进一步完善医疗、教育、社会保险等民生领域，进一步实现基本公共服务均等化，实现绿色发展、共享发展、协调发展。

最后，增强公民参与法治政府绩效评价的能力。公民满意度作为衡量法治政府绩效评价的关键指标，公民参与评价能力的强弱在一定程度上决定公民是否能将参与意识转变为具体的参与行为，充分行使自身的评价监督权利，继而促进政府绩效评价的公信力的提高。为此，应通过电视、广播等媒体扩大对法治政府绩效评价的宣传，定期开展公民评价法治政府绩效的活动，设立专门的机构对公民参与评估的能力进行培训等。

法治政府建设目标任重道远，以评促建符合管理学原理，公众满意与否是衡量党和政府的工作成效的终极标准。对于法治政府建设，康德的言论令人深思，他说，法治、法治政府"这个问题既是最困难的问题，同时又是最后才能被人类解决的问题"①。

当然，本书也存在不足。主要包括：一是现有满意度评价指标体系仍相对简单，专家评议和公众评价指标分层未得到严格论证，仍有待下一步的论证和完善；二是以 H 省的实证结果分析仍更多停留在数据层面，对各地市和县区评分的深层原因虽进行了一定的挖掘及梳理，但原因剖析仍需进一步深化；三是本书所提的意见和建议偏于宏观，在具体操作层面仍不够细化，可行性仍有待进一步验证和实践推广。总体而言，由于我国是单一制国家，地方法治建设自主性有限，以 H 省为例的法治政府绩效评价公众满意度研究在区域代表性方面存在一定的局限性。

---

① 康德. 历史理性批判文集 [M]. 何兆武，译. 北京：商务印书馆，1990：9.